U0050693

新亞洲佛教史 11

日本 I

日本佛教的基礎

The Foundation of Japanese Buddhism:
Japan I

末木文美士 編輯委員
松尾剛次、佐藤弘夫、林淳、大久保良峻 編輯協力
辛如意 譯者
釋果鏡 中文版總主編

新亞洲佛教史中文版總序

弘揚漢傳佛教，從根本提昇漢傳佛教研究的品質與水準，一直是本所創辦人念茲在茲的心願。這是一場恆久持續的考驗，雖然中華佛學研究所自知能力有限，但仍然願意傾注所有心力，結合海內外的先進與同志，共同攜手為此一目標奮進。

在佛教學術研究的領域，日本學術界的成果一直受到全世界的肯定與注目。「新亞洲佛教史」此一系列研究是日本佛教學界近年來最大規模的結集，十五冊的規模，動員超過兩百位菁英學者，從耆宿到新銳，幾乎網羅無遺，可以說是當今日本佛教學界最具規模的成果展示當不為過矣。本套「新亞洲佛教史」系列海納萬有，概而言之，其重要性約有數端：

（一）「新亞洲佛教史」雖然以印度、中國、日本三大部分為主，但也兼顧中亞、東南亞、越南、韓國等不同地區，涵蓋南傳、漢傳、藏傳等不同的佛教傳統；處理時段從佛陀出世迄於今日。就目前同性質的著作之中，處理時間之長遠，空間之寬闊，迄今尚未有出於其右者。

（二）傳統佛教史的寫作總是詳古略今，無法充分呈現佛教演變的歷史面貌。此次

「新亞洲佛教史」對於近世以降佛教演變的軌跡著意甚深，可謂鉅細靡遺。（三）傳統佛教史大多集中於思想概念以及政治關係的描述，此次「新亞洲佛教史」在可能的範圍內，嘗試兼顧語言、民俗、文學、藝術、考古學等文化脈絡，開展出各種認識佛法的不同可能性。

職是之由，「新亞洲佛教史」不僅是時間意義上，更重要的意義是一種研究範式的建立。中華佛學研究所取得佼成出版社正式授權，嘗試將日本佛教研究最新系列研究成果介紹給漢語文化圈。其間受到各方協助，特別是青山學院大學陳繼東教授居中聯繫，其功厥偉。同時也要感謝佼成出版社充分授權與協助，讓漢語文化圈的讀者得以接觸這套精心策畫的研究成果。透過高水準學術研究作品的譯介，借鏡世界各國佛教研究者的智慧，讓漢傳佛教研究的境界與視野更高更遠，這是中華佛學研究所責無旁貸的使命，以及未來持續努力的目標。

中華佛學研究所所長

釋果鏡

序言一

第二次世界大戰後，日本佛教史研究在新史學領域形成中顯著發展，這些研究成果彙整為家永三郎、赤松俊秀、圭室諦成共同監修的《日本仏教史》全三卷（法藏館，一九六七）、舊版《アジア仏教史》日本編全九卷（一九七二―七五）等，成為有口皆碑的通史著作典範。

戰後發展的佛教史，其特徵是根據鎌倉新佛教的中心史觀所形成。換言之，就是將新佛教的代表祖師親鸞、道元、日蓮視為日本佛教的巔峰人物，有關其生涯或思想，甚至所建構的新佛教諸宗發展史則成為研究核心。至於古代佛教的意義僅在於成為新佛教的發展前提，所謂的舊佛教，在中世亦被視為應被新佛教超越的保守派。近世以後因沿襲中世新佛教並邁向墮落的時期，故而評價甚低。

然而，黑田俊雄於一九七五年倡說的顯密體制論卻推翻以上觀點。黑田主張中世時期是由顯密佛教的體制派佛教（所謂的舊佛教）掌握實權，新佛教堪稱只屬異端的少數派。如此說法遭學界大肆批判，但至少讓日本佛教史的研究方向產生顯著轉變，這是毋庸置疑的事實。

顯密體制論出現後，學者不僅關注新佛教，對於過去被視為舊佛教的發展動向亦十分矚目。律宗的社會活動、密教儀禮、神佛習合等課題，過去一直被漠視的時代發展趨勢，顯然具有重大意義。此外，學者並非針對個別研究宗派史，而是從整體觀點來闡明佛教史。這種新研究是以對寺院聖教進行堅實的實證發掘為基礎，並在史學、佛學、文學、美術史等多元領域的研究者協助下所產生的豐碩成果。

鎌倉新佛教中心史觀瓦解之後，顛覆了將中世視為佛教史巔峰期的觀點，促使對古代、中世、近世、近代的佛教皆各具價值的觀點表以認同，並進行研究。此外，並非只局限於日本國內，在亞洲拓展的研究領域亦獲得嶄新的洞見。

在此趨勢中，擔任責任編輯委員的筆者與志同道合的友人們，於一九九二年至二〇〇一年舉辦日本佛教研究會，與多方領域的研究者進行密切交流，此後編輯並刊行《日本の仏教》全九卷（法藏館，一九九四—二〇〇一）、《日本仏教34の鍵》（春秋社，二〇〇三），就此致力於開拓新方向。

此次筆者適逢《新アジア仏教史》日本編刊行，加上當時身為執筆主力的大久保良峻、佐藤弘夫、林淳、松尾剛次予以協助編輯，目標在於完成堪稱是近年日本佛教史研究集大成之通史著作。日本編共由五卷構成（第十一至十四卷），分別是古代、中世、近世、近代。各卷皆由六章所構成，若有跨時代主題而難以設定在某特定時期之際，則以特論形式另行處理。至於沒有列入通史介紹，內容卻耐人尋味的話題，則透過專欄加以補足。最後的第十五卷將旨趣略做變更，依照不同主題來探討日本佛教的現狀及課題，同時以編輯委員的提議做為總結。筆者期盼本系列不僅打破過去定型化的佛教史形象，亦可成為今後新佛教史研究的出發點。

末木文美士
（編輯委員）

序言二

本書是日本佛教史系列的首冊，探討範圍是從古代佛教至中世佛教萌芽的過程。作者們根據個別主題撰寫，從不同構想來探討同樣課題，相信此書將成為議論豐富的著作。以下是筆者淺見，盼能做為本書序言。

過去日本人記憶中的「ごみや（gomiya，五三八）、がごごに（gogoni，五五二）佛教傳來」，分別是指五三八年、五五二年的佛教公傳之說。不僅探討究竟何者正確而各持見解，更出現各種檢證。然而，雖說不必過於期待能有具體年份顯示的新資料出現，但若將佛教大致歸納為從六世紀開始由朝鮮半島傳入日本，那麼研究者亦不會輕易接受如此籠統的說法。

其次，以聖德太子為核心人物的佛教主題，常成為眾所談論的話題，不僅將「三經義疏」彙整為三部著作來討論，更有僅針對《維摩經義疏》來提出偽撰之說，或單獨探討其他兩部著作的情況。或許「三經義疏」是由號稱為聖德太子的人物所撰，或從朝鮮半島渡日的菁英團體共同撰寫的著作，其內容探討亦成為研究課題。

素以推行社會福祉事業而著稱的行基，屢被描繪成傳說中的神異僧。行基在日本佛教史上是首位大僧正，其次是天台宗的良源，相傳此人亦具有神通力。兩者所擁有的神通特質，究竟具有何種意義？

探討奈良佛教之際，南都六宗的相關知識是不可或缺的要素。若說日本與中國的交流正是形成日本佛教的礎石，如此說法亦非過言。其中，最著名的事蹟就是鑑真五次籌畫東渡卻無法遂願，至第六次方能抵日。鑑真正式傳入戒律，顯得意義重大，東渡攜來的天台典籍則是促成最澄入唐的遠因。

至於平安佛教方面，卻無法輕易斷定其特徵。原因在於即使從最澄與空海入唐求法開始描述，但因日後的發展過於多元化，在做為鎌倉時代以後的佛教基礎上形成了綜合性、複合性的因素所致。平安佛教的特性，在於自印度發展佛教以來初次將一切思想全盤吸收，堪稱是極能表現日本特色的時代。再加上比叡山以舊譯《法華經》（《妙法蓮華經》）為根本經典的天台法華教學為準繩，這意味著經文用語被大量導入日語之中。如此情況從古典文學延伸至現代，對日文語彙形成貢獻良多。

究竟該如何討論如此風貌的時代？密教久盛不衰，穩居要位。若以「顯密」一詞來說明佛教的整體樣貌，則在掌握大原則時相當便利，但在教學方面，密教與顯教的定義不斷變化，顯密的用法略顯含混不清。誠然，台密與東密在對密教的基本認知上亦不相同。值得矚目的是，淨土教真正邁入蓬勃發展，卻並未妨礙密教之存在。

從佛教的垂迹思想來闡述佛教融入神祇的概念亦成為定論。若針對密教而言，曼荼羅描繪的諸尊應與中國、日本密教所說明的「自本垂迹（從本垂迹）」這個層面有所關聯。

院政期佛教應是今後更常被探討的領域，由此可窺知這項領域將有大幅研究進展，今後將呈現更豐富多元的觀點。

至於該如何探討女性與佛教，這項領域在近年亦以多元化角度進行檢證。如何闡明龍女成佛的課題並非易事，日本女性是如何將龍女形象與自身重疊，此問題頗耐人尋味。即身成佛雖在不同理解認知下進行探討，但在教學方面難有具體人物佐證，往往將龍女視為即身成佛之代表，這項課題亦顯得意義重大。

本書以「日本佛教的基礎」為題名，探討時期是從佛教初傳至鎌倉佛教發展之前。時代配置是基本要件，並用心融入其他課題。此外，並依照各作者的專攻領域，以思想或思想史、歷史等標示法來提示，如此可顯示資料與史料的用語差異。在此同時一併進行獨自研究，提示個人見解，但本書的編輯方針是採取不否定其他立場，目的在於介紹各種具可能性的說法。然而，提示當前學問發展水準是重要課題，這是自不待言。儘管在個別研究中大致掌握整體方向，並重視文獻考證，但在追求所謂總覽圖式化的情況下，將重點置於個別事例檢證之際，學問研究的方法論仍多有不同。筆者或許要求讀者應採取圓融的閱讀方式，唯盼讀者能深入理解本書各章所摸索的課題。

大久保良峻
（編輯協力）

目錄

【第五章】神佛習合的形成　門屋温

年表／參考文獻 445

索引 539

作者簡介 561

體例說明

一、本書（日文版）原則上使用現代假名。

二、（日文版）漢字標示原則上使用常用漢字。此外，依作者個人學術考量，經判斷認為需要之處，則遵照其表現方式。

三、主要人物在各章初次出現時，以括弧標明其生卒年或在位年代。例：空海（七七四—八三五）。

四、書中年號採用日本傳統曆法的和曆，括弧內以西元年份表示。

五、書中的典籍名或經典名以《》表示，經典之品名以〈〉表示。例：《法華經》〈如來壽量品〉。

六、書中引文除了主要以「」表示之外，長文引用則與正文間隔一行、整段低二格的方式表示。

此外，為能讓引用或參考論述更為明確，則在句末的（）內詳細記載研究者姓名與論述發表年份，並與卷末參考文獻互為對照。例：（大久保良峻，二〇〇七）。

七、原則上，日文典籍引文若以漢文書寫，則採漢文原文，漢籍引文亦採漢文原典。

八、為能讓讀者更深入了解內容，將列出卷末各章及各專欄使用的「參考文獻」，以及在各專欄結尾處，另行列出與探討主題相關的「文獻介紹」。

第一章

佛教東傳與流布

吉田一彥

名古屋市立大學大學院教授

第一節　佛教東傳的歷史定位

一、在亞洲史中的思考命題

佛教經由釋尊創始後，從發祥地擴展其他區域，更廣宣於亞洲，傳入最東端的日本。自印度發展至中亞的佛教，不久即東傳中國，佛教傳入漢地的記載並不明確，大致約在一世紀。此外，雖無法確定何時傳入朝鮮半島，但可知大約是四世紀末至五世紀。至於佛教傳入日本群島，則約於六世紀左右。

佛教東漸以前，中國已有儒家思想及神祇信仰，佛教初傳後遭致激烈抵抗，佛法難以流布及滲透漢地。佛教在中國被視為外來宗教，非屬漢族，至四世紀以後，中國社會方能信受其說，邁入真正廣宣流布的階段。形成此現象的一大契機，就在於外族立朝及文化國際化。當時，東漢、三國、晉朝（西晉）的一貫式漢族皇權漸趨式微，改由異族建構北方及西方系統的政權平定天下，治國興邦，形成「五胡十六國」時期。此後各民族興邦立國，在中國推動民族複合及相融發展，胡漢融合與國際化得以大幅推展。在此情況下，佛教真正深入中國社會，更在歐亞大陸全域弘揚發展（妹尾達彥，一九九九；三崎良章，二〇〇二）。

南梁慧皎在《高僧傳》卷九〈竺佛圖澄傳〉之中，描述後趙君主石虎弘傳佛教的精彩事蹟，後趙正屬「五胡十六國」之一。這段記載對《日本書紀》的佛教東傳記述影響甚大，在此擷取原文略譯如下：

佛圖澄，西域僧人。後趙石勒自稱天王即位，石虎後繼以治天下，因佛圖澄能顯種種神異，深為二王器重。百姓受其教化奉佛，建寺院，競相出家，卻衍生弊害。石虎詢中書之意，諮商信佛宜否，中書著作郎王度遂奏言，王者為郊祀「天地」、祭奉「百神」，佛既出西域，乃「外國之神」，非天子及諸華所應奉祀。西漢時期准令西域人建寺信神，漢人不得出家，魏承漢制亦是如此。吾國大趙今受天命，應遵襲舊章，華戎制度既異，祭祀有別。國可禁趙人詣寺、燒香禮拜，令行華儀之祀，違者必懲以重罪。故石虎下書以作結論，佛為異邦之神，非天子諸華所宜祀，朕生於邊壤，忝受天運以治華夏。祭祀應從本俗，佛若為「戎神」，正所應奉，國制應由上行，為永世準則，何必拘於前代舊習，若能捨淫寺而事佛者，悉允其道。

以上描述具有一項特色，就是後世藉由傳說形式來表現其說，但究竟能傳述多少史

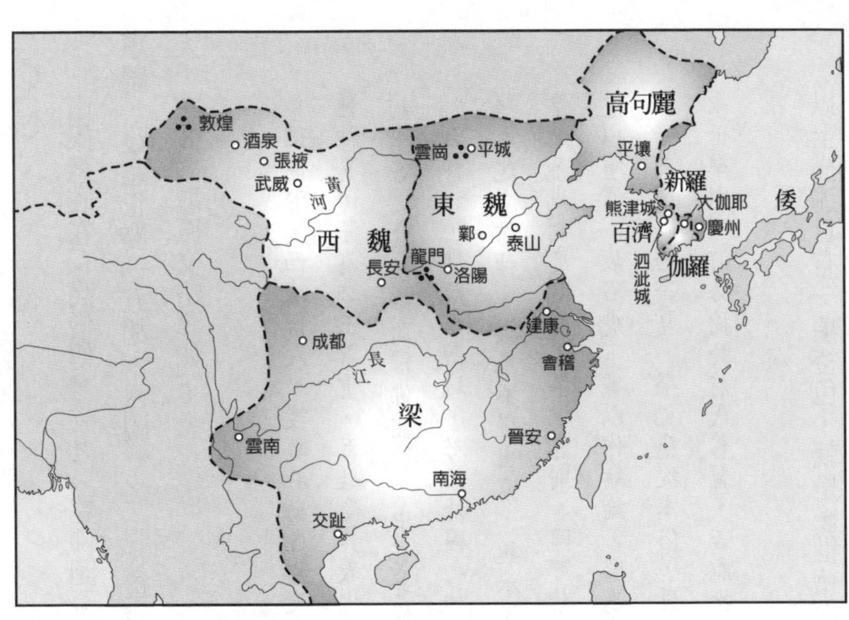

六世紀中期的亞洲東部

實，則需再三斟酌。儘管如此，佛教適於異族、胡人的觀念，無疑是根深柢固，這段記載深具史料價值。石勒（二七四—三三三）、石虎（二九五—三四九）所建的後趙，是系出匈奴流脈的羯族，恰是異族建國之例。

華北最終是由係屬東胡的鮮卑拓跋部所建的北魏一統全國，繼而歷經東魏、西魏、北齊、北周、隋的各朝興替，自隋朝統一南北朝之後，再由唐朝樹立政權。曾有學者見解認為，這些皇朝皆為異族所建，今日並非從斷代史角度來處理，而是以數朝相續的觀點來探討，故應稱為「拓跋國家」（杉山正明，一九九七、二〇〇二）。這種「多民族多文化複合」（杉山）的異族建國大肆宣揚佛法，促使佛教流傳於中國社會，綻放璀燦的佛教文化。佛教傳入朝鮮半島，亦流布於日本群島，同此時期，佛教在歐亞大陸東部是共有的信仰及文化，亦是國際宗教、世界宗教。故佛教同樣傳入及傳揚於日本群島，這是亞洲佛教史及文化史的必然發展趨勢，日本對於接納佛教信仰，並無選擇餘地。

筆者身為日本史研究者，致力於此項領域的佛教史研究，在進行研究的過程中，卻深切感受到若局限於佛教史即是日本史的框架中，將無法獲得透徹理解。佛教史較之於日本史，是更為龐大、更為浩瀚的領域。「新亞洲佛教史」系列，就是試圖在亞洲框架中思惟佛教史。筆者相信在二十一世紀，亞洲在世界中扮演的角色及地位將愈形重要，佛教在亞洲所具備的功能及意義，將獲得積極的議論探討。本章將在亞洲佛教史的文脈中，探討佛教東傳日本的課題。

二、佛教傳入與神祇信仰

佛教於六世紀傳入日本群島，七世紀末開始廣泛流傳，在各地建造寺院，佛教信仰逐漸廣為流傳。佛教成為日本的主要宗教，此後日本以佛教國家的型態發展至今，在佛教東傳史上顯得意義非凡。關於此部分，如今先針對以下兩項命題做說明。首先，第一項是佛教初傳期的神祇信仰狀況。昔日認為佛教傳入之際，日本「神道」與佛教勢均力敵，佛教與神道起初彼此對立，分為佛法興隆派與佛法反對派（廢佛派）而互相抗爭。這項說法源於《日本書紀》，並成為眾人對此課題的理解依據。誠如後述所示，《日本書紀》的內容是否根據史實仍有待商榷，有關佛教傳入時的神祇信仰實貌，則需從其他史料來重新審思。

日本群島當然有神祇信仰，卻不具備體系化教義，尚處於聖職者制度、宗教設施、祭祀用品等尚未整備或發達的階段，是屬於日後邁入「神道」階段之前的非體系化神祇信仰。佛教在教義體系上已趨於文字化、聖職者的系統與儀禮發展皆已完備的情況下傳入日本。此外，佛教更具有洗鍊美感，並擁有以最先進的技術為基礎所造立的寺院建築及佛像、佛畫。當時的神祇信仰絕對無法與佛教分庭抗禮，佛教及時滲入日本群島，並在各地急遽流傳發展。

三、日本特質形成於更晚時期

至於第二項命題，則是佛教國際性與日本特質的形成。對日本國內而言，佛教與固有文化明顯相異，是屬於新異質文化。即使與佛教接觸，卻因思考方式或美感意識不同，日本人對佛教仍有難以理解之處。昔日屢稱接受佛教信仰，卻套用日本固有的思維或美感所形成的既定模式，初時應是採用「日本化」的方式接納佛教。隨著研究進展，卻發現不應如此單純理解。的確，在日本就以自國應有的方式接受佛法，「日本化」的佛教逐漸成形，此為時勢所趨，日本式的佛教在略晚時期以後方才形成。必須了解日本最初是以外在形式接受佛教信仰，且以直接輸入的方式予以接受，但隨著時代變遷而逐漸演變日本化。

在日本史中，有形成所謂「國風文化」的概念。自九世紀後期至十世紀的平安時代，日本文化出現轉機，明顯出現了將過去接受的中國文化予以日式化，並演變為自國文化的趨勢，此即為「國風文化」。在九世紀，日語表記改變漢字形式而創造本國文字，邁入古今相異的新階段，促使和歌及假名物語的創作風氣鼎盛。建築及繪畫、書道等，亦出現與唐土截然不同樣貌的大和風格。

然而，筆者認為所謂的文化日本化（國風化），並不限於平安時代中期所發生的短暫現象，而是久延後世，大幅推展至中世、近世、近代的文化日本化。就此點來看，若將平安時代中期的某種文化稱為「國風文化」，此說法則有待商榷。儘管如此，將平安時代中期視為文化日本化的一項劃分時期，則是不容否認之事實。

筆者針對此問題，在佛教方面舉出了神佛習合思想的發展，以及淨土教的發達做為實例探討，但對於昔日將神佛習合的發展視為文化國風化的說法，卻感到並不適切。日本的神佛習合約始於八世紀前期，是接受中國佛教中的神佛融合思想，亦即「神身脫離」與「護法善神」思想，並以此為根據，創立神宮寺（在神社中並設的寺院）及神前讀經（為神誦經）。最初是接受中國思想直接輸入本國，方形成日本的神佛習合。至九世紀初，最澄（七六七或七六六—八二二）採取中國天台山的模式並予以仿效之，故而成立神佛融合的聖地型態。歷經平安時代之後，卻演變為日本化的神佛習合，到了十一世紀，則形成與中國型態略微相異的「本地垂迹說」（吉田一彥，一九九六、二〇〇五、二〇〇六c、二〇〇九）。淨土教亦始於平安時代初期，入唐僧圓仁（七九四—八六四）採取五台山的五會念佛，自此始有比叡山念佛（薗田香融，一九八一）。這些例子，亦是以直接輸入佛教的方式開始發展。然而，這是歷經整個平安時代的發展及演變，從平安時代末期至鎌倉時代，念佛聖的修法活動逐漸明顯，形成日本化的淨土教。

日本於六世紀接觸佛教後，就此信受佛法，但僅止於表面信仰，應有許多難以理解之處。即使是直接輸入，仍有意信受或吸取佛教信仰，而當時佛教是屬於國際化宗教，是應當接受的文明。這種「佛教文明的信仰時代」自六世紀傳入日本後，一直延續至三百年後的平安時代初期。自九世紀起，隨著佛教逐漸日本化，發展出與其他國家略異的日式佛教風格（吉田一彥，二〇〇三b）。

本居宣長（一七三〇—一八〇一）追溯上古日本的原型及本質，唯有遠古方有不受外來文化所影響的純粹日本存在，且具有東瀛的特質。這種構想對後世影響甚深，筆者卻認為此構想無法成立。日本特質是隨時代遷流而形成其歷史樣貌，這種特質並非存於古昔，而是先人在歷史道程中點點滴滴蓄積而成。佛教史亦是如此，日本式佛教是以歷史樣貌形成。佛教初傳之際，尚無法以日本化的方式信奉，故採取直接輸入的方式接納佛法信仰。

第二節 《日本書紀》描繪的佛教東傳

一、佛教傳入的概念

何謂佛教傳入？佛教的傳入及流布，原本應可從國家層面以外的角度來說明，或原本就該如此傳述。但在日本，自古以來的傳述方式卻是由國家途徑傳入佛教，亦即所謂的佛教公傳。這基於兩項理由，首先是間接式的理由。在佛教傳入各地的過程中，一般是與國家形成密切關聯，並在君主護持下興盛發展（林淳，一九九五）。例如，孔雀王朝的阿育王幾乎統一全印度，迦膩色伽王則成為橫跨中亞及北印的游牧民族國家貴霜王朝之君主。在四世紀的中國，則有胡人所建的異邦國主，如後趙的石勒及石虎、前秦的苻堅、後秦的姚興，佛教在崇佛天子推動下榮盛發展。朝鮮半島亦有高句麗的小獸林王、百濟的枕流王及其子阿華王，以及略晚時期的新羅法興王。畢竟重視佛法的君主現身於世，即促使佛教興隆發展。在日本亦是如此，佛教是以與國家互為連結的形式來傳述佛法的傳入及興盛。

其次，則是直接的理由。日本最初的國史《日本書紀》，將佛教傳入視為以國家為對象的公傳。《日本書紀》對後世影響甚鉅，此後的著作紛紛沿襲其說，將之視為初說來敘述佛教傳入的過程。若從國史《日本書紀》的立場來看，其重視的課題應非佛教私傳，而是透過國家管道的公傳。

雖說佛教傳入日本，在歷史中並非指佛教初傳，而是指經由國家的公傳。然而在略經思考後，可發現佛教初傳並非透過國家管道。渡來人早已前往日本群島，其中不乏信佛者，若說起佛教初傳，就應認同私傳是佛教的傳入方式。但對《日本書紀》而言，留於青史的不應是私傳，而是公傳。若從今日歷史學的觀點來看，佛教無論是私傳或公傳，皆是重要事蹟。倘若可行，就不採取單方角度，而是兩方兼述，這才是應有的歷史說法。令人遺憾的是，研究現狀幾乎無法得知佛教私傳的詳細史料。筆者針對佛教公傳的課題，將積極吸收近年的研究成果，並以今日的學術水準來做闡述。

二、飛鳥佛教

首先要說明飛鳥地區是佛教公傳的重要據點，若參照考古學的研究成果，可發現飛鳥地區保存了日本群島最初期的佛教文化遺跡，並以該地為中心，在其周邊地帶，即今日奈良縣及大阪府，亦出現零星分布的遺跡。若探討包含寺院或具有一定規模的佛像所形成的佛教文化，則應將飛鳥視為發源地。今後若能在北九州或日本海沿岸等其他區域，發現可溯至飛鳥之前的佛教遺跡，則將另當別論，但目前尚無任何蛛絲馬跡可循。日本真正的佛

飛鳥寺（秦就攝）

教文化發展，應該始於飛鳥地區。那麼，飛鳥的佛教文化又是由誰創造，且以何種方式來成立？

三、佛教傳入日本的史料記載

佛教傳入的最早文獻，是養老四年（七二〇）的《日本書紀》，可見於欽明十三年（五五二）十月條的記載，是由百濟的聖明王（？—五五四）獻佛像、幡蓋、經論於欽明天皇（？—五七一），並有聖明王上表文及欽明天皇回覆的敕詔，此為佛教於五五二年傳入日本之說。然而，卻有數篇文獻主張佛教於五三八年傳入日本。有關於此將在後述說明，首先針對《日本書紀》的記載進行檢證。

四、《日本書紀》是何種著述

《日本書紀》長久以來備受重視，是主宰人們認知歷史根柢的古代典籍。然而，誠如近代歷史學所闡明般，《日本書紀》是基於特定意圖所撰，故應從批判性、合理性的觀點來解讀。《日本書紀》以編年體撰成，記載神代至七世紀末的歷史，雖說是史書，其撰寫目的卻並非從客觀、公正立場來據實描寫已發事件，而是由皇族追溯往古，倡說即位的正統性，並宣告獨占此後的統治權。書中出現不少史實無憑的記載，在編纂過程中撰造的極多記述（津田左右吉，一九五〇）。

為何最初的國史是以如此編纂方針來處理？如同近年闡明所示，日本君主於七世紀末自稱為「天皇」（渡邊茂，一九六七；東野治之，一九七七；增尾伸一郎，二〇〇三），這種稱謂始於天武天皇（？—六八六）在位期間，或持統天皇（六四五—七〇三）掌政時期。在此之前採用「大王」稱號，改稱為「天皇」後，不僅是更改君主之銜，而是象徵天皇制度成立。日本天皇制度是參照七世紀末的唐帝制度，針對細部規範取捨後，因無法盡採其制，大致仍以模仿或變更皇帝制度為開端（吉田一彥，二〇〇八a）。

藉由天皇制度發展，日本亦比照中國的王朝名稱，自稱國號為「日本」（吉田孝，一九九七）。天皇猶如皇帝，主宰空間及時間的統治。空間統治是重新設定邊疆，導入夷狄概念。中央建有天皇統治的都城，創建最初的唐風之都藤原京。時間統治則是歷經過去、現在、未來。所謂的現在統治，是指開始制定年號及頒布曆法。未來統治是創造「天壤無窮之神敕」，《日本書紀》明確記載此事，宣告將由皇族統御萬世。至於過去統治，則是為先王撰寫史書。《日本書紀》僅針對唯一過去而撰，以佛教傳入為開端的佛教史，是《日本書紀》最重要的篇章之一。讀者若欲正確解讀，在閱讀之餘，應詳細思考《日本書紀》是何種形式的著述。

若談及佛教傳入日本，過去是擷選《日本書紀》的相關部分，並以日文現代語譯，這為一般書寫歷史的方式。在此著作中，有說法指出佛教是由百濟聖明王傳入日本欽明朝。此外，蘇我氏信奉佛教，物部氏與中臣氏因反對信佛而廢佛，蘇我氏最終消滅物部氏，後由聖德太子大興佛法。然而，我們應將《日本書紀》中這些記述予以相對化，並將其他歷史發展的可能性一同納入視野考察。

五、《日本書紀》的佛教東傳記述

《日本書紀》卷十九的欽明十三年（五五二）十月條，記載佛教傳入的過程，筆者引用全文如下：

冬十月，百濟聖明王（更名聖王），遣西部姬氏達率怒唎斯致契等，獻釋迦佛金銅像一軀，幡蓋若干，經論若干卷。別表，讚流通禮拜功德云：「是法，於諸法中最為殊勝，難解難入，周公、孔子尚不能知。此法，能生無量無邊福德果報，乃至成辨無上菩提。譬如人懷隨意寶，逐所須用，盡依情，此妙法寶亦復然，祈願依情無所乏。且夫遠自天竺至三韓，依教奉持無不尊敬。由是，百濟王臣明，謹遣陪臣怒唎斯致契，奉傳帝國流通畿內，果佛所記佛法東流。」

是日，天皇聞已，歡喜踴躍，詔使者云：「朕從昔來，未曾得聞如是微妙之法。然朕不自決。」乃歷問群臣曰：「西蕃獻佛，相貌端嚴，全未曾有。可禮以否？」蘇我大臣稻目宿禰奏曰：「西蕃諸國一皆禮之，豐秋日本豈獨背也。」物部大連尾輿、中臣連鎌子同奏曰：「我國家之王天下者，恆以天地社稷百八十神，春夏秋冬祭拜為事。方今改拜蕃神，恐致國神之怒。」天皇曰：「宜付情願人稻目宿禰試令禮拜。」大臣跪受而忻悅，安置小墾田家，懃修出世業為因，淨捨向原家為寺。

於後，國行疫氣，民致夭殘，久而愈多，不能治療。物部大連尾輿、中臣連鎌子同奏曰：「昔日不須臣計，致斯病死。今不遠而復，必當有慶。宜早投棄，懃求後福。」天皇曰：「依奏。」有司乃以佛像，流棄難波堀江。復縱火於伽藍，燒燼更無餘。於是，天無風雲，忽炎大殿。

若根據此文，百濟的聖明王於欽明十三年遣使來日，向天皇獻呈佛像、幡蓋、經論，於上表文中讚頌佛教的殊勝功德。天皇為此「歡喜踴躍」，下詔使者以茲對應，卻無法決定是否該信奉佛教。「西蕃」獻呈的佛像「相貌端嚴」，但是否禮拜仍需詢議於群臣。蘇我稻目奏稱「西蕃」諸國悉皆恭奉，日本亦應如此。另一方面，物部尾輿、中臣鎌子則奏稱天皇既為一國之君，宜祭拜「天地社稷」的「百八十神」，不應禮敬「蕃神」。天皇遂將聖明王所獻的佛像賜予蘇我稻目，命其禮拜，稻目將此像安置於小墾田家中，而後淨捨向原家，就此改為寺院。此後疫疾流行，尾輿、鎌子奏稱是奉佛所致，應早日將佛像丟棄。據傳天皇准其奏，將佛像拋入難波的堀江中，並焚毀伽藍。於是天上原本無風無雲，天皇主政的大殿卻莫名遭到祝融之災。

六、佛教傳入的記載典據

有關上述的記載，早有說法指出可從《日本書紀》編纂者的文語表現中發現破綻。首先是採用《金光明最勝王經》的經文。例如，上表文中的「是法，於諸法中最為殊勝，難解難入，周公、孔子尚不能知。此法，能生無量無邊福德果報，乃至成辨無上菩提」，其底本為《金光明最勝王經》〈壽量品〉的經文：「是《金光明最勝王經》於諸經中最為殊勝，難解難入，聲聞、獨覺所不能知。此經能生無量無邊福德果報，乃至成辦無上菩提。」「譬如人懷隨意寶，逐所須用，盡依情，此妙法寶亦復然，祈願依情無所乏」，是依據〈四天王護國品〉的長行頌：「譬如（中略），最勝經王亦復然，福德隨心無所乏。」此外，「是日，天皇聞已，歡喜踴躍，詔使者云，朕從昔來，未曾得聞如是微妙之法」，是依據〈四天王護國品〉的「爾時四天王聞是頌已，歡喜踊躍，白佛言，世尊！我從昔來，未曾得聞如是甚深微妙之法」為底本撰成（藤井顯孝，一九二五）。《金光明最勝王經》譯於武周時期，為義淨（六三五—七一三）於長安三年（七〇三）所譯，故不可能用於六世紀的聖明王上表文與欽明天皇的詔敕之中，這段記載應是《日本書紀》編纂者參照《金光明最勝王經》所撰造而成。

其次，有關欽明天皇詢問群臣的部分，是根據本章第一節介紹的《高僧傳》〈竺佛圖澄傳〉所撰。根據其傳記所述，王者應「郊祀」天地，祭奉「百神」，故「奏請」表示不應祭祀「外國之神」。《日本書紀》更改其文後，撰造物部尾輿、中臣鎌子「奏請」既然身為一國之君，理應祭拜「天地社稷」的「百八十神」，不應奉拜「蕃神」。著名的「蕃神」用法，亦仿效或更改自「外國之神」、「戎神」的文語表現。不以「外國」或「戎」來表現，而是稱為「蕃」，由此可知是為了整合此段記載中的關鍵語「西蕃」，故而特別強調的表現。「西蕃」一詞借用於中國佛典，五五二年不可能有「奏」、「詔」用法，可知是仿自〈竺佛圖澄傳〉。同樣地「天皇」一詞，亦出於編纂者的表現方式。

此外，「周公孔子」一詞是道宣（五九六—六六七）在《廣弘明集》等著作中，針對儒、釋、道三教對立或抗爭的常見用詞，「相貌端嚴」則可見於佛典用語，「淨捨家為寺」在中國佛教著作中亦是屢見不鮮。中國的「宅」較「家」更為常用，可散見於多處用例中。佛教傳入日本的記載，是藉由這些經典或佛書篇章、文語的表現來撰成。

七、與〈神功皇后紀〉的內在關聯

在《日本書紀》整體構成中，究竟應如何定位佛教傳入日本的記載？其實，這篇記述與此書第九卷的〈神功皇后紀〉息息相關，敘事發展及用語皆與此篇連貫。

據佛教傳入記載，百濟聖明王獻佛像等物，以「上表」形式傳述其意。上表文中記載聖明王自稱「臣明」，使者稱為「陪臣」，如此被迫稱臣的表禮方式，就當時的國際關係來看顯得極為可疑，原因是百濟並非日本的臣屬國。此外，亦有學者指出（坂本太郎等人，一九六七）使者的身分及姓名令人存疑，「西部姬氏達率怒唎斯致契」的「達率」，是百濟十六品官的二品，若以此高官身分不可能成為外交使節。此外，其姓記載為「姬氏」，表記中添加「氏」字，這種書寫方式屬於特例，官銜理應冠於姓名之上，卻並未如此，不禁啟人疑竇，為何會有如此形式的記載？

若將佛教傳入的記載與〈神功皇后紀〉互為比較，可發現「西蕃」、「歡喜踴躍」、

「社稷」、「三韓」、「群臣」等表現特殊的通用語，尤其值得矚目的是「西蕃」一詞，僅用於《日本書紀》〈神功皇后紀〉（文中三處）與〈欽明記〉（文中四處）。〈神功皇后紀〉近乎全篇記述與朝鮮半島的征戰及外交的過程。文中提及皇后決心「征西」，為了進攻新羅而出兵，至新羅後，新羅王因畏懼「東之神國」「日本」的「天皇」有「神兵」前來，故而不戰即降，伏請謝罪後，向日本「春秋」朝貢，貢物珍異甚多。高麗、百濟國王偵其情勢，推知應無勝算，故由國王親至軍營外，伏請謝罪，此後永稱「西蕃」，朝貢不絕，並訂定「內官家」為「三韓」（攝政前紀），這段記述是《日本書紀》最早使用「西蕃」之例。此外，四十九年條與五十一年條，亦有百濟王自稱「西蕃」及稱「臣」的記載。

這些〈神功皇后紀〉的記述並非基於史實，而是《日本書紀》編纂者的創作史話，神功皇后則是虛構人物。佛教東傳的記載是沿襲這段虛構史，創造百濟王尊臣下之禮，前來大和朝貢及獻佛像等物，並以呈「表」示意。「西蕃獻佛」的「西蕃」意指百濟，蘇我稻目所言的「西蕃諸國」，是指百濟、新羅、高句麗（三韓）。聖明王上表文中的「三韓」一詞，不應出自聖明王之言，而是沿襲〈神功皇后紀〉所創歷史。讀者必須理解到，無論是聖明王以臣下之禮獻佛像及上表、派遣使節，抑或上表文及欽明天皇的詔文內容，皆是出於《日本書紀》編纂者所撰造。

八、末法與廢佛

那麼，欽明十三年（五五二）這個年份，又具有何種意義？早有意見指出此年被視為佛教進入末法時期的年份。所謂的末法，往往令人想起平安時代貴族或僧尼所認同的永承七年（一〇五二）。然而，這是採取正法一千年、像法一千年之說的年份。若採取正法五百年、像法一千年的說法，則應在早於五百年前的五五二年就已進入末法時期。

出身於北印烏場國（今巴基斯坦的斯瓦特縣）的那連提耶舍（Narendrayaśas，四九〇—五八九），曾於六世紀以渡來僧的身分，在中土宣說末法思想。故在當時的中國曾譯出那連提耶舍所示說的相關思想經典，再加上當時正逢北周武帝（五四三—五七八）大舉廢佛，末法思想迅速興起流傳（藤善真澄，二〇〇二）。有關釋尊示寂之年，在中國有幾種說法。例如，北齊的法上（四九五—五八〇）主張釋尊的生卒年、月、日，是西周昭王二十四年甲寅四月八日生辰，周穆王五十二年壬申二月十五日寂滅。初時這種說法較居少數，至唐代法琳（五七二—六四〇）、道宣等人，甚至採用偽書來宣揚其說，故而成為主流（楠山春樹，一九八五）。若以釋尊寂滅之年為依據，而採取正法五百年、像法一千年之說，則南朝的梁元帝承聖元年（五五二）、北朝的北齊文宣帝天保三年（五五二）皆是入末法之年。在中國，一般將五五二年視為進入末法之年。

《日本書紀》將佛教東傳日本之年，設為進入末法的最初之年，此為編纂者自行設定的年份。為何如此設定？原因在於六、七世紀興起的末法思想，具有以下兩項特色。首先，是認識到末法與廢佛有關。從末法之世以後進行廢佛，或斷然進行廢佛，乃是末法的顯現。若閱讀末法思想的相關經典，可知那連提耶舍所譯的《蓮華面經》之中，描述惡王寐吱曷羅俱邏破佛的過程，導致佛教迅速衰微的情況，其另譯的《佛說德護長者經》，則述說不信佛法的德護長者預謀弒害佛陀的故事。

在此一併考量的課題，是中國斷然實施廢佛的行動，以及此舉造成末法思想的流傳。北周武帝聽信還俗僧衛元嵩、道士張賓的進言，於建德三年（五七四）禁止佛、道二教及民俗信仰，更斷然推動大規模的破佛行動，經典及佛像遭到毀棄，僧尼被迫還俗，多座佛剎淪為廢寺。三年後北周滅北齊，亦在北齊境內發布廢佛詔，更厲行廢佛，遂出現龐大規模、手段激烈的彈壓行動。隨著武帝於宣政元年（五七八）薨逝，廢佛行動告終。在外戚楊堅掌權，並於大定元年（五八一）竄位建立隋朝後，佛教迅速復興，其隆盛之勢更甚於廢佛之前。楊堅（隋文帝，五四一—六〇四）篤信佛教，推動興佛達二十餘載，並於開皇十一年（五九一）頒布三寶紹隆之詔。末法思想透過與實際發生的廢佛行動互為重疊，並使僧尼對此思想有所認知，更能深植於心。

其次，必須探討末法思想與救濟思想的關係。說起末法思想，往往被認為是佛教隨時間推移而步入衰途，就此進入末法、法滅階段，其實並非如此。末法思想原本與彌勒信仰互為結合，經典說明佛道式微，進入末法、法滅之世，但最終是由未來佛的彌勒佛示現並濟拔群生（《大集月藏經》、《蓮華面經》、《法滅盡經》）（小谷仲男，一九九六）。此外，亦有十六歲的月光童子現身說法，表示己身受到未來佛救拔而免於危難（《佛說德護長者經》、《月光童子經》、《首羅比丘經》等），亦敘述新王出世（暗示為隋文帝），佛法再興（《佛說德護長者經》）。說明在末法之世以後，佛法將重興其盛，並受到未來佛救拔。《日本書紀》亦將末法設定為日後即將發生的廢佛行動，並與後續的佛法再興（三寶興隆）息息相關。末法被設定為達成佛法興隆的故事起始點。

九、廢佛應報

《日本書紀》的佛教傳入記載，是物部尾輿、中臣鎌子「奏」請天皇以行廢佛，天皇「依奏」准之，佛像遂被棄於難波堀江，伽藍遭焚毀。在此必須留意兩臣進言廢佛，最終是由天皇下令斷然執行。換言之，最初的廢佛是由天皇執行。就在天未起風雲之時，天皇的主政大殿忽遭祝融之害，此為廢佛所招致的應報懲罰。

《日本書紀》屢次記載廢佛，繼欽明天皇之後敏達天皇即位，至敏達十四年（五八五），「物部守屋、中臣勝海上奏」指陳疫疾流行是起於蘇我氏崇佛所致，敏達天皇採納奏言，下詔「斷佛法」，就是發布所謂的廢佛令。這段記載亦描述廢佛是源自於天皇接受兩位臣僚倡議的政策，並親自裁奪下詔實行，將敏達天皇描寫成廢佛之君。朝廷遵詔行事，焚毀塔像佛殿，將佛像殘骸拋入難波堀江。此後，敏達天皇、物部守屋隨即染「瘡」，國內疫疾肆虐，因發瘡受苦或死者四處皆是，敏達天皇更為此喪失性命。這篇記述同樣以業報思想為基礎撰成，此為遭受佛譴所致。《日本書紀》將敏達天皇描寫成因遭佛降罰而患「瘡」猝逝。

在此「瘡」並非單純的疾病，道宣在《廣弘明集》中記述北魏太武帝因廢佛而遭殺生之禍，據傳在此之前已身染「惡疾」，北周武帝則是罹「瘡」而死。道世於《法苑珠林》卷九十八〈法滅篇〉中，記載中國有破佛毀釋的三「惡王」，分別是五胡十六國的胡夏赫連勃勃、北魏太武帝、北周武帝，他們因滅佛而隨即患染「癩瘡」致死，此後更墮入地獄。「瘡」是廢佛之君遭受應報的疾病，且與「癩」並列，被視為惡行招感的業障病。中國佛教書籍描述廢佛者將遭到佛降罰，因受業病之報而罹患「瘡」疾，死後墮入無間地獄。《日本書紀》受此影響，故以應報思想為基礎來撰寫廢佛與瘡疾的相關記述。

十、與廢佛抗爭及佛法興隆

若從護持佛法的護法立場來看，必須毅然挑戰廢佛、抵抗廢佛。若參閱《廣弘明集》

或《續高僧傳》，可發現記載了北周武帝廢佛，以及竭力奮戰、抵抗廢佛的人物事蹟。另一方面，若接觸末法思想的相關經典，則可發現彌勒佛在未來最終救度群生之前，曾有年僅十六歲的「月光童子」現身於末法之世，並以「法王」身分推行賢政，歷時長達五十二載。

此外，若繼續閱讀《日本書紀》，則有蘇我馬子（？—六二六）於崇峻元年七月決定討伐物部守屋，並率領由諸皇子、各豪族組成的軍隊出戰征伐。據其記載，此時年少的聖德太子束髮於前額，將四天王像置於髮頂而參予爭戰，書中注釋說明此髮型為「古俗，年少兒年十五、六間，束髮於額」。《日本書紀》則記載廄戶王（聖德太子，？—六二一或六二二），別稱「豐耳聰」、「聖德」、「豐聰耳」、「法大王」、「法主王」，其年齡或出現場景，以及「法大王」、「法主王」的表現，皆與月光童子極為相似。《日本書紀》的聖德太子形象，是經由數種要素混合塑造而成，月光童子的形象亦是參考要素之一。

如上所述，《日本書紀》記載興佛派討伐廢佛派，佛法因此隆盛發展。推古二年二月，頒布「三寶興隆之詔」並宣言興佛，此後聖德太子與蘇我馬子成為政治核心，推動興佛政策而促使佛法興隆。

十一、解讀《日本書紀》

《日本書紀》以佛教傳入為開端的連續記載之中，在個別文語或表現上皆是仿自經典或佛書，不僅如此，亦可發現這些記述是根據某種整體架構所構成，亦即「末法↓廢佛↓與廢佛抗爭↓佛教興盛」。這是參考中國自北周至隋朝之間，實際經歷了「末法↓廢佛↓與廢佛抗爭↓佛教再興」的歷史型態，並予以仿效及模式化所形成的架構。

《日本書紀》將佛教初傳之年，設定為進入末法時期。末法是指佛法由盛轉衰的分水嶺，一般很難聯想到是佛教輝煌傳入日本的年份。然而，為何決定是此年？這應該不是試圖暗示或預言佛法將衰才如此決定，而是將此年視為佛法發展至興盛階段的故事發展起點。既然是末法，廢佛之君必行破佛，佛法瀕臨存亡危機。但在佛法護持者與廢佛派抗爭、推翻廢佛勢力的情況下，最終由新君重興釋教，佛法弘傳更盛於昔。《日本書紀》就是將末法視為興佛故事的起點，甚至設定為傳入年份，故事的情節發展則淺顯易懂，唯有善、惡二元對立構造，被設定為「善」者，戰勝了被設定為「惡」者，並以揚善罰惡的戲劇化方式推演獲勝的過程。這種情節是由《日本書紀》中負責此段敘事的撰述者精心構成，並以反覆推敲的戲劇創作巧術為基礎。

那麼，究竟是何人參與此書的撰述過程？《日本書紀》並未具體記載作者姓名，唯有從幾個片斷訊息來推測。《日本書紀》的編纂者（撰述者）並非一人，可斷定是經由數人之手，每卷大致分為三部分，在最後的編纂階段，則不分各卷皆有潤飾。昔日井上薰推測應是日僧道慈（約六七〇前後—七四四）採用《金光明最勝王經》等經典後，撰述佛教傳入的相關記載（井上薰，一九六一）。井上的見解對後世研究影響甚鉅，更促使道慈與《日本書紀》的相關研究有所發展。筆者認為井上的說法十分妥切，甚至推斷不僅是佛教傳入日本的記載，就連以佛教傳入為開端的幾部著作，皆是出於道慈所撰。

今後在《日本書紀》之中，有關佛教傳入記載的撰述者是否為道慈，仍將成為議論課題。然而無論是何人，可確定是出於以佛教傳入為開端的編纂者所撰述的連續記載，其內容構造是根據明確的基本概念所構成。故而將末法第一年視為佛教傳入日本之年、廢佛與興佛二派相爭、奉天皇御命之下再度斷然廢佛、廢佛之君敏達天皇受罹患瘡疾的業報而亡、此後重興佛法與下詔興隆三寶，以上這些記述皆難以認同為史實根據，只能評價為藉由一則故事的形式來創作的史話。若探討佛教傳入的史實，則需跳脫《日本書紀》的記述，將視野拓展至其他史實的發展可能性來進行考察（吉田一彥，二〇〇七—二〇一〇）。

那麼，究竟該如何掌握佛教東傳日本的課題？佛教於六世紀傳入日本，若從事件發生前後與國際交流情況來判斷，這段史實是無庸置疑。此外，據《隋書》〈倭國傳〉記載：

「敬佛法，於百濟求得佛經，始有文字」，日本佛教應傳承於百濟的佛教系統。又根據考古學調查，可確定最初建造的正統寺院飛鳥寺為可靠史實，從伽藍佈局與金堂（佛殿）、佛塔的建築樣式、舍利容器等埋藏供奉的狀況，可知是受到朝鮮半島寺院樣式的影響或仿造其結構而成。若是如此，百濟於六世紀傳入佛教後，以飛鳥為中心隆盛發展佛教文化，亦可確定為史實。更可理解為佛教並非基於私傳，而是以國家的立場傳入。其傳入年份、佛法興盛的具體樣貌，則需從長久掌控日本人內在認知的《日本書紀》內容中獲得解放，再來探究此段歷史。

第三節　五三八年佛教傳入之說的發展系譜

一、〈元興寺伽藍緣起并流記資財帳〉與《建興寺緣起》

有關佛教傳入日本的說法，出現不同於《日本書紀》的幾項文獻記載，紛紛指出是欽明天皇七年戊午年，由百濟聖明王傳入。「戊午」是五三八年，共有四項史料，分別為：（一）〈元興寺伽藍緣起并流記資財帳〉；（二）《上宮聖德法王帝說》；（三）《提婆羅惹寺麻訶所生祕決（天王寺祕決）》所引用的《建興寺緣起》；（四）最澄《顯戒論》所引用的〈元興緣起〉。其中，第四項是成立年代最早的文獻，在說明之前先略介紹前三項。

（一）〈元興寺伽藍緣起并流記資財帳〉是近代發掘的新史料。明治三十九年（一九〇六），美術史學家平子鐸嶺於醍醐寺（京都市伏見區）的文庫發現《諸寺緣起集》全十八冊，其中第二冊是《元興寺緣起》（二十七點一×十六點一公分），收錄以下四篇文章：1.〈佛本傳來記〉；2.〈元興寺伽藍緣起并流記資財帳〉；3.〈某古記〉；4.〈慈俊私勘文〉。平子氏發現這些史料後，尤其關注第（二）項文獻，判斷出末尾記載此文書的撰寫日期是「天平十九年二月十一日」，更於翌年明治四十年（一九〇七）發表論文，報告發現天平時期的元興寺建寺緣起（平子鐸嶺，一九〇七ａｂ）。

在發現此文獻後，平子鐸嶺的友人，亦即當時史學界的代表學者喜田貞吉卻立即提出異論。喜田閱讀此文獻後，一針見血指出就內容及形式來看，這並非出自天平史料，而是平安時代末期成立的偽撰文書（喜田貞吉，一九八〇）。建築史的權威學者福山敏男亦判斷是撰於奈良時代末期，其內容可信度甚低，幾乎不足以採信，不啻是「拙劣的造假」。

筆者曾調查醍醐寺寫本，再度探討〈元興寺伽藍緣起并流記資財帳〉，結論亦是無法認同是天平時代文書，應是後世撰造（吉田一彥，二〇〇一、二〇〇三ａ）。這項文書是歷經兩階段構成，換言之，第一階段是在九世紀撰成的建興寺（豐浦寺）緣起，名稱為《建興寺緣起》。這份文書經由判定是改撰於平安時代末期（十一世紀末至十二世紀中葉以前），藉由附加或修改內容，將建興寺緣起變造為元興寺緣起，並成為今日所見文獻。這是第二階段，亦是最終階段構成。換言之，九世紀後期成立的《建興寺緣起》，在平安時代末期經由改撰後，形成所謂的〈元興寺伽藍緣起并流記資財帳〉。最終的撰成時間應是喜田貞吉論證的平安時代末期，卻將撰寫日期假託於天平時代，最終仍被舉證為偽撰文書。

文書提及佛教東傳日本，時間為廣庭天皇（欽明天皇）的「治天下七年歲次戊午十二月」，由「百濟國聖明王」傳入，攜來「太子像并灌佛之器一具，及說佛起書卷一筺」。那麼，這段記述又是在何階段成立？如此可說是第一階段、亦即九世紀後期。原因是所幸第（三）項《建興寺緣起》的逸文仍現存於世，內容幾乎完全一致。《提婆羅惹寺麻訶所生祕決（天王寺祕決）》之中引用《建興寺緣起》，其文如下：

> 建興寺緣起云，廣庭天皇御世，治天下（當南岳卅三歲）七年十二月十二日，百濟國明王，太子像并灌佛之器一具，及說佛起書卷一筺度□□……。

值得矚目的是，兩者傳入年份不僅一致，就連太子像（或指釋迦誕生像）、灌佛之器、說佛起書三件餽贈之物亦同。那麼，這些物品究竟為何？若繼續閱讀〈元興寺伽藍緣起并流記資財帳〉，可發現當時寺內的造像正是此尊太子像的記載。由此可推定《建興寺緣起》亦有這段記述，故可得知九世紀後期的建興寺具有歷史傳承，寺內收藏寺寶太子像及灌佛之器，這些皆是百濟國王將佛教傳入日本時的餽贈之物。第（三）項《建興寺緣起》則成為說明起源的傳說，並由第（二）項〈元興寺伽藍緣起并流記資財帳〉繼而傳承，此文書改撰自《建興寺緣起》。在做為五三八年佛教傳入日本的文獻方面，必須以《建興寺緣起》為原始史料、而非以第（一）項來定位及考察。

雖說〈元興寺伽藍緣起并流記資財帳〉是偽撰文書，卻未必缺乏史料價值，反而說是彌足珍貴。透過重新定位真正的撰造年代後，不少偽撰文書被視為重要史料，並可妥善運用。在此以《四天王寺御手印緣起》為例說明，其內容是聖德太子於乙卯年（五九五）所撰的四天王寺緣起，據傳為太子親撰，印有太子的二十六個手印（手形），遺憾卻是偽撰文書，實際上是十世紀末、十一世紀初在四天王寺撰造而成。若欲理解七世紀佛教史與四天王寺的樣貌，此史料並不具任何價值，但若考證當時的四天王寺史或寺院領地方面，卻是貴重文獻。平安時代後期的四天王寺史料十分匱乏，故在闡明這部分時，《四天王寺御手印緣起》是極佳史料。同樣，〈元興寺伽藍緣起并流記資財帳〉在做為六、七世紀佛教史的史料方面幾乎毫無價值，若以此做為參考依據來還原歷史，則是錯誤的研究方式，但在做為闡明九世紀的建興寺史，或十一、十二世紀的元興寺史的史料方面，卻具有極高價值。史料的成立年代在經由正確定位後，方能發揮其價值。

二、《上宮聖德法王帝說》

其次，《上宮聖德法王帝說》又是如何情況？此古寫本為孤本，昔日傳存於法隆寺，至幕末維新時期流於寺外，現為知恩院（京都市東山區）所藏。其文獻內容晦澀難解，內容複雜，根據家永三郎的研究，可知：1.並非採取一卷完成的形式，而是在單卷中彙集五篇文章；2.五大篇章（五部）的成立年代各異；3.第三部成立於《聖德太子傳曆》之後。《聖德太子傳曆》是平安時代中期的聖德太子傳記，無法確定其成立年份，推測約撰於十世紀。就整體來看，如今所見的《上宮聖德法王帝說》，應撰成於傳曆之後。家永三郎試圖推估五部的個別成立年代，整體而言，其撰寫年代略嫌過早，應更為後延才是。

至於佛教傳入日本方面，據第四部的記述為「志癸嶋天皇（欽明天皇）御世戊午年十月十二日，百濟國主明王始奉度佛像、經教并僧等」。若與第（三）項《建興寺緣起》相較之下，可發現針對百濟王的所有表記皆同，均是「百濟國主明王」，以及傳入的年、月、日之中，甚至不惜詳細記載至日期。即使月份有差異，卻同為「十二日」。另一方面，記載的所傳佛教物品相異，欽明天皇的表記方式亦不同，故可知《上宮聖德法王帝說》與《建興寺緣起》幾乎同時撰成，前者時代略晚，兩者皆有共同的原始文獻（四）《顯戒論》。

三、《顯戒論》的記載及其評價

最澄在闡論戒律的著作《顯戒論》中徵引（四）〈元興緣起〉，亦是引介五三八年傳入佛教之說。《顯戒論》撰於弘仁十一年（八二〇），在此之前，最澄於弘仁九年（八一八）請求敕准大乘戒壇獨立，朝廷向僧綱徵詢意見後，上表提出反對之見。《顯戒論》

是針對此表所提出的反駁並予以彙整的著作。當時僧綱之首大僧都護命（七五〇—八三四），其身分正是元興寺僧。《顯戒論》在篇首援引僧綱等人的表文：「我日本國，志貴嶋宮御宇天皇，歲次戊午，百濟王奉渡佛法。」最澄對此予以反駁：「彈曰，天皇即位元年庚申，御宇正經三十二歲，謹案歲次曆，都無戊午歲。元興緣起，已乖實錄敬崇之言。」由此可知護命等人是引用〈元興緣起〉等文獻，主張佛教東傳日本的年份是「志貴嶋宮御宇天皇」（欽明天皇）的戊午年。最澄破斥此說，認為〈元興緣起〉之說，與《日本書紀》（以「實錄」來表現）的記述有所出入。

在此首先欲確認〈元興緣起〉與〈元興寺伽藍緣起并流記資財帳〉是截然不同的文獻。平子鐸嶺在醍醐寺發現後者，認為兩者一致。然而，〈元興寺伽藍緣起并流記資財帳〉是十一世紀末至十二世紀中葉所撰的元興寺緣起，〈元興緣起〉則是在八二〇年以前撰成的本寺緣起，兩者內容迥然相異，需將兩者視為不同文獻來進行考察。

〈元興緣起〉將欽明天皇表記為「志貴嶋宮御宇天皇」，用字略異，卻是承襲《上宮聖德法王帝說》，僧綱等人的表文在篇首則稱君主為「國主」。〈元興緣起〉極有可能將百濟君王表記為「國主」，此為沿襲《建興寺緣起》與《上宮聖德法王帝說》之故。在〈元興緣起〉之中，「渡」及「奉渡」的用法表現，皆由上述兩種文獻所承襲，〈元興寺伽藍緣起并流記資財帳〉則是藉《建興寺緣起》承襲此用法。

上述的〈元興緣起〉僅有逸文殘存，卻是記載五三八年佛教傳入日本之說的現存最早文獻，其撰寫時間未詳，至少應在八二〇年以前，推斷大約成立於八世紀中、後期的元興寺緣起。在此可察知佛教於五三八年傳入的說法，是來自蘇我氏創建的元興寺。蘇我馬子在飛鳥地方創建的飛鳥寺，此後的寺名為「元興寺」。和銅三年（七一〇），從藤原京遷都至平城京，舊都的大寺陸續遷至新京，飛鳥寺（元興寺）亦是如此（《續日本紀》養老二年〈七一八〉九月條）。飛鳥的元興寺卻並未就此消失，而是續存於當地，稱為「本元興寺」。此元興寺流傳一種說法，就是五三八年傳入佛教之說。日本最初的正統寺院元興寺，竟出現與《日本書紀》相異的佛教傳入之說，十分耐人尋味。

那麼，五三八年之說究竟該根據何種史實來評價其說法？此評價絕非輕而易舉，而是在檢證其說適切與否之際，必須考察飛鳥寺的歷史及其相關言論。

第四節　飛鳥寺建成

如前所述，佛教於六世紀傳入日本，若從傳入前後的事件來判斷此應屬事實，自百濟傳入的說法亦獲得認同，佛教採取公傳途徑的說法更是毋庸置疑。飛鳥就此成為佛教文化最初興盛發展的地區，就此看來，創建飛鳥寺所具的歷史意義極為深遠。

一、飛鳥寺的發掘調查

在鎌倉時代初期，據傳飛鳥寺（本元興寺）因佛塔於建久七年（一一九六）遭到雷擊焚毀，寺院亦隨之趨於衰微，文安四年（一四四七），本尊甚至淪為露佛（置於屋外的佛像）。此後為此佛像造立簡陋草室，直至江戶時代初期才重新建堂，更名為真言宗安居院並現存至今。飛鳥寺於昭和三十年（一九五五）進行發掘調查，獲得豐碩成果（奈良國立文化財研究所，一九五八）。根據此調查，得知其寺構造：（一）伽藍布局為一塔三金堂；（二）西金堂與東金堂的基壇為二重基壇，上成基壇與下成基壇皆配置礎石；（三）地下式的塔心礎，奉安舍利等物（坪井清足，一九八五）。

二、朝鮮半島寺院的伽藍配置

首先第（一）項，飛鳥寺不僅在佛塔北側有金堂的建築配置，塔東、西兩側亦有金堂。兩金堂皆面塔而建，呈南北走向。學者指出在高句麗亦有一塔三金堂式的寺院，且與平壤的清岩里廢寺、上五里廢寺、定陵寺具有共通點。其中，清岩里廢寺、上五里廢寺是日本學者在戰前發掘調查，清岩里廢寺遺址中，發現八角塔及位於其北、東、西方的三座金堂。上五里廢寺發掘出八角塔及東、西金堂，佛塔北方則未發現任何出土建築。定陵寺在戰後進行發掘調查，於一九七六年提出成果報告。根據此份報告，該寺的八角塔左右兩側分別設置東、西金堂，北側隔著迴廊建有金堂（中金堂），其左右兩側亦有建築物。關於這部分的說法有兩種見解，分別是認為該建築並非金堂（而是鐘樓、經樓），以及認為就是金堂結構。對於伽藍配置，

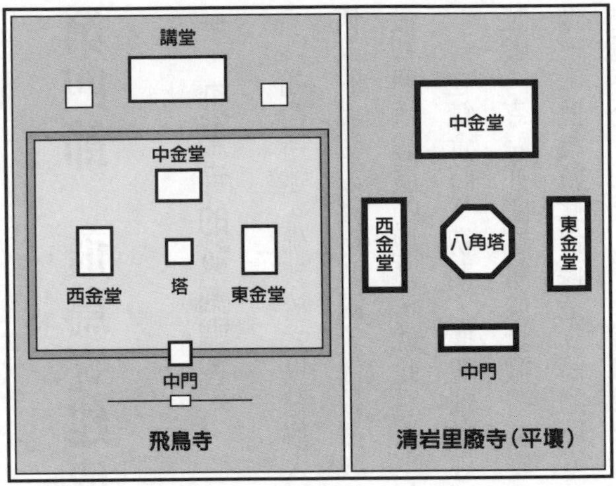

飛鳥寺與清岩里廢寺的伽藍配置

則有見解認為是一塔三金堂式，或一塔多金堂（一塔五金堂）式（千田剛道，一九九三；張慶浩，一九九三）。其次，鳳山郡的土城里廢寺亦有發掘調查，出土建築為八角塔及西金堂、中金堂遺址。佛塔東側因後世過度挖掘破壞，並無任何新發現。根據這些調查，可知高句麗寺院具有三種特色，亦即：1.建有八角塔；2.寺內多採取一塔三金堂的伽藍配置；3.各金堂的配置方式皆面向八角塔（千田剛道，一九九三）。

在韓國亦有百濟、新羅的古代寺院發掘調查，成果甚為豐碩。根據這些調查，可知百濟、新羅的寺院配置方式，多採取門、塔、金堂、講堂呈南北向一直線排列（直列、一列），就是日本所謂的四天王寺式伽藍配置。百濟的定林寺、軍守里寺、陵山里寺、王興寺等皆是如此，佛塔皆為四角塔。以伽藍壯闊著稱的彌勒寺，則採取一寺三院（設有三組佛塔和金堂的建築結構組合）的獨特伽藍配置，可知屬於直列型（一列型）伽藍配置的變形結構。新羅真興王於慶州創建的皇龍寺，當時就是採取直列型的伽藍配置。此後，該寺卻在金堂的東、西兩側增建東、西金堂，成為一塔三金堂的伽藍形式。佛塔形式為四角塔，金堂皆座北朝南。宣德女王所建的芬皇寺，佛塔北側有三座金堂以「品」字型分布，亦為一塔三金堂的伽藍配置，金堂皆是座北朝南。位於慶州的四天王寺遺址進行發掘調查，可知兩座四角塔各於東、西兩側，在日本就是所謂的藥師寺式伽藍配置。如上所述，在百濟及新羅，一般採取日本的四天王寺式伽藍配置，部分寺院建有三金堂伽藍，此後亦有雙塔配置的伽藍。

大阪府富田林市的新堂廢寺，是以日本初期寺院而著稱，創建當時是採取四天王寺式伽藍配置，中門、塔、金堂呈南北一直線排列。斑鳩寺（法隆寺）創建時的伽藍（若草伽藍），亦屬於四天王寺式伽藍配置，應是受到百濟寺院樣式所影響，並仿效其形式。日本於七世紀末興建的藥師寺，是以東、西雙塔樣式構成，應是吸收新羅的新風格。飛鳥寺的一塔三金堂伽藍配置，則是採自高句麗的樣式。就日本佛塔建為四角塔此點來看，應是屬於百濟、新羅樣式，故可推斷是採取折衷樣式。

三、百濟、新羅的寺院與飛鳥寺

其次，第（二）項飛鳥寺的東、西金堂，皆在六、七開間的下成基壇之上，建有四、五開間的上成基壇，成為二重基壇。不僅是上成基壇配置礎石，下成基壇亦是如此。東、西金堂是採用兩列堂柱，這種下成基壇亦配有礎石形式的金堂，在百濟、新羅同樣可見，兩金堂正是採納並仿效此模式。例如，百濟扶餘的定林寺，新羅慶州的皇龍寺、四天王寺亦是如此。飛鳥寺的東、西金堂，可知是接受百濟或新羅的寺院建式而成。

第（三）項地下式的塔心礎，十分值得矚目。飛鳥寺的佛塔於建久年間遭雷擊焚毀後，從塔底下掘出奉納埋葬的百餘粒舍利及金、銀器等物品。其中部分納入金銅製舍利容器、裝入木匣、置石櫃中，再埋於塔底下。這些器物是昭和時期出土，舍利容器則是再度安放時重新製作。繼續往下挖掘後，在地下二點七公尺之處掘出心礎，其上有方形柱座，中心部分有舍利孔，舍利孔東面鑿有橫向洞孔，可知原本是收藏舍利容器之處。另有小粒金銀珠、金銀薄片、勾玉、管玉、蜻蛉玉、切子玉、空玉、小玉、金銅製垂飾、鎧甲、蛇形鐵器、馬鈴等物，大量出土鎌倉時代未被發掘的遺物（坪井清足，一九八五）。

百濟、新羅的古代寺塔一般是地下式心礎，可知飛鳥寺的地下式心礎仿自朝鮮半島的寺院樣式。在韓國可常從塔心礎中，或修理石塔之際，發現舍利容器及舍利莊嚴具。皇龍寺木塔（舍利內函的〈剎柱本記〉銘文是八七三年重建時所撰）、芬皇寺石塔、感恩寺西塔（三層石塔）、皇福寺三層石塔、陵山里寺木塔（唯有舍利龕出土，內部所藏已遭盜掘）、王興寺木塔、王宮里五層石塔、彌勒寺西塔（石塔）等。

其中，近年在王興寺及彌勒寺發現舍利容器並成為話題。二〇〇七年，王興寺的塔心礎南端所鑿成的長方形舍利孔之中，曾發現舍利容器。此容器有三重構造，最外層是青銅製舍利盒，中層為舍利壺，最內層置有金製舍利瓶。舍利盒上刻有銘文：「丁酉年二月十五日，百濟王昌為亡王子立剎，本舍利二枚葬時，神化為三。」可知王興寺是在丁酉年（五七七），百濟昌王為逝去王子所建之寺。《三國史記》記載昌王是威德王（？—五九八），是聖王的「元子」（王之嫡長子）。雖已無法確認金製舍利瓶中的舍利，但從舍利孔南側出土金首飾、金鈴（或為耳飾）、冠帽鐵芯、雲母花、勾玉、圓玉、圓盤玉等大量裝飾品，以及鐵刀、銅合金筷、常平五銖錢兩枚、五銖錢一枚（李漢祥，二〇〇八）。這項調查成果在日本亦成為話題，促使學者提出王興寺與飛鳥寺相關的說法見解（鈴木靖民，二〇〇八；田中史生，二〇〇八）。

此外，彌勒寺西塔於二〇〇九年拆解修理之際，發現第一層心柱上側中央有舍利孔，內有舍利容器。此為金銅製舍利壺（外壺）之內奉有金製舍利壺（內壺），其內又安放一只玻璃製舍利瓶。瓶身已碎裂，但可確認內有供奉一粒白色舍利及十一顆寶珠（寶珠可能置於瓶外）。此外，亦發現在金板正、反面共刻有一百九十三字銘文的〈舍利奉安記〉，日期為「己亥年正月廿九日」。「己亥年」極有可能是六三九年。在日本，亦對此銘文進行解讀（瀨間正之，二〇〇九），記載銘文的金板與飛鳥古寺的關聯頗耐人尋味，相信將成為今後研究課題。

若針對這項發掘調查的成果來綜合探討，可知飛鳥寺的一塔三金堂式伽藍配置，與高句麗的古寺具有共同點。在金堂為二重基壇方面，亦與百濟的定林寺、新羅的皇龍寺及四天王寺皆有相通之處。至於在地下式心礎、舍利容器埋藏供奉方面，則與朝鮮半島的許多佛塔具有共通特性。如上所述，飛鳥寺在建造之際，必然深受朝鮮半島的寺院形式所影響。

四、《日本書紀》的記述

有關創建飛鳥寺的事蹟，見於《日本書紀》崇峻元年是歲條：

是歲，百濟國遣使并僧惠總、令斤、惠寔等，獻佛舍利。百濟國遣恩率首信、德率蓋文、那率福富味身等，進調，並獻佛舍利、僧聆照律師、令威、惠衆、惠宿、道嚴、令開等，寺工太良未太、文賈古子、鑪盤博士將德白昧淳、瓦博士麻奈父奴、陽貴文、陵貴文、昔麻帝彌、畫工白加。蘇我馬子宿禰，請百濟僧等，問受戒之法，以善信尼等付百濟國使恩率首信等，發遣學問。壞飛鳥衣縫造祖樹葉之家，始作法興寺。

此年，百濟國遣使來朝，獻呈佛舍利、僧侶、寺工、鑪盤博士、瓦博士、畫工。蘇我馬子應此朝訪，向百濟僧詢問受戒之法，派遣善信尼等人至百濟，遂建造法興寺。「法興寺」即是飛鳥寺，是日本最初的正統寺院，當時大和缺乏建寺知識及技術，亦無相關技術人員。建寺需有專門知識或技術傳入，以及外國技術人員渡日，此為不可或缺之要素。寺塔則需要佛舍利，必須接受餽贈。倘若如此，有關百濟國贈予佛舍利及遣送技術人員的記述，可信度相當高。如同前文所述，在《日本書紀》中以佛教傳入為開端的連續記載中，多是撰造於編纂階段。飛鳥寺的記載並未刻意撰造，若以建寺為前提的內容來看，極有可能是依據某些史實基礎，故可視為值得採信的史料。如同近年大山誠一的論述所示，佛教傳入日本的史實，必須以佛舍利或技術人員傳入，以及寺院建造的事蹟為基軸來予以考察（大山誠一，二〇〇九）。

據上述《日本書紀》的記載來看，應是百濟國將蘇我馬子視為國家層級的外交對象，馬子亦出面對應。然而，原本應以日本國主為對象，獻呈佛舍利及派遣技術人員，且應由一國之君來興建寺院。為何百濟國會以蘇我馬子為對象而採取行動？

五、蘇我氏與佛教

對於佛教傳入日本與發展隆盛，蘇我氏是功不可沒。在此必須說，蘇我馬子才是日本興佛的核心人物。其創建的飛鳥寺，是向國內、外宣告大和信仰佛法及佛教興隆的里程碑。至今的說法，主要是由蘇我氏崇奉佛教，這種理解方式是建構在過去的一貫認知上，但必須特別一提，蘇我氏對興佛的貢獻更不僅於此。

在此必須重新思考蘇我氏的地位。一般根據《日本書紀》的記述，蘇我馬子雖非一國之君，卻擁有強大政治實權，是名符其實的最高執政者。然而，問題在於形式上的權力所在。百濟國將蘇我馬子視為官方外交對象，不久馬子弒崇峻天皇，卻未被視為謀反者，依然若無其事般繼續推行政權。這究竟是為何緣故？蘇我馬子不僅是實質上的最高執政者，亦是形式上的最高執權者，換言之，或許曾為君主。如此想來，不僅能理解為何蘇我馬子可與百濟直接進行外交，亦可了解飛鳥寺被視為國寺創建的原因。

時至今日，日本人難道不是依舊無法擺脫《日本書紀》的束縛？《日本書紀》是以神話記述皇族為天照大神的子嗣，今後唯有皇族能成為治天之君，主張萬世一系。然而，在七二〇年撰寫《日本書紀》以前，一般而言，應有皇族以外的人物成為國主，皇族乃神子的說法與史實不符，僅是一種政治主張而已。筆者認為應跳脫《日本書紀》的框架，重新探討古代政治史，至於蘇我氏的地位，則應從或許曾是君主身分（大山誠一，二〇〇三、二〇〇九）的觀點來重新考量。

六、解讀《日本書紀》與五三八年之說的淵源

在《日本書紀》的佛教傳入至下詔興隆三寶的相關記載中，崇峻元年是歲條是最為具體確實的記述，內容可信度極高。對《日本書紀》的編纂者而言，在輯錄之際，應將崇峻元年是歲條的記述，視為佛教初傳的核心史料而予以蒐羅，故可推測這項史料原本應出自飛鳥寺的傳述史。然而，編纂者另行增添幾項杜撰的史話——末法、廢佛、與廢佛相抗、三寶興隆等，並安排在這段記載的前後文中，將佛教傳入日本的發展史話予以創作及

修改。

如前所述，佛教初傳年份為戊午年（五三八）的說法，是源於飛鳥寺（元興寺）的古老傳說。飛鳥寺的創建史敘述在蘇我馬子時期，百濟國曾獻贈佛舍利，並派遣僧侶和技術人員至日本，而該寺亦在此時創建。此外，更為此增添一段前史，就是蘇我稻目時期，百濟王已贈送佛教文物，佛教始有發展，並推斷此年為戊午年。然而，《日本書紀》編纂者卻加以修改，將初傳年份改為進入末法時期之年（五五二），百濟王贈予佛教文物的對象，並非蘇我稻目，而是欽明天皇，且由天皇贈予蘇我稻目。儘管如此，飛鳥寺在《日本書紀》完成後，依然流傳古老說法、亦即將佛教初傳年份視為戊午年之說。至奈良時代中、後期，當撰寫元興寺緣起之際，則將這項傳說予以記載，此後更由《顯戒論》等書傳承。

佛教於戊午年傳入日本之說，是飛鳥寺與蘇我氏傳述的歷史，這應是《日本書紀》成立前就已存在的說法。如前所述，這段歷史是預加於飛鳥寺創建之前，撰造色彩濃厚，無法立即斷定是基於史實所述。但可確定佛教在早於馬子時代的蘇我稻目時期，就已有某種程度的佛教傳入或信仰行為，至於具體情況則是尚未明瞭。今日仍無法檢證佛教的初傳年份是否就是戊午年，其真相混沌未明。有關戊午年的說法，最恰當的評價方式應是可將之視為僅是飛鳥寺的古老傳說，無法檢證史實。

第五節　聖德太子的形象塑造與聖德太子信仰

一、聖德太子的研究進展

聖德太子是日本史上最著名的人物之一，其所推動的諸多政治及文化動業，今日已成為日本國民的歷史常識，廣為眾人所知。然而，近代歷史學發展後，隨即針對聖德太子的各種事蹟提出嚴厲批判，並有論述指出有不少記載並非史實。近年從批判觀點推動的研究更為發展，甚至針對所有聖德太子的相關事蹟皆非史實而提出學說——聖德太子虛構論。究竟聖德太子是何許人物？

二、《日本書紀》中的聖德太子

《日本書紀》中記載的聖德太子，被描述為以下人物——其母穴穗部間人皇女在廄戶（馬廄）前忽然臨盆，並未受任何產勞之苦而生下太子。聖德太子出生口即能言，成人之後，可同時聽聞十人請願而分辨無誤，更能預曉未來。蘇我馬子進攻物部守屋之際，太子將髮束於前額參與征戰，並以白膠木刻造四天王像並置於髮頂，立誓若能勝利，將為四天王造佛塔。推古天皇即位後，聖德太子成為皇太子統理一切政務，於推古十二年（六〇四）制定《憲法十七條》，兩年後又宣講《勝鬘經》、《法華經》講義。推古二十一年（六一三），某次太子在片岡山與一飢民相遇，便施予豐富飲食衣物。飢民此後身亡下葬，被打開墳墓後，卻發現其屍已消失無蹤。這名飢民其實是聖者，當時早已被同為聖人的太子及時識破。推古二十八年（六二〇），太子與蘇我馬子同撰《天皇記》、《國記》、《臣連伴造國造百八十部并公民等本記》，一年後太子溘然長逝。高麗僧慧慈曾為太子的傳法導師，在還歸故國聞此噩耗，預言自身將於翌年的同日離世，果真一語成讖。

三、近代歷史學與聖德太子研究

上述蘊涵故事風格的事蹟，可界定為一種「傳說」。那麼，是否能被當作史實傳述？近代歷史學自明治時代誕生至今，史學家以理性精神與實證主義為基礎，對固有的歷史認知抱存質疑，就事實認定的層次來逐一重新書寫歷史。對於聖德太子，史學家同樣以犀利態度來累積實證研究，漸能釐清虛實。久米邦武是近代歷史學研究之先驅，曾出任帝國大學國史學科的首批聘任教授，他探論《日本書紀》中的聖德太子生而能言、可預知未來的記載，不啻是無稽之談（久米邦武，一九八八）。其次，津田左右吉指出《日本書紀》中的聖德太子記載，幾乎是史實無據。小倉豐文亦提出見解，否定聖德太子的諸多事蹟（津田左右吉，一九五〇；小倉豐文，一九七二）。

例如，《憲法十七條》是否為聖德太子所成立？津田左右吉舉出：1.憲法第十二條出現「國司國造」一詞，「國司」在推古朝尚未出現，七世紀末以後，方有「國司」與「國造」並列的記載表現；2.憲法在整體上是根據「中央集權制度、官僚政治制度」的理念所制定，這項理念出自大化革新之後，故與時代不符；3.憲法條文多採取中國古文式的表現，這些文詞與《續日本紀》中的詔敕或《日本書紀》的文章用法十分類似。津田左右吉歸納結論後，斷然指出《憲法十七條》並非撰於六〇四年，而是創作於七世紀末、八世紀初，亦即在制定律令及編纂國史的時期。此外，聖德太子之母行經廄戶之前，不費勞力忽然產下太子，太子生而能言且能預知未來，甚至在片岡山逢遇飢民、或高麗僧慧慈的傳述，這些事蹟皆是為了凸顯聖德太子的聖者形象而虛撰的故事。

小倉豐文提出說明，認為後世方有「聖德太子」之稱，故應稱為「廄戶王」，並主張應明確、嚴謹區別史實中的廄戶王事蹟，與成為傳說或信仰對象的聖德太子所建構的故事之間的差異。小倉進而指出《日本書紀》記載太子為「總攝萬機」，一般解讀為擔任「攝政」。然而，就連《日本書紀》皆記述當時政務是由聖德太子與蘇我馬子共同執政，故與「攝政」的說法有所矛盾。

此後，研究主題更拓展至「天皇」、「皇后」、「皇太子」的稱號始於何時。《日本書紀》記載神武天皇為首任天皇，並最初使用「天皇」稱號。如前文所述，可知日本君主被稱為「天皇」是始於天武天皇在位中期，或持統天皇登基以後，昔日君主皆稱為「大王」。至於「皇后」稱號，同樣大約成立於此時或略晚時期，古昔皆稱「大后」。「皇太子」與「天皇」的稱號使用，幾乎皆始於七世紀末（荒木敏夫，一九八五）。《日本書紀》在天武朝之前的記述，亦使用「皇太子」一詞，此為編纂者用語。實際上，日本自七世紀末從唐朝引入皇太子制度，在此之前既無「皇太子」的用法，亦無此制度，廏戶王當然亦非皇太子。

四、聖德太子虛構論

在這些近代歷史學的研究成果累積之下，學者於二十世紀末提出聖德太子虛構論（大山誠一，一九九八、一九九九、二〇〇三），此學說指出聖德太子的事蹟幾乎皆非史實，是在後世虛構而成。大山誠一提出這項主張，雖認同廏戶王實有其人，但其實際生平未明。至於「聖德太子」其人，則是《日本書紀》以廏戶王為題材所創造的人物，許多其建功勳業的記載，不啻是編纂者杜撰而已，其人物像純屬虛構。大山指出「聖德太子」的聖者形象，正是由《日本書紀》最初所創。

《日本書紀》中出現幾位耀眼人物，例如神武天皇、神功皇后、日本武尊等。聖德太子的形象，被塑造成與日本武尊猶如雙璧般的存在，後者代表武（征伐），聖德太子則代表文（禮樂），並成為儒、釋、道三教聖人，被形塑成「聖德」兼具的理想政治領導者。日本自七世紀末實行天皇制度，將王朝稱為「日本」，開始推行新國制。聖德太子被創造成符合新時代的理想形象，並做為國家典籍《日本書紀》中的統治理念象徵而被充分活用。

五、《日本書紀》中記載聖德太子事蹟的撰述者

大山誠一認為，在《日本書紀》中塑造聖德太子形象的人物，應是藤原不比等（六五九—七二〇）、長屋王（？—七二九）或道慈，但實際參與此書的撰述者應是道慈。國語學的研究者森博達則提出反論，指出若從語法來分析《日本書紀》全三十卷，可分為三類型：1. α群（卷十四～二十一、二十四～二十七）；2. β群（卷一～十三、二十二～二十三、二十八～二十九）；3. 卷三十。α群的撰述者是從中國東渡的首批渡來人，其母語為漢語，推測應是擔任音博士的續守言、薩弘恪。β群的撰述者蘊涵了以和風漢文撰述的「倭習」特性，多出現誤用或不恰當的漢語或漢文表現，推測應是曾入僧籍，且在留學新羅後還俗的文章博士山田史御方。卷三十則是紀朝臣清人擔任撰述，再由三宅臣藤麻呂在全卷中採用漢籍，並予以添筆潤色而成（森博達，一九九九）。

森博達指出《日本書紀》的聖德太子相關記載中，出現許多不同於純正漢文的變體漢文，此為具有「倭習」特徵的「和化漢文」。例如，檢證《憲法十七條》之際，發現漢語或漢文的誤用、不適切表現多達十七處，認為這應非出自留學中國長達十七年的道慈之筆，而是由山田史御方撰成。森博達闡述《憲法十七條》的語法，與β群的整體語法具有共通點，故非出自聖德太子，而是《日本書紀》撰述者的偽作（森博達，二〇〇二）。

那麼，《日本書紀》中的聖德太子事蹟，究竟是出自何人記載？道慈的確具有長期入唐留學的經驗，卻因出身大和，並非以漢語為母語的道地中國人，其文筆是否具有「倭習」特性仍有待商榷。從《憲法十七條》內文來看，或從純正漢文與變體漢文混合並用的語法來看，可知並非出自一人之手，而是由數名撰述者共同撰寫。筆者推測道慈曾參與《憲法十七條》的述作過程，但有關《日本書紀》中的聖德太子相關記載，今後應剖析《日本書紀》的整體構造後，將相關史料予以正確定位，再進行考察研究。

六、法隆寺史料

法隆寺與中宮寺保存了可溯自推古時代的史料，被視為與聖德太子有關而備受肯定，然其內容仍有諸多疑點或問題點，這些史料判定皆是後世所撰。

根據法隆寺金堂藥師如來像的光背銘文記載，此像造於「丁卯年」（六〇七），是由「小治田大宮治天下大王天皇」（推古女帝）與「東宮聖王」（聖德太子）所造立的「藥師像」。然而，誠如福山敏男所指出：1.銘文中出現當時尚未使用的「天皇」稱號，令人存疑，「大王天皇」的語法亦可疑；2.尊稱尚在世的聖德太子為「聖王」並不妥切；3.在此時代尚無藥師如來信仰或造立其像，應始於天武朝以後。由此可知，銘文應為後人所撰。

其次，據金堂釋迦三尊像的光背銘文所載，此像為「法興元卅一年」（六二一）前太后崩，「上宮法王」（聖德太子）與「于食王后」因勞疾而發願造像，此後王、后俱逝，遂於「癸未年」（六二三）完成此像。銘文終末記有「止利佛師」造像。福山敏男闡明銘文亦是後世所作（福山敏男，一九三五），此見解至今仍具說服力，無法認同這些佛像是依據銘文記載的年代所造。

中宮寺所藏〈天壽國曼荼羅繡帳〉又是如何情況？其銘文繡於龜甲紋樣之上（僅有部分現存，全文見於《上宮聖德法王帝說》）。若據其文所述，此為聖德太子之后多至波奈大女郎（橘大郎女）命采女繡出太子往生天壽國的情景，被視為推古時期之作。然而銘文早已被學者質疑，並指出幾項疑點：1.銘文的日期及干支，與推古時期採用的曆法（元嘉曆）不符；2.使用當時尚未採用的「天皇」稱號，十分可疑；3.銘文前半的世系部分，僅記載多至波奈大女郎母系，此點亦可疑（東野治之，一九七七、二〇〇四；大山誠一，一九九八；金澤英之，二〇〇一）。若再詳細探討銘文，可發現在人名表記中，出現古風的萬葉假名（字音假名），與並非萬葉假名的訓表記互為混合使用。此外，文中並非一貫採用「乃」或「之」，以及萬葉假名的用法似乎有待商榷，更發現誤用「上代特殊假名遣」（唯有在奈良時代及之前所使用的特殊假名）。綜合這些要素來看，可歸納出一項結論，就是〈天壽國曼荼羅繡帳〉的銘文應非出自推古朝時期，而是撰造於後世（吉田一彥，二〇〇八b）。

七、「三經義疏」成立

那麼，「三經義疏」的情況又是如何？據法隆寺流傳的說法，聖德太子撰有《法華經》、《勝鬘經》、《維摩經》的注釋書，稱為「三經義疏」，在日本被視為最初的佛學教科書而備受稱揚。但在《日本書紀》中並無記載這些著作為聖德太子所撰，這僅是法隆寺從某段時期開始流布的寺傳而已。然而，如此說法究竟始於何時？這似乎是奈良時代中期，僧侶行信在法隆寺弘法之際，述說「三經義疏」乃是聖德太子所撰。那麼，這三部著作是否為聖德太子真撰？

藤枝晃將敦煌發現的數部《勝鬘經》注釋書，與據傳為聖德太子著《勝鬘經義疏》互做比較探討，發現敦煌發掘的E本與《勝鬘經義疏》的內容約有七成相同，可知兩者關係極為密切。藤枝晃闡明這兩部著作皆是出自《勝鬘經義疏本義》的改修本，據傳為聖德太子所撰的《勝鬘經義疏》，結果應是典型的中國注釋書，撰著時間大約在六世紀後期（藤枝晃，一九七五）。

近年，石井公成分析「三經義疏」的語法，指出不同於純正漢文的「倭習」，以及三部注疏皆有變體漢文。這種倭習尚出現在《日本書紀》等著作中，並成為共通語法。以上述研究為基礎，更闡論「三經義疏」是係出同一作者或同一學派的著作類群，不可能在中國撰述（石井公成，二〇〇八）。若石井公成的語法分析十分合理，則三部疏並非是漢人著作，而是由日本或朝鮮半島等地的非漢族所撰，或是大量參與撰寫過程。那麼，這些著作成立於何時、何地？若著重於「三經義疏」的語法與《日本書紀》具有共通點的角度，那麼，究竟是在七世紀末、八世紀前期的日本完成，抑或由朝鮮半島及大陸地區的非漢族所撰？對於該如何採取研究取向，將是今後必須深入考證及探究的課題。

八、法隆寺焚毀與重建

現存的法隆寺並非創建於當時，而是歷經火劫後，重建於七世紀末至八世紀前期。然而，歷經長久激烈辯論後方能確定為重建，這就是所謂的「法隆寺再建非再建論爭」。據《日本書紀》天智九年（六七〇）四月三十日條，「夜半之後，災法隆寺，一屋無餘」，

法隆寺中門（張晴攝）

記載六七〇年全寺焚毀殆盡。活躍於明治學界的菅政友、黑川真賴、小杉榲邨等人根據這段記述，提出現存寺院為災後重建的重建說，從此成為主流觀點。建築史學家關野貞、美術史學家平子鐸嶺則從樣式論的立場，提出現存的法隆寺是推古時期建築而非重建的說法，此稱為法隆寺非再建論。此論提出後，史學家喜田貞吉提出闡論，認為關野說、平子說皆不成立，否認美術史及建築史的「樣式論」，堅持法隆寺為重建（喜田貞吉，一九八二）。法隆寺是否重建的議題，引起媒體熱烈關注而成為世間矚目焦點，研究在此論爭中順利進展。

這項論爭，直至進行「若草伽藍」的發掘調查後方告一段落。法隆寺普門院南側的塔心礎仍現存至今，明治時代的北畠治房（原名為平岡鳩平〔武夫〕，原為法隆寺打理雜務的下僕，因參與天誅組起義而敗北，倖存後改名為北畠治房，從此活躍於政界，後封男爵）提出原址曾建有伽藍（若草伽藍），法隆寺在推古時期置有西院伽藍，曾與今日成為遺址的若草伽藍並存於世。此後，北畠治房將塔心礎運至他處，至昭和十四年（一九三九），由當時所有者歸還法隆寺。石田茂作、末永雅雄等人以此為契機，進行若草伽藍的發掘調查。石田等人闡明以下數點：1.掘出佛塔和金堂的基壇；2.若草伽藍的佛塔和金堂，是屬於南北向排列的四天王寺式伽藍配置；3.伽藍中心線在南側朝東傾斜二十度；4.兩座伽藍用地鄰近，極可能有部分地區重疊；5.出土瓦片是飛鳥時代樣式，與百濟寺瓦具共同特色（石田茂作，一九六九）。藉此發掘調查，論爭近乎拍板定案，現存的法隆寺（西院伽藍）確實為重建。若草伽藍是四天王寺式伽藍配置，如石田茂作所述，是仿效百濟的寺院樣式。

此後，調查亦於昭和四十三、四年（一九六八—一九六九）進行，石田等人發掘的佛塔及金堂基壇，經由再次確認後，可知曾進行地基重整，根據近年刊行的發掘報告書指出，佛塔基壇東西長度為十五點九公尺，金堂基壇東西長度為二十二至二十二點八公尺，南北長度為十九點零五至十九點九五公尺，中心線位於北側，長度為二十三點五至二十五點二偏西（奈良文化財研究所，二〇〇七）。此外，昭和五十三至五十八年（一九七八—八三）進行防災工程之際，附帶進行的預備調查亦獲得重要成果。掘出後的若草伽藍，其四周外溝曾遭到營建西院伽藍之際的整地層所填埋，由此可確定若草伽藍與西院伽藍不可能同時並存（奈良國立文化財研究所、奈良縣教育委員會，一九八五；菱田哲郎，二〇〇四；島田敏男，二〇〇七）。非再建說雖主張兩座伽藍並存，透過這項調查卻發現不可能如此。

近年調查持續進行，平成十六年（二〇〇四），經由法隆寺南大門的東南地區發掘調查後，約有六十件壁畫碎片出土，皆遺有高溫受熱痕跡，部分附著熔化金屬。據學者推測，這些出土品應是若草伽藍佛塔或金堂內遭到焚毀的部分壁畫殘片。今後將有更深入的調查進展，筆者期盼能更確定若草伽藍的建造年代。

法隆寺的最初建築物已盡遭焚毀，壁畫付之一炬。倘若如此，現存的佛像又建造於何時？我們必須將美術史學的「樣式論」予以相對化，從其他衡量基準來思考此問題。

九、聖德太子的歷史意義

以上所述，是學者評斷聖德太子為《日本書紀》中創造的虛構人物。在從佛教東傳至詔興三寶的陸續記載中，聖德太子被賦予一種與廢佛抗爭、促使佛法興盛的角色，並描繪成政治及文化指導者，塑造出聖人形象。

另一方面，法隆寺、中宮寺所傳的佛像銘文和曼荼羅銘文，難以被認同是推古時期的文章（推古朝遺文），應是後世所撰。這些銘文是在《日本書紀》塑造聖德太子之後，人們對太子產生信仰，以及在信仰發展的過程中所創造的文字表現。《日本書紀》型塑的「聖德太子」，促使後世發展出聖德太子信仰，聖德太子的形象彷彿與這種情況相應般不斷擴增，又再度深化人們對聖德太子的信仰。故而製造與聖德太子信仰有關的書籍或繪畫、雕刻，創造出各種相關人物軼事或遺物、生活遺跡。

聖德太子既是虛構人物，若從日本史或文化的角度來分析此人，或許顯得毫無意義。但事實並非如此，聖德太子的存在顯得意義非凡。首先，若欲理解《日本書紀》中有關養老四年（七二〇）的國家思想及理念，聖德太子則扮演了重要角色。聖德太子在《日本書紀》中，與神武天皇、神功皇后、日本武尊並稱，成為重要登場人物。若能闡明聖德太子在《日本書紀》中扮演何種形象之際，則可對八世紀初的國家思想及理念的理解方面，提供重要論點。

其次，聖德太子信仰在日後廣泛發展，成為極重要的現象（井上銳夫，一九六八；林幹彌，一九七二；藤井由紀子，一九九九；脊古真哉，二〇〇三）。聖德太子雖是虛構人物，日本人卻對其深表敬愛，推崇備至，甚至形成信仰。「聖德太子」凝聚前人的思惟及想像力。那麼，日本人對聖德太子的所求為何？又是對此人物有何精神上的投射表現？

聖德太子信仰在奈良、平安時代出現明顯成長及發展，並以四天王寺和法隆寺為主軸展開，兩者則處於競爭關係。與其說是彼此協調，毋寧說是傾向於勢力抗衡。雙方倡說各自主張之際，往往否定對方的說法，或吸收對方言論。甚至製作出配合這些說法的法物，或撰造各種傳記。兩寺曾針對聖德太子的薨逝日期、年齡，或生前持誦的《法華經》是如何傳入日本、以及經典安奉之處、「豐聰耳」與「豐聰八耳」的稱謂差異、在片岡山吟誦的和歌或飢民的墓穴所在地等，為此屢次形成對立，甚至連廣隆寺、橘寺亦被捲入其中，發展出各種論調。

另一項值得關注的課題，則是在聖德太子信仰的底蘊中流傳著國族主義思想。起初這個層面並沒有特別受矚目，而是歷經平安時代後逐漸顯著化，深植於聖德太子信仰的根柢。聖德太子信仰配合日本國族主義的成長步調，不斷進行發展。聖德太子成為在與朝鮮或中國聖者相較之下，顯得毫不遜色的偉大人物，不僅身為日本佛教開祖，更是觀音菩薩的垂迹化現。聖德太子是足以向他國誇示的聖人——這種觀念逐漸醞釀而成。

在日本文化史或思想史的底蘊裡，聖德太子信仰不斷擴大而深遠地扎根。若能闡明此人物的歷史變遷過程，則可在考察日本文化或思想、宗教方面，提供重要論點。進行聖德太子研究，甚至可說是對此人物的信仰研究。

第六節　佛教流布

一、建造寺院

佛教於六世紀透過國家管道傳入，並以飛鳥為中心，開始發展興盛起來。至七世紀前期，最初期的寺院仍以當地為中心，地點位於現今奈良縣和大阪府。若根據考古學調查，可發現在七世紀後期出現極大變化，寺院跳脫王權京畿，分建於各地。至七世紀末其傾向更為顯著，日本群島遍布諸多寺院，並由地方豪族負責建造。

至七世紀前期為止，佛教是由蘇我氏及其族裔、或渡來人所享有的外來先進文化。所謂的發動「大化革新」（是否真有「大化」年號仍備受質疑。至於「革新之詔」，經判斷後亦是由《日本書紀》編纂者撰造或潤色而成，故應稱為「乙巳之變」）的政變，蘇我嫡系遭滅族後，情勢遽然轉變，佛教脫離蘇我氏後，在各地急遽傳布。

孝德天皇（？—六五四）、天智天皇（六二六—六七二）推翻蘇我氏並奪取權力後，紛紛興建國寺，積極推動佛教。此後，天武天皇、持統天皇亦建國寺，整頓佛教制度，將佛教儀禮視為國儀舉行，並致力於興佛政策。這些行動與七世紀前期的興佛政策略異，無論是地區或人數皆廣泛增加，是開放式的興佛政策。持統天皇執行天皇制度後，選擇兩種宗教管道、亦即佛教與神祇祭祀來支持新政制度，促使國家和宗教更緊密結合。佛教與神祇祭祀成為新生國家——日本的國定宗教。日本最初的唐風都城藤原京，建有國寺飛鳥寺（元興寺）、大官大寺、川原寺（弘福寺）、藥師寺等巍然聳立，餘寺亦是堂宇壯麗。國家主導的佛教方興未艾，都城的皇親貴胄亦盛大推展貴族佛教。不僅如此，地方豪族紛紛熱切關注佛教，促使在此階級的佛教亦發展興隆。

二、地方豪族的佛教信仰

日本各地於七世紀後期至八世紀初期建立寺院，今日發掘許多遺址並進行調查，其數已逾七百座，推估今後若進行調查，將會陸續增加。這些寺院的創建年代，與其說是自七五〇年以後的二十五年期間，毋寧說絕大多數是集中在七七五年以後，可知日本群島在七世紀末出現建寺風潮。佛教大約傳入日本一世紀之後方才正式流通，並由評造或郡司等各地豪族所推動。若進行發掘調查地方的寺院遺址，將發現不少堂塔兼具的寺院結構組合，由此可知地方豪族投入鉅額資財，建造宏偉富麗的寺剎。佛教是新時代宗教，對豪族而言，積極信奉佛教，既可順應新時代潮流，亦是一種可與確保或伸張區域社會勢力產生關聯的活動。

有關地方豪族建寺或信奉佛教狀況的文獻史料，代表如《日本靈異記》、《出雲國風土記》等，尤其是前者描述更為生動（吉田一彥，二〇〇六ａｂ）。《日本靈異記》描述地方豪族為求除厄禳災，故以建寺表陳謝意，或為父母建寺、造立佛像、繕寫經典，或為滅罪病癒而招請僧侶。此外，在區域社會中出現稱為「禪師」的僧侶或渡來僧、自度沙彌的傳法活動，並推廣因果報應或放生教法、觀音信仰、《法華經》信仰、《般若心經》信仰等流通情況。

三、民眾佛教

寺院建於區域社會，僧尼從事弘化後，佛教始流布於民間。《日本靈異記》上卷第七，記載備後國三谷郡的當地豪族建造三谷寺及佛像。百濟的弘濟禪師致力建造三谷寺後，居於「海邊」為往來民眾普教度化。此書最著名的題材，是另行收錄僧侶在海邊傳法，或是以漁夫為主題的故事，並以捕魚這種犯「殺生」之業者為對象進行弘傳活動。由此可知，弘濟禪師亦對海邊漁民等民眾進行佛法教化。此外，經由推定發現，廣島縣三次市的寺町廢寺是三谷寺舊址，藉由發掘調查，可確認此寺留存於七世紀後期至九世紀，更發掘佛塔、金堂、迴廊、講堂遺址（三次市教育委員會，一九八〇—八三）。《日本靈異記》上卷第二十六記述一則傳說，內容為大河國高山郡的法器山寺內，百濟的多羅禪師常以佛法療癒疾病，即使病入膏肓者亦能康復。

與這則說話同樣令人矚目的是古寫經的後跋。《金剛場陀羅尼經》被指定為國寶，是日本現存最古寫經，其跋文如下：

歲次丙戌年五月，川內國志貴評內知識，為七世父母及一切眾生，故造《金剛場陀羅尼經》一部，藉此善因往生淨土，終成正覺。

教化僧寶林

「川內國志貴評」是指後世的「河內國志紀郡」，編制範圍是今日大阪府藤井寺市東部至八尾市南部一帶。文中的「丙戌年」為八六八年，「評」即為「郡」。《金剛場陀羅尼經》於六八六年以教化僧寶林為核心人物，率領志貴評的數名「知識」抄經，為「七世父母」及「一切眾生」祈願往生淨土，悟至正覺。

在此值得關注的是，六八六年已有「教化僧」在區域社會中從事傳法活動，包含施眾教化、勸薦抄經、弘揚佛教，後跋中的「知識」，是指信奉佛法的團體信眾。「七世父母」、「成正覺」是七、八世紀的日本佛像銘文或碑文中的常見用詞，亦是中國與朝鮮半島的常用詞彙，在兩國已成為固定用法（金申，一九九四；佐藤智水，一九九八；增尾伸一郎，一九九九）。故此後跋中的敘事表現或信仰方式，可知是直接取自中國或朝鮮的佛教信仰。寶林究竟是何許人物？其生平事蹟未詳，或許曾接受朝鮮半島的佛教信仰形式，在區域社會中弘法利生的僧侶。

如前所述，日本佛教已在七世紀末的區域社會中流傳於民眾之間，就此發展民眾佛教，在都城應是同樣進展。過去曾有學說從鎌倉新佛教論的立場，主張日本佛教對民眾傳布是始於鎌倉時代，卻是對事實錯誤認知之說，並不正確。日本的民眾佛教是始於七世紀末，歷經奈良、平安時代逐漸發展，有關其發展的各種樣貌，將於第二章探討。

四、結語

佛教於六世紀傳入日本，遺憾的是，在私傳方面因史料匱乏，真相近乎不明。佛教公傳是由百濟王權將佛教傳予日本王權，佛教文化在飛鳥最初綻放異彩，蘇我氏則是推動佛教文化的核心人物。

在談論佛教東傳日本之際，過去一般歷史的說法是以《日本書紀》為根據，並以現代語譯出事蹟梗概。然而，《日本書紀》並非以客觀、公正的立場描述過去事蹟的史籍，而是隨著天皇制度成立，蘊涵了以當時政權為個人執政的正統性為訴求，藉此蓄意制定過去事件的特性。書中充斥著杜撰或改寫，讀者不應囫圇吞棗，照單全收。在過去，若述說的佛教傳入史與《日本書紀》的記載不符，則很難獲得認同，筆者卻認為讀者應從這種心靈桎梏中獲得解放，避免將《日本書紀》視為絕對正確的價值觀來探究歷史。

本章針對《日本書紀》進行史料批判，闡析其內容及表現，並考察史料的可信度。在此同時，檢索《日本書紀》採用的經典及佛書典故，對於佛教初傳日本的記述與此後陸續幾段記載的撰述者，則致力於闡明其編纂意圖或思想背景。同時配合上述研究，對佛教傳入的相關史料亦有所批判，並針對史料價值進行考察。筆者藉此工作，試圖擺脫《日本書紀》的框限，嘗試構築型態略異的歷史新像。在此同時，亦重視考古學研究成果，對於最初期寺院遺址及遺物進行檢證，將朝鮮半島寺院遺址或遺物進行對照比較，並考察其特質。故藉由這些考證，從歐亞大陸東部的佛教發展史這個角度，來探討佛教傳入日本的實際情形，並嘗試檢討其特質。

至七世紀末期，佛教終於在日本群島廣泛發展，從建寺數量或分布情況來判斷，由此可知佛教堪稱是從七世紀末才真正流通於日本各地，就此邁向主流宗教的道程。

專欄一

法隆寺

新川登龜男（早稻田大學文學學術院教授）

有關法隆寺（今奈良縣生駒郡斑鳩町）最早的完整資料，是天平十九年（七四七）的《法隆寺伽藍緣起并流記資財帳》，至十五世紀為止，其原本或古寫本一直保存在法隆寺，此後不知所蹤。至十八世紀末，方由上田秋成等人在河內觀心寺的蓮藏院偶然發現古寫本，因緣際會之下得以重抄並傳存至今。

從新寫本中可得知許多訊息，筆者在此略做介紹。法隆寺位於大倭國（天平十九年當時的表記）平群郡，原本的寺院基礎架構就位於當地，這是毋庸置疑之事，但值得關注的，是新寫本紀錄了大倭國有三處「山林岳嶋等」。所謂的「山林岳嶋等」是指確保各種資源的處所，分別位於平群郡屋部鄉與坂戸鄉，以及添下郡菅原鄉之內。

平群郡的屋部鄉，此後記載為夜摩（夜麻）鄉，是指山部（やまべ，大化革新之前守護朝廷所屬山林的部民）或山鄉（里）。換言之，屋部是「やまべ（yamabe）」或「やべ（yabe）」。經由指定為「山林岳嶋等」的屋部鄉，其四方邊界分別為極東是「鳥方岳、板垣嶺」，極北是從「澀谷」至「於保伊知比石庭」，極西是從「石庭」至「大谷須疑墓」，極南則是「寺領」之地。這四方邊界彷彿是以逆時針方向步行環繞法隆寺北側一圈後，再予以詳細記錄。

位於極東「鳥方岳」的「鳥方」，是養和二年（一一八二）僧嚴融田地賣券的字名（山林耕地的區劃單位），近代則稱為小字名「取方」。另一處「板垣嶺」記載於鎌倉時代的《聖德太子傳私記》下卷，位於御井寺（三井寺、法琳寺、法輪寺等）四方邊界的極西側，近代的小字名「板貝田」是其遺稱。

根據上述記載，「鳥方岳、板垣嶺」位於現今法隆寺北（東）方的片野池附近，此池曾稱為「鹿田池（堤）」，位於御井寺的極南側。天平十九年之際，法隆寺附近曾有三座水池，鹿田池極有可能是其中之一，應是用以灌溉向南拓展的「寺領」耕地。

在此必須留意的，是極東地區為御井寺的極西側，幾乎是以南北線（實際是略偏向西北），將御井寺與法隆寺分隔為東、西兩域。有關明確劃分區域的資料，可與平安時代初期的《上宮聖德太子傳補闕記》的記載互為對照，十分耐人尋味。內容則記載天智九年（六七〇）法隆寺遭祝融之災後，寺剎毀失，原址不明。法隆寺的相關人士聚集後，又開始建造及重興寺院，三井寺即是其中之一。這座三井寺，正是前述的御井寺。

御井寺的創建時期追溯更早，據寺傳其檀越為「上宮太子」之妃的氏族膳氏（後為高橋氏）。此寺的極北是「冰室池（堤）」，據傳在重興三井寺之際，「下冰居（君）雜物」等人曾戮力而為。據推測這座冰室池應是天平十九年位於法隆寺附近的水池，此後擴展為斑鳩溜池（舊三井池）。膳氏與這座水池素有淵源，夏日可供冰，全年提供出產用水或清水（御井）。水池周圍用地更能提供食材，首先供應的對象是斑鳩宮，其次是法隆寺（若草伽藍）。原本御井寺與斑鳩宮、法隆寺的區域互為一體，如今漸能確定天智九年法隆寺焚毀之後，隨著重建寺剎及復興御井寺，兩者區域就此分離。

其次，極北是從「澀谷」至「於保伊知比石庭」，後者應是「有大紅豆杉的石庭」。「澀谷」是法隆寺北山的山谷之一，近代曾遺存小字名，位於現今斑鳩町三井西北側的松尾山麓。「於保伊知比石庭」的「石庭」，應與同樣位於北山的「岩壺」有關（仁安二年的大和國箭田安行田地賣券）。「岩壺」亦寫做「石壺」，分為「上石壺」與「下石壺」（寬治四年的大河國僧永能解）。如今認為應位於「上石壺」，但在「毛無之」（現毛無池）或「悔過谷」（ケカ谷）附近，今日在西南側亦有慶花池（原為悔過谷池）。

極西的「石庭」，與前述的「岩壺」、「石壺」有關，或許位於「下石壺」。同樣位於極西的「大谷須疑墓」，是指往南方的「位於大谷地區且有杉樹之墓」（參照《萬葉集》十四的三三六三項）。「大谷」位於法隆寺北方的西山田，「谷川」流於東側（長寬二年的僧慶寬田地賣券）。至中世時期建造「大谷池」，據傳稱為「龍池河上」（《法隆寺別當次第》、《嘉元記》、《古今目錄抄》）。「龍池」已不復存在，古代曾在法隆寺西北方的寺山、亦即花山進行祈雨。故「大谷池」位於流入「龍池」的「谷川」上游，谷川的遺稱應是從西北方流入慶花池的「大谷川」。「大谷」在近代亦以小字名的方式留存。

法隆寺夢殿（張晴攝）

由此看來，可知屋部鄉的「山林岳嶋等」是廣泛延伸至法隆寺北山腹地，可說是受北山護持之下，方能供給法隆寺資源及舉行佛事。北山的北側鄰地是大倭國添下郡矢田（箭田）鄉，由此向東延至平城京，至前述的隸屬於「山林岳嶋等」的添下郡菅原鄉（今奈良市菅原町）的栗林附近。法隆寺在此附近設置「庄倉」，得以確保出入平城京的關口。北山西側與平群郡的平群鄉鄰接，應是朝向河內、攝津延伸屬地。

最後，筆者將探討保有另一處「山林岳嶋等」的坂戶鄉與屋部鄉之間的關係。坂戶鄉位於往還於河內、攝津之間的法隆寺西側，在「山林岳島等」的極東是「平群川」（今龍田川），極南和極西是「久度川」（今大和川），極北是「志比坂路」（椎坂道）。這並非坂戶鄉全區，若從古代土地畫分制度的條里制發展來推測，實際上，由此可窺知是以法隆寺伽藍南面的南大門南北線為基準，西側的坂戶鄉與東側的屋部鄉有交錯跡象。

如此一來，法隆寺位於屋部鄉與坂戶鄉之間的邊界，可能是依靠兩鄉當地資財及人力所建。這種跨行政單位而建寺的例子，可見於宮都（亦包含行宮），法隆寺則是極佳之例。然而斑鳩宮、若草伽藍位於屋部鄉內，僅有重建法隆寺之際兩鄉土地才有關聯。

目前可確認法隆寺所傳的幡上記有墨書銘（東京國立博物館、法隆寺藏），其中有不少列名者的姓氏為「山部」，述說以屋部鄉（包含北山）為生活圈的山部民眾團體，從建造斑鳩宮、若草伽藍階段至法隆寺重建時期為止，對於建造及維持寺院有不可磨滅的貢獻。反之，百濟系統的渡來氏族大原史氏，自天智二年（六六三）白村江戰爭失利後，從朝鮮半島亡命倭國後居於坂戶鄉，在法隆寺重建之際及此後的時期，不僅於該寺出家，並參與佛事（詳見法隆寺藏〈觀音菩薩造像記〉銅板、《瑜伽師地論》寫經跋文），顯示坂戶鄉民眾與重建法隆寺息息相關。

如前所述，撰於天平十九年的《法隆寺伽藍緣起并流記資財帳》為現代讀者提供了豐富訊息。

文獻介紹

岩本次郎，〈斑鳩地域における地割の再検討〉（奈良国立文化財研究所創立30周年記念論文集刊行会編，《奈良国立文化財研究所創立30周年記念論文集　文化財論叢》），同朋舍，一九八三年。

伊藤寿和，〈大和国斑鳩地域の溜池をめぐって——古代から近世初期を中心に〉（《歴史》二十九），一九八七年。

鷺森浩幸，《日本古代の王家、寺院と所領》，塙書房，二〇〇一年。

第二章

奈良佛教的發展

曾根正人

就實大學大學院教授

第一節　奈良佛教的特質

一、如法佛教的時代

日本歷經壬申之亂，至天武朝以後，日本佛教在史料方面產生顯著變化，在此之前的史料可信度多令人存疑。時至今日，姑且不論可信度如何，就連學者對史料的認同亦產生動搖。對於七世紀以前的佛教，面臨了必須從史料層面徹底重新檢討才能理解的情況。相形之下，始於天武朝的奈良佛教，則可如實掌握史料軌跡。代表如《續日本紀》，此書的可信度遠高於《日本書紀》，其他尚包括南都各寺史料（如正倉院文書）或僧侶撰著。無論在質或量上，奈良佛教的相關史料皆遙遙凌駕前朝，由此時代開始，日本佛教史才具備充分史實做為後盾。

從奈良佛教的內在實質來看，已邁入經典、儀禮、教學兼備的如法佛教新階段。過去寺院零稀，僧尼寥落，對佛教知見未明，自始就不曾考量是否如法受持。加上舊傳的朝鮮佛教仍具影響力，以及中國佛教自七世紀起愈顯重要，日本人在與唐朝直接交流後，方對佛教（中國佛教）有所理解。因有感於本國佛教發展不及他國，故將如法佛教引入國

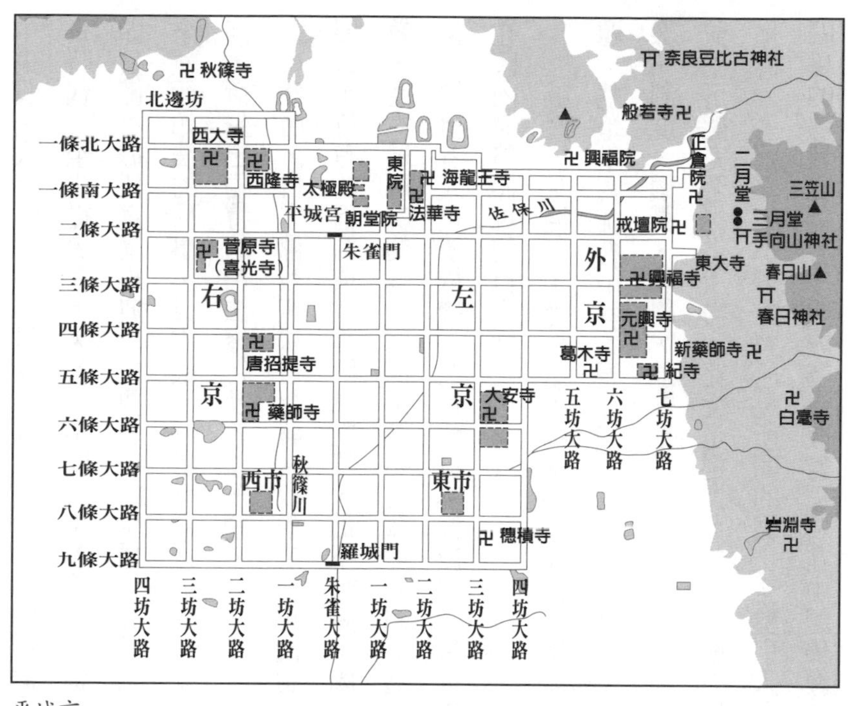

平城京

內視為緊要課題，開始明顯表示關注。

此時，日本的如法佛教當然是以中國佛教為典範。奈良佛教契合教法（如法）的要件，是其系譜必須具備與中國佛教相關的正統性。奈良佛教有別於前代，並非被動式的接受朝鮮諸國提供佛教，而是移植中國佛教，以引入如法佛教為目的。

自天武朝以後，日本邁入引進中國佛教文物的階段，制定《僧尼令》為基本法，促使不斷產生新僧尼的得度、受戒制度逐漸完備。朝廷舉行大型佛事成為慣例，更為此創設全國寺院網，中央設「大寺」，地方設國分寺。「大寺」的所屬宗派甚至結構上與中國佛教類似。在奈良時代，至少從表面上來看，由國家主導的日本佛教擁有符合東亞佛教圈相同的內涵，亦即具備可擔任宣講經典及主要教學的學僧，以及培養學僧之下僧尼的制度，由學僧及僧尼來執行如法的佛事，日本最早的佛教得以成形。此後，日本佛教基於這項體制發展各種信仰，衍生出獨特的佛法修行及教義解釋。

然而，日本佛教無法自行發展教學或祭祀機制，原因在於尚未自行獨立。此後，在發展日本特有的信仰或教義解釋之際，仍不時將中國佛教之正統性視為依歸。古代的日本佛教，從大眾層次的基層信仰至純熟的教理思想，甚至包括各種制度或儀禮，皆將中國佛教視為供給者或正統依據。在古代日本佛教中，包括本章探討的奈良佛教在內，皆沒有具備在國內完整體現的自立性。

誠然，掌握日本佛教與中國佛教的關係是必要課題，至今卻存有缺乏深入剖析的問題，就是中國佛教中究竟有何部分是真正傳入日本。例如，日本留學僧攜歸的經典及佛像、制度、儀禮、教學，並非他們在中國的全部所見。而接待這些留學僧的中國佛教人士並不可能完全提供所需，終究是選擇某些符合雙方條件的佛教文物。縱然有相關的周緣文化傳入，留學生不可能將所見所聞的文化全盤引入日本，唯有符合留學生的價值觀或利弊關係的佛教文物，才能成為選取對象。在中國佛教或周緣文化現象中，唯有透過重重過濾方能傳入日本。

原本就應確認中土傳入日本的佛教事物，在中國佛教的整體發展中是如何被定位。但在現實中可確認的對象極為罕有，自古以來鮮少受到議論。即使如此，依舊是經常關注的重要課題，本章將儘量留意這部分來進行探討。

二、國家佛教的意義

前一章已針對過去探討的奈良佛教核心領域做一概觀。這部分在佛教層面中，亦是專門針對國家管理及統合領域。故在形容奈良佛教之際，常用「國家佛教」一詞，其根源就在於當時已有一種理解方式，亦即以奈良佛教為代表的古代佛教就是等於「國家佛教」。

戰前已出現「國家佛教」的術語，一九五〇年以後，方以上述的理解方式而被廣泛使用。在探論「國家佛教」的學者中，最具代表性的是主張以律令掌控佛教之說的井上光貞（井上光貞，一九七一），以及主張由國家主體接受佛教信仰的田村圓澄（田村圓澄，一九八二）。一九八〇年代以後，「國家佛教」的概念卻飽受批判，如同後述所示般，尤其在一九九〇年代深受吉田一彥的批判。

「國家佛教」既非代表奈良佛教全體，亦無包含奈良佛教的其他要素。就實際情況來看，不可能以「國家佛教」來蓋括奈良佛教的一切。《僧尼令》無法依照規定推行，僧尼及寺院運作並未受到國家規制所箝制。佛教界不受國家管束的情況甚多，若將包含多元要素的奈良佛教完全歸結於「國家佛教」，則將引發諸多問題，故只能將「國家佛教」視為奈良佛教的一大要素而已（吉田一彥，一九九五）。

「國家佛教」一詞既飽受批判，研究者在採用之際，亦傾向於採取批判式的用法。此後未能明確設定此術語的共同定義，唯有任憑研究者各自評估應如何規定其概念。為了避免徒然造成詞義混亂，實有必要設定「國家佛教」的概念。那麼，「國家佛教」又運用在何種概念上？

若重新對奈良佛教做一概觀，可發現史料常見的佛教政策、佛教祭祀、對寺院及佛教界的運作管理，這些項目的共同主語正是「國家」（此國家為公家統治機關，與天皇執政的宮廷亦有部分重疊）。這個體制是國家對寺院及僧尼採行營運管理，國家法令（律令）以佛教內部規制（戒律）為優先考量，藉此限制傳法活動，並令僧尼盡心為國奉事，以達國家企求的護國目的——更嚴謹來說，這是執政者為了實現理想而推動政策的體制，是確實如此存在。故以「國家佛教」的概念來含括此體制及附隨的相關事物並非不恰當，但確實是奈良佛教的核心要素。「國家佛教」應運用在上述的奈良佛教要素、亦即核心要素的概念上。

主導奈良佛教的是「國家佛教」，從中國傳來的如法佛教幾乎是在「國家佛教」主導下進行。奈良佛教並非「國家佛教」，更包含多元面向，以多元化型態不斷衍生出多種樣貌。

在各種型態中，最重要的是佛教傳入後並未改變的信仰，或對信仰的基層認知。即使「國家佛教」迅速發展，自古以來一般民眾所認知或信仰型態的基礎結構依舊未變。換言之，就是將佛視為具有廣大神通的神祇來奉祀，並願求佛恩加被，若借用《元興寺緣起》的表現方式來說明，這是屬於一種「佛神」信仰的形式。無論是豪族或民眾階層，皆成為日本人接觸佛教的共通點。而此型態是佛教在五百年前初傳中土之際就已形成，在日本的古代佛教基層信仰亦是移植中國佛教而漸形發展。

若觀察我們周遭，可發現佛神信仰廣受現代日本人所歡迎。隨著時代推移，佛法教義或祈禱儀禮更為多元，但對佛的認知仍僅止於將其歸類為本地神祇，不僅具有強大神通之力，可獲得廣大利益，但求順應佛意行事並祈請加被的基本型態依舊如昔。日本佛教自傳來後，仍以中國佛教的信仰傳承為根柢而得以延續。

隨著佛教信仰在日本穩定發展，自奈良時代末期開始，原本佛被視為異國神，在與本地神祇互為融合後，眾人逐漸消弭對佛教產生的異國印象。誠如後文所述，中國早有神佛融合型態，日本的神佛習合是仿效於中土。至於誘導神佛習合形成的要素，則是中國佛教黎明期的信仰，這種信仰方式已先行在日本佛教基層中穩定發展。

以這種基層信仰為開端，奈良佛教亦出現如《日本靈異記》般的史料，並以平易近人的方式進行說明。本章在此將針對奈良佛教深入剖析。

第二節　奈良佛教的基層結構

一、《日本靈異記》

《日本靈異記》的正式名稱是《日本國現報善惡靈異記》，約成立於弘仁十四年（八二三）之前，是平安時代初期的佛教說話集。此書是以中國說話集《冥報記》、佛教事典《諸教要集》為底本所編，主要列舉從六世紀的欽明朝至九世紀的弘仁年間所發生的因果應報「現報」事蹟，編纂目的在於勸化眾人皈信佛法或經典、佛像、寺院、僧侶。編撰者景戒曾在紀伊國過著半僧半俗生活，此後入平城京成為藥師寺僧，更晉陞至傳燈住位之職。景戒不僅是身處民眾社會角落的私度僧，亦擔任國家佛教管制下的官僧，是歷經兩種截然不同世界的人物。

在《日本靈異記》的傳說中，故事舞台多以大和國及景戒的故鄉紀伊國為主，若加上京畿諸國則整體數量逾半，其餘地點則從陸奧、越後至肥後等遍及全國。登場人物更是形形色色，如天皇、中央或地方豪族、南都學僧、私度僧、一般民眾等，廣泛分布於各階層。景戒堪稱是盡量網羅周遭能蒐集到的「現報」傳說。

各篇傳說一貫是以宣揚「三寶」（原指佛、法、僧，但在日本多指佛像、經典、僧侶）或具足三寶的寺剎為目標。若從撰寫目的或景戒的立場來看，這是理所當然的構想。然而，《日本靈異記》中卷的第一則故事，是將長屋王失勢的原因歸咎於傷害沙彌，下卷第三十六的故事，則是描述左大臣藤原永手因縮減西大寺佛塔的營建規模，最後遭到墮地獄的惡報。從這些故事中，可窺知作者並非採取迎合中央權力的立場。此外，有關地方豪族遭受惡報的說話甚多，景戒未必認同這些人物的營為。大致上是採取與世俗權力階層保持一定距離的角度，甚至可說是更趨近一般民眾的視角，許多傳說是在民眾社會中形成。換言之，《日本靈異記》是在景戒所屬的國家佛教基礎，以及民眾社會的佛教相互融混下形成，成為描述當時最普遍的佛教發展史料。

誠然，《日本靈異記》中，不僅有禮敬「三寶」或慈悲行等善有善報的題材，亦有危害「三寶」的行業或殺生等惡有惡報的題材，這種提示因果報應的故事十分常見。其中有關不孝子女遭受惡報，或對天皇表示忠誠而獲善報的主題，則是受到中國佛教在傳入日本之前，就與儒家道德觀相互融合所影響。或許民眾更易於信受佛教與其他宗教融合的教法。

在這些邏輯分明的傳說中，可發現混入幾則難以歸納為佛教說話的故事。例如，上卷第一則〈捉雷緣〉、第二則〈狐為妻令生子緣〉、第三則〈得雷之憙令生子強力在緣〉、第九則〈嬰兒鷲所擒他國得逢父緣〉、第十三則〈女人好風聲之行食仙草以現身飛天緣〉等，無論從任何角度來看，皆屬於異聞之類，似乎偏離佛教因果報應的課題。其實，或許故事不單是奇譚而已。

但對景戒而言，這些題材應是必須採納的重要「靈異」主題。後文提到的行基（六六八—七四九）在《日本靈異記》中尤其深受矚目，原因就在於他是可隨處展現「靈異」的「神異僧」。如同景戒參考的《冥報記》、《諸經要集》般，看似與佛教無關的「靈異」，在中國佛教中亦深受重視（吉田一彥，二〇〇四）。景戒仿效這兩部著作，將日本的神異故事視為佛示現的「靈異」實錄，並予以彙輯採用。景戒參考的佛教著作藍本，是《冥報記》、《諸經要集》所顯示的中國佛教之「形」，在其周遭人物中被視為如法佛教。

《日本靈異記》下卷第三十八則故事是由景戒敘說自身境遇，可從中零星發現其依據法相教學的「五姓各別」觀點（師茂樹，二〇〇八）。這是唯有景戒層級的「大寺」僧侶，方能具備如此知見。但這些知見並非體系化，而是片斷的、極為基本的知識。原本日本僧尼在習佛之際，鮮少從經、論、疏開始接受正規教學，縱使修習而能融會貫通者，更是鳳毛麟角。僧尼幾乎皆從以下文本中學習呈現中國佛教之「形」的「佛教」，這些文本分別是景戒視為《日本靈異記》寫作藍本的《諸經要集》、《法苑珠林》等事典，或《高僧傳》等傳記、《冥報記》等佛教說話集。

日本僧尼將此「形」視為獲得中國正宗權威保證的「如法佛教」，並予以信受接納。然而，這種「如法佛教」已與中國固有思想信仰相融混，其中亦包含神佛習合的要素。無論是日本僧尼模仿其形式所建構的佛教，或在傳法過程中弘化於民間的佛教，皆與中國佛教同樣含攝紛雜的異質元素。《日本靈異記》蘊涵的因果報應、靈異、神佛習合的佛教多元因素，是源自於日本佛教仿效中國佛教的多元性。

二、山林修行與人物信仰

山林修行在《日本靈異記》的異質元素中並不太受矚目，此後卻發展成日本佛教的一大要素。奈良時代的山林修行者中，以《續日本紀》的役小角最為知名，在役小角的故事創作背景中，應蘊涵了無數修行者在各地的經歷，他們不受國家管理，身分多為私度僧。另一方面，隸屬於國家佛教核心的興福寺、元興寺的法相宗，以及大安寺的三論宗，亦保有以山林為據點閉關修行的傳統（薗田香融，一九八一）。此外，尚有如身為中央官僧的報恩般，是以山林修行獲得神通而廣為人知（難波俊成，一九八一；逵日出典，一九九一）。這是無視於《僧尼令》第十三條針對官僧在山林修行的限制，依舊採行政策准許將強大咒術導入國家佛教中。此後道鏡順勢而為，在稱德天皇時期大為活躍，雖歷經改朝換代，至光仁朝仍設有內供奉十禪師。日本佛教重視山林修行的背景因素，就在於中國佛教亦有山岳信仰，奈良佛教則接受了包含山林修行的中國佛教之「形」。

此外，古密教（雜密）藉由個別祭祀密教諸尊及誦咒來祈求利益，往往是透過與山林修行結合的形式流傳。古密教不同於空海以後所推行的體系化新密教（純密），不僅未設即身成佛的體系化教義，亦沒有將大日如來奉為至上的尊佛位階體系，更缺乏象徵開悟境界的曼荼羅。然而，《日本靈異記》亦有收錄施行密咒的故事，《續日本紀》則記載禁止以咒文詛咒的禁令。道鏡本身亦擅長古密教祈禱，並藉山林修行來增強咒術能力。古密教因未經體系化而顯得紛雜，卻以強大咒術為訴求，不僅流傳於民眾佛教中，亦傳揚於中央佛教界。

奈良民眾佛教在融入各種要素後，成為日本民眾佛教的原型結構。淨土教與鎌倉新佛教成為後世的民眾佛教，亦是在紛雜的祈禱佛教這個原型結構上發展。

日本民眾佛教的原型結構尚有另一項構成要素，就是人物信仰。日本最早的人物信仰對象是聖德太子與行基，兩者皆生平未詳，在《日本靈異記》的傳說中形成強大的信仰潮流。此後，他們以民眾為主而獲得廣泛的信仰支持，但在當時，兩者的形象卻截然不同。

聖德太子信仰的對象是廄戶皇子，其存世期間較行基更早百餘年，何時成為神格化則不明確。聖德太子信仰得以確立的要因，是基於奈良時代初期編纂的《日本書紀》，以及行基推展的法隆寺復興運動等由政權中樞的推動結果所致。然而，對奈良時代的民眾而言，聖德太子尚未成為令人熟悉的信仰對象。正因如此，《日本靈異記》的聖德太子像才成為光憑知識塑造的刻板形象。

另一方面，《日本靈異記》的傳說中，可見行基的弘化活動與民眾生活息息相關。據《續日本紀》卒傳（逝者傳記）所述，行基原為官僧，曾師從於義淵、道昭。自奈良時代初期，實修菩薩行的行基在民間弘法，並推動社會事業，至養老年間頒布禁令為止，逐漸聚集大量信眾參與活動。時隔未久，朝廷關注於行基的影響力，改以懷柔方式對應，最終行基因協助建造大佛事業而受任為大僧正。

除了上述的特殊經歷之外，最值得關注的是行基在世期間的影響力，這可從道俗追從者「動以千數」（《續日本紀》天平勝寶元年二月二日條卒傳）的記述中略窺一二。此外，民眾對行基的崇仰傾服，在《日本靈異記》中顯而易見。行基與當時信眾皆身處奈良時代，不僅身為精神領袖，更成為信仰對象。

民眾崇拜的偶像行基——《日本靈異記》傳說中的行基，具有一種共同形象，就是能顯神通、現瑞象的「神異僧」。這種超現實的神異故事，應受到中國僧傳等著作所影響，並經由重新潤色而成。但在實際上吸引眾人的，則是眼前示現的「神異」。行基述說前所未聞的因果法則，其教團陸續造橋鋪路、營建水路，這些行動對民眾而言，唯有「神異」

不足以形容之。行基的教化方式正是以「神異」為首要，而「動以千數」的動員能力，亦是受到「神異」衝擊所產生。

三、私度僧與民眾佛教

另一方面，身處國家佛教中樞的高僧，卻鮮少與民眾有所接觸。《日本靈異記》中卷的第六則故事中，描述對行基充滿敵意的官僧智光，是當時最具代表性的學僧（若借用《高僧傳》的編目名稱則是指「義解」僧），卻因嫉妒及誹謗行基而遭受墮地獄的懲罰。創造這篇故事的人物，應是不受國家佛教管轄，或身處其勢力邊緣的立場。例如，《日本靈異記》中出現許多相當活躍的私度僧尼，景戒本人最初亦是私度僧。這種私度僧尼的型態，例如役小角般並未歷經出家而被稱為「優婆塞」，或如行基般脫離國家佛教界的管轄，這些人物在《日本靈異記》中負責故事構成及民眾宣教的任務，景戒本人亦融入其中。如前所述，他們的「如法佛教」是習自《諸經要集》、《法苑珠林》、《高僧傳》、《冥報記》等，內容十分駁雜。日本民眾佛教的基層是由這些人物所構成，他們的佛教世界是迥異於國家佛教中樞及學解佛教。

至於國家方面，對私度僧尼亦採取放任政策。《僧尼令》第二十二條為禁止私度，《戶婚律》則規定私度者的責罰為「杖一百」。《僧尼令》第五條、第二十三條禁止民間布教。如前所述，第十三條亦限制山林修行。然而，《日本靈異記》中並未提及這些法令曾發揮作用，即使查閱其他史料，除了養老年間針對行基的宗教團體之外，並無依法處置的形跡可循。根據這些跡象顯示，行基未曾遭受實質舉發或懲處。從這些實際現象來看，實在無法想像《僧尼令》發揮實質功能（吉田一彥，一九九五）。

在奈良時代的佛教政策中，例如《僧尼令》象徵的恪守律令，並非被列入最優先考量。反而是僧尼可善用咒術或具備動員、技術能力，這種實用課題遠較於遵守律令更為重要。在此趨勢下，行基領導的宗教團體過於龐大，甚至必須納入官度機制來處理，這種情況實屬罕見。國家實際採取律令的適用對象，就僅限於部分特例而已。換言之，首要就是針對國家佛教中樞及擔任教學的優秀學僧，以及若不採取因應措施則將造成危害，卻又具有利用價值的行基主導教團。除此之外，國家對其他僧尼活動及其影響力，基本上是採取漠視態度，當然對於民間布教亦漠然以對。

在此情況下，取代國家弘揚佛教的對象，則成為藉由俗權護持佛法的地方豪族。佛教在地方傳播的時期為七世紀後期至八世紀初，地方豪族成為最初的信仰主體。《日本靈異記》中隨處可見他們在各地興建「寺院」或「堂宇」、「道場」，亦造立佛像或寫經、舉行法會。其中，亦包含由跨越氏族藩籬的廣大信眾，並由信徒建造知識寺或知識經，以及如同紀伊國那賀郡的彌氣堂一般，是由「村人」所建的「道場」（吉田一彥，二〇〇六）。當舉行佛事之際，亦有諸多婦女參與。在奈良時代，許多女尼或女信徒無分階層，皆積極參與佛事（牛山佳幸，一九九〇；勝浦令子，二〇〇〇）。奈良時代堪稱是舉國上下、萬民接觸佛教的時期。佛教在各場域，亦由千萬人，以千萬方式崇奉。

除了當地之外，在其他各地舉行佛事之際，更延請中央僧侶為其誦經或講法。奈良時代的都城與地方人事交流頻繁，亦有高僧德宿參與其中（鈴木景二，一九九四）。若說起中央僧侶在地方的傳法活動，容易令人聯想到天台、真言二宗，但在奈良時代，南都佛教界亦有弘傳活動。

這些在布教時宣說的法義基礎，是以入唐學問僧為首要的中央碩學所提供，他們是具備專業知識，對佛教能有體系化理解的稀有英才。這些學僧及其所屬的各宗成員，成為奈良國家佛教的核心。那麼，這些宗派與國家佛教又是如何形成？筆者在此將時代略往前推移，從天武、持統朝來展開剖析，畢竟奈良國家佛教是由此時代開始建構。

第三節　國家佛教開始運作

一、天武天皇的佛教

國家佛教在天武朝成為日本佛教的支柱，護國法會成為祭祀的首要項目。繼前朝的蘇我氏推動的佛教，以及此後歷經大化革新並由大王氏族主導的佛教，基本上僅止於氏族層級的祈福。大王舉行佛祀之際，很少意識到國家這種抽象的整體概念，目的僅在於替大王氏族祈福而已。

天武天皇在壬申之亂推翻前朝的正統王權，成為新王朝的大王（天皇），卻沒有繼承傳統中為大王氏族祈福的神祇祭祀，故需建立適合新王朝的新擁護信仰體系。天武天皇的需求人選，正是相繼歸國的入唐留學僧，他們提供的典範，無疑正是隋唐佛教。隋唐佛教將佛教的主要目的定位在守護天子治國的護國立場，正符合天武天皇掃蕩政敵、獨攬霸權的企圖，佛教在天武朝遽然躍升至國家層級，就此嶄露頭角。

據《日本書紀》所述，天武四年（六七五）動員兩千四百名僧尼舉行齋會，並以此為開端，翌年舉行全國放生會，宣講世間公認的護國經《金光明經》、《仁王經》，接連舉行大規模的國家佛事。此後，《金剛般若經》亦列入講經項目，國家層級的佛事時而動員數千名僧侶，每年固定舉行。有關天武天皇是否意識到某些具體的佛教政策實例已無從確知，但無疑是參照中國六朝至初唐的中央集權式的佛教。國家佛教就此展開，隨著政治舞台遷至平城京之後，則更擴大規模發展。

大化革新政權下的遣唐留學僧在陸續返國後，成為導入新佛事的最佳後盾。他們在留學期間，應見識到中國盛行舉辦法會，並將法會視為國權統制下的首要護國儀式。這些留學僧或許聽聞大唐朝廷昭告天下，在全國各州設置一寺，或見識到佛教如何以法會或政策為開端而流傳民間的情景。他們的修學地點長安發展出唐代教學佛教之精髓，包括自南北朝以來引以為傲的傳統宗派——三論宗、天台宗、攝論宗、地論宗，以及根據玄奘自印度攜來經典所構築的恢弘教學體系法相宗，或由道宣開創、首度具備體系化戒律學的南山律宗，以及由智儼開創、正值興盛期的華嚴宗。日本留學僧接觸這些盛儀後，不難想像在返國時心懷遠大抱負，在引入唐代佛教（如法佛教）的熱情驅使下，成為天武朝至奈良時代前期推動佛教政策的幕後功臣。

這些留學僧的想法獲得反映之後，護國法會的成立基礎迅速進行，首先從充實經典收藏及建寺展開步驟。天武天皇於即位的翌年天武二年（六七三）三月，在川原寺繕寫《一切經》，兩年後，下令在國內蒐集《一切經》卷本，目的在於著手籌整國有佛教圖書館。

同年十二月一併創建高市大寺，此寺繼承昔日原為大王氏寺的百濟大寺，天武五年（六七六）改稱為大官大寺，顯示其具有國家「大寺」的寺格。更於天武八年（六七九）確認各寺名稱及封戶奉祿，翌年限定可受封戶的官寺標準。

除了整頓佛教設施及所需用度之外，天武十二年（六八三）頒布僧正、僧都、律師的新僧綱制，國家佛教的中央組織就此成形。繼中央之後，更進行建構涵蓋全國各地的組織架構。雖不知實質發展情況如何，但朝廷首先在天武五年於諸國推廣宣講《金光明經》、《仁王經》，更於天武十四年（六八五）命令諸國「各家」建造「佛舍」，舍內設置佛像及經典並舉行佛祀。

推動以上政策的天武天皇於命終時舉行的儀禮，亦符合其國家佛教創始人的身分。當他為病惱所苦之際，宮中與「大寺」屢次舉行盛大規模誦經，每回剃度人數高達數百人，並對具有影響力的重要寺院施行封戶。此時奈良時代的護國佛事已具雛形，藉由護國法會來行使咒力的系統架構，幾乎皆在天武天皇在世期間就已完成。

二、賦予奈良佛教的課題

與前述政策關係頗深的人物，是約於齊明六年（六六〇）歸國的道昭（六二九—七〇〇），《續日本紀》卒傳中記述他的功績，僅止於攜歸佛典及傳說的行儀風範而已。從道昭返國後國家佛教的發展出現急遽轉變來看，他所引入的唐朝國家佛教訊息乃是重要成果。誠然，這些訊息是此後日本佛教所邁向的目標。傳統訊息在加入新訊息後，對天武、持統朝的國家佛教政策賦予了如法性。護國法會就此迅速擴充，另一方面，擔任法會及推動佛教的僧尼制度卻進展緩慢。

至於僧尼的統制機構方面則如前述，是在天武十二年（六八三）根據律令制而頒布新僧綱制，實質上卻是推動古代僧綱制。僧綱制的創始契機，始於推古三十二年（六二四）發生僧人傷害親人的暴力事件。問題癥結在於僧尼的整體素質不良所致，但當時是否曾提出對策？

據天武八年（六七九）十月敕示：「凡諸僧尼者，常住寺內以護三寶」（《日本書紀》天武八年十月是月條），令人聯想到日後的《僧尼令》法規。朝廷敕令老耄僧尼隱棲，並於此年三月下令布施貧乏僧尼。若回顧這些行動，可知無非是為了避免讓窮愁潦倒的僧尼成為眾所矚目的焦點，故而實施的權宜之策。此後於持統八年（六九四）下令每年奉誦《金光明經》，兩年後又規定每年奉誦此經之際，可核准十名得度者，此為年分度者之始。這段記載，令人聯想到日後在國分寺誦讀《金光明最勝王經》的慣例。若此項制度得以落實，則國家可長久促使更多僧尼繼續出家，這項模式應是始於天武、持統天皇時期。然而，《日本書紀》並未述及前提是必須具有得度資格或相關身分規定，就此時間點來看，當時應尚未推行具有實質效益的得度制度。律令僧綱制的新架構促使上層結構籌整完備，卻尚未著手培育可實際投入佛事的僧尼或整頓培育環境。

據傳道昭將玄奘所傳的最新法相（唯識）教學，以及中國固有的攝論教學傳入日本，但在其生前，並無任何跡象顯示法相宗或攝論宗已經成立。天武、持統朝決定以效法中國式的國家佛教為目標，最居首要的護國法會故能迅速發展，但在面臨該如何確保支持法會運作的僧尼人數及資格、身分條件之前，首先問題在於培育僧尼的系統根本尚未成立，在缺乏主事者的情況下，即使傳入教學亦無法成立宗派。

奈良時代是漸能解決這些課題，終能成為名符其實的國家佛教時期。參與奈良時代前期實施佛教政策的人物，正是入唐僧道慈（六七〇—七四四），其行蹟可見於《續日本紀》的卒傳，他是繼道昭之後列入傳記的第二位僧侶。在推行國家佛教政策方面，道慈被定位為道昭的後繼者。附帶一提，《續日本紀》的第四篇卒傳中記載道昭的另一位後繼者，此人以從事民眾教化活動為主，正是前文介紹的行基。

《續日本紀》其實僅收錄六名僧侶的卒傳，除了前述的道昭、行基、道慈，尚有玄昉（六九一—七四六）、鑑真（六八八—七六三）、道鏡（？—七七二）。對《續日本紀》的編纂者而言，僅此六僧的事蹟值得特別載述。《續日本紀》既是國史，對國家佛教而言，六僧的功業尤為重要。以下將繼續關注這項課題，並追循國家佛教的發展軌跡。

第四節　奈良佛教的設計模式

一、道慈與奈良佛教

道慈示寂於天平十六年（七四四）十月，自天平元年（七二九）以來，與神叡、玄昉同為僧綱，長期主導佛教界直至示寂為止。《續日本紀》在道慈卒傳中回顧其事蹟如下：

> 大寶元年（七〇一），隨使入唐。涉覽經典，尤精三論。養老二年（七一八）歸朝。是時，釋門之秀者，唯法師及神叡法師二人而已。著述《愚志》一卷，論僧尼之事。其略曰，今察日本素緇行佛法軌模，全異大唐道俗傳聖教法則。若順經典，能護國土。如違憲章，不利人民。一國佛法，萬家修善，何用虛設。豈不慎乎？弟子傳業者，于今不絕。屬遷造大安寺於平城，勅法師，勾當其事。法師尤妙工巧。構作形製，皆稟其規摹。所有匠手，莫不歎服焉。卒時，年七十有餘。
>
> （《續日本紀》天平十六年十月二日條）

道慈的事蹟不僅於此，其弟子善議、勤操皆是奈良時代末期、平安時代初期的南都佛教之代表者，他們堪稱是奈良時代初期最具代表性的日本佛教主導者。

撰成於養老四年（七二〇）的《日本書紀》之中，已記載或編纂包括廄戶皇子在內的佛教相關事蹟（井上薰，一九六一；吉田一彥，二〇〇三）。若將一切記述歸於道慈撰造，則未免言之過早，但可充分理解道慈對日本佛教抱持的理想在文中展露無疑。倘若如此，《日本書紀》記載的奈良佛教前史，則應如同道慈描繪的設計圖般以連篇方式記載。那麼，從中又是如何推察道慈是採用何種設計？

從天武天皇即位之前的記述來看，並未發現任何與奈良佛教設計模式有關的紀錄，從文中讀取到的內容，盡是主張從佛教公傳至天武、持統朝為止，日本佛教的如法性及其正當性。首先是針對日本佛教的如法性，從佛教公傳至推古朝逐漸興盛發展，並由蘇我氏與大王氏族所主導。光就發展脈絡來看，廄戶皇子（聖德太子）正是扮演擔保如法性的角色。其次，是針對推古朝至大化革新期間，主導權如何從蘇我氏徹底轉移至大王氏族的正當性。在此期間，例如從推古三十二年（六二四）設置僧綱，或大化革新後設置十師的記述中略可窺知般，是將國家管理佛教的行為予以正當化。這項主張與前述《日本書紀》的天武、持統紀中為了構築國家佛教而急遽推動政策的記載相關，最終朝向與道慈當時的佛教正當化有所連結。

換言之，政治權力歷經物部氏滅亡、大化革新、壬申之亂的變遷後，方才邁入奈良時代。佛教因有各時代的外護者負責應盡的奉祀及護持，以及藉由這些人士籌整管理體制，方能培育正規的佛教。日本佛教就此邁向正確道程，迎向奈良時代。

倘若如此，對於日本佛教在備受肯定的歷史中持續發展，道慈卻為何會在《愚志》中批判是「不如法」，理由究竟何在？筆者將《日本書紀》中肯定的佛教史觀，以及卒傳中視「大唐」佛教為規臬，做為一項線索來進行探討。

二、「大唐」佛教模式

奈良時代以前發展的佛教在《日本書紀》中備受肯定，無論是遣隋使入華以前或以後，朝鮮佛教成為提供信仰資源的主要來源。大化革新之後雖加速引入中國佛教，朝鮮佛教的影響力依舊深遠。在道慈的時代，朝鮮佛教仍在正統佛教中占有一席之地。就此點來看，《日本書紀》的立場亦是將正式接受朝鮮佛教傳承的日本佛教視為正統佛教。

至道慈修學的七世紀後葉，入唐僧在白村江之戰爆發之前歸國，成為推動日本佛教的領航者。他們目睹唐代佛教的興盛期，與道慈同輩的留學僧理所當然將中國佛教視為典範，而非參考朝鮮佛教的教理模式。更何況道慈曾渡唐，具有接觸唐代佛教的實質經驗，將中國佛教視為理想目標的立場更為鮮明。

過去日本佛教不斷仿效朝鮮佛教的發展歷程，如此絕非錯誤之舉，此後朝鮮佛教仍扮演重要角色，但佛教（奈良佛教）自此應是參照最新的中國佛教模式。

道慈將「大唐」佛教視為參考模式，其背景因素就是基於上述認知。「大唐」佛教模式是剛建構的奈良佛教模式，不適用於傳統日本佛教。所謂道慈的「大唐」佛教模式，當然是指入唐後實際觀摩的型態。那麼，道慈所見的又是何種型態的佛教？

此時中國正值武周皇朝遞嬗，唐朝邁入復甦期，以教學為訴求的佛教在中國佛教發展下受到國家庇護，邁入最絢爛輝煌的時期。尤其是武后為求即位正當化，不僅利用《大雲經》以達政治目的之外，更積極振興佛教。道慈入唐的前後之際，中國佛教原本位居道教之下，此後凌駕各方宗教，舉國遵循《大雲經》所示而建造大雲寺。佛教在國家全額資助下，形成不斷擴大的咒術機制。教學方面則深受國家護持，新興教學在此時開始隆盛發展，形成比道昭等人教學更晚一波的潮流，代表者如慧沼、智周的新法相教學、法藏的華嚴教學，以及善無畏等人推展的密教。唐代佛教既受國家庇護，又因新教學內涵充實，基於此背景因素而邁向顛峰期。

以下是支持佛教最盛期的發展系統方式，換言之，就是學僧接受國家保護，並依照經律規定，以如法（契合教法）的方式不斷產生。他們不僅在教學研究方面，甚至從譯經至奉佛，皆視個人資質而被賦予國家佛教系統的中樞要務。他們的教學研究不只是單純的教理研究，並且要求他們將佛事祭祀與祈願目的相結合之下所產生的理論法則予以提出。國家舉行的佛事，是由以如法方式不斷培養的學僧來擔任，他們藉由以教義為後盾的如法儀禮及目的來進行活動，藉此充分確保恪守正道的如法性。對於獲得的法益深具信心，成為行使咒力來達成祈願的發展系統。中央集權的護國佛教，就是在教學研究與行使咒力機制的合作型態下逐漸發展。

以上是道慈在建構奈良佛教之際，所參考的典範模式。靈龜二年（七一六），朝廷合併諸國廢寺並歸於國家集中管理，此系統模式正是基於前述的模式表現。翌年，朝廷對行基的宗教團體採取禁令，一併禁止百姓自由出家，這些行動亦是採取同樣規範路線。諸如此類的例子，尚有養老四年（七二〇）的「始受僧尼公驗」（《續日本紀》養老四年正月四日條），是經由國家認定僧尼資格的基本路線得以明確化。在道慈著作《愚志》中，這項政策被視為推動「如法」佛教路線的具體方策。史料所見的道慈在返日後推行的國家佛教政策，正是沿襲仿效「大唐」佛教模式的方針。

由上述政策來看，道慈的「大唐」佛教移植計畫似乎逐步落實。豈料，僅在二十年後，道慈竟批判「國家佛法的型態與各派的修行規範」是「不如法」。究竟問題何在？以下將逐項進行檢證。

三、《僧尼令》的佛教

天平九年（七三七）春，道慈在大安寺轉讀《大般若經》，並以防止寺內遭受落雷之害為訴求，提出將轉讀此經列為例行佛事，結果獲得朝廷敕准。這項政策是將在中國被尊奉為「經王」、亦是三論教學的重要經典《大般若經》所蘊涵的咒力，納入日本的國家佛教中。至秋季，道慈擔任講師，演說仿效朝廷在元旦舉行，做為朝賀之儀的《金光明最勝王經》內容。這與唐朝的國家佛教採取同樣的政策方針，換言之，護國經典的咒力在權威及利益上獲得廣泛認同，故被納入公家的行事中。四年後頒布建造國分寺之詔，將具有權威性的佛典《金光明最勝王經》、《法華經》的咒力納入朝廷的方針則是一致。有關國分寺的建築模式眾說紛紜，參考武后所建的大雲寺成為最有力的說法。倘若如此，那麼推測道慈曾參與國分寺的建造事宜則是十分合理。在籌整護國法會系統方面，日本佛教如實追隨「大唐」佛教的模式。在此情況下，實在很難想像道慈會批判「不如法」。那麼，道慈的不滿究竟為何？

先從法令來關注這項課題，中國的佛教法規是《道僧格》與《律令》，奈良佛教的《律令》則是仿自《道僧格》的《僧尼令》。至於《近江令》、《飛鳥淨御原律令》的條文已無法確定是否存在，但在奈良佛教方面，自始即有《大寶僧尼令》、《養老僧尼令》。道慈於《大寶律令》頒布之年入唐，當時二十餘歲，至養老二年（七一八）返國，並於此年開始編纂《養老律令》。道慈是否參與制定《大寶僧尼令》已無從確知，但在歸國後極有可能參與其事。若再考慮道慈與兩年後成書的《日本書紀》之間的密切關聯，則可推知他極有可能參與制定法令。在參考這些要素之餘，進而檢證現存的《養老僧尼令》條文。

早有說法指出《僧尼令》不僅有徵引戒律的條文，更有以國家為優先考量的管理，與統治佛教界的條文相融而成，卻以後者更為顯著。例如，第五條限制寺院以外的教化活動及修行，第十三條限制山林修行，第二十三條禁止民間布教，僧尼無法依教修行禪定或大乘菩薩行。依此規定，基本上僅能在寺內修行。朝廷制定這些不符教義的法令，欲將僧尼禁錮於寺院，其意圖究竟為何？

如同第一條禁止「語及國家、妖惑百姓」等最嚴重的非法行為所顯示般，其目的在於防止宗教活動與國家管轄外的民眾動員有所連結。日本統治階層歷經數百年與中國進行交流的過程，了解民眾宗教運動促使了中國改朝換代。對他們而言，透過僧尼主導的民間宗教活動所造成的反國家運動，是動搖一國長治久安的最大隱憂。為了防範於未然，《僧尼令》的基本理念，就是將僧尼活動設限於參與國家佛事及寺內修學。第十九條規定僧尼身分略低於貴族的五位階級，將原本脫離世俗的僧尼納入官僚階層，欲使他們受制於律令國家的框架中。以中國《道僧格》為範本的《僧尼令》，是將僧尼設定為由國家集中保護管理的法令。

道慈對《僧尼令》並非有所不滿，他設想的「如法」佛教，是國家或中央集權色彩極為濃厚的「大唐」國家佛教。與佛法教義矛盾的《僧尼令》條文既然沿襲「大唐」佛教，應是道慈所認同的理想法令，實在無法想像是「不如法」。

四、「不如法」的佛教

然而，日本遵循《僧尼令》的理念，將不斷催生佛法實踐者的得度、受戒制度進行移植，但此過程未必順遂。這項制度最早出現於奈良時代，是前述的養老四年（七二〇）記載的「始受僧尼公驗」。當時，由朝廷公認的得度資格尚未定型化，慣例上是由現職僧尼提名子弟來充任。朝廷正式推行得度制，則是在天平六年（七三四）確定得度資格之後。光憑得度（出家）是無法成為正式僧侶（比丘），為了具備正統資格，必須通過受戒關卡。當時佛教界理解受戒乃是必要程序，卻對戒律條文或意義近乎一無所知，故由神叡、道慈等高僧以權宜方式，將受戒儀式予以簡化。這些戒儀在中國並不如法，但在日本國內無可厚非，東亞地區亦將日本視為佛教發展的後進國，即使戒律不備亦寬容以對。隨著法令及制度、教學的移植，日本佛教界意識到問題癥結在於國內僧侶未能正規受戒，導致資格不符。為了促使如法受戒得以實現，招請戒師成為天平年間的當務之急，故而急遽浮上檯面。

這種得度與受戒制度應屬於道慈所謂的「不如法」，但可藉招請戒師而獲得解決，只是時間遲早的問題。對道慈而言，更嚴重的「不如法」是在更根源部分。這是身處國家佛教外緣的僧尼或民眾的佛教，亦即居日本佛教大半人口的根基部分所顯現的真實樣貌。具體而言，《僧尼令》與官度制幾乎無法落實。如前所述，一般僧尼無論是私度或官度，皆在民間自由行動，國家並未以朝廷制定的律令來箝制其行動。道慈批判的「不如法」最重要的莫過於此，亦即無法徹底行使法令或制度，只能任憑民間僧尼或在家信眾恣意活動的真實情況。

據《懷風藻》所述，道慈以佛門中人為由，婉拒長屋王的筵請，故被視為性情耿介。道慈似乎強烈意識到本身既為僧伽，就應忠於如法佛教。日本雖有構成如法佛教（對道慈而言就是「大唐」佛教）的重要法令或制度存在，卻並未遵循其規，國家方面亦無意遵守。對道慈而言，這是無法容許之事。這才是道慈所謂的「不如法」現象。道慈示寂後，情況依舊未變，在其心目中理想的中央集權「大唐」佛教，無法在日本佛教的根基部分獲得普及。

然而，國家佛教的架構確實逐步完成，至聖武朝成為終結點，佛教界的主角從道慈轉換為玄昉、良弁。聖武天皇與光明皇后（光明子）明確意識到應該參考的模式，是道慈奉為圭臬、並由武后推行的佛教，以及玄昉親身目睹唐代承先啟後的「開元之治」時期的佛教。為政者與佛教界將此典範視為指標而使其一體化，就此完成國家佛教架構。那麼，聖武朝又是如何發展佛教？

第五節　國家佛教的完備

一、建置行使咒力的機制

聖武天皇於神龜元年（七二四）即位，終於實施四年前宣布的給付公驗制度，附帶條件是需有詳細查證僧尼背景的名簿。或許這項制度是由長屋王主導，他曾禁止及彈壓行基等人的佛法運動，但首先是針對現狀來強化制度。天平六年（七三四），經由朝廷准可的得度制度，是基於以下資格條件所創立：

唯取闇誦《法花經》一部，或《最勝王經》一部，兼解禮佛，淨行三年以上者。（《續日本紀》天平六年十一月二十一日條）

官度制在與《僧尼令》連結運作下得以完成，每逢舉行大規模佛事之際，朝廷即以建造大佛為由，恣意批准大量僧尼得度，資格條件趨於名存實亡。此外，如同前文所述，對朝廷而言，實在難以貫徹將得度視為官度的這項先決條件。《僧尼令》與官度制度在與現實尚有落差的情況下，僅成為徒具原則的存續制度。

先前略提到在中國、朝鮮佛教的常識中，光是得度不足以認同具有比丘資格（正式僧侶）。必須在得度出家後，由諸位比丘在場見證下接受正規受戒，方能取得比丘資格。若非如此，則將無法見容於東亞佛教界。法會主導者亦由比丘擔任，若由比丘之外的人士舉行法會，將難以確保其如法性，更無法保證能獲得功德及利益。換言之，若不如法受戒則無法繼續產生新的比丘，從此將無法遵循教法而進行佛事。倘若欠缺如法受戒，不僅是對於國家佛教，恐怕將危及日本佛教的如法性。

日本佛教界與朝廷是否意識到此問題已不得而知，但在聖武天皇時期，朝廷早已察覺此現象。天平五年（七三三）著手規畫得度制度，為了如法傳戒而試圖招請戒師東渡日本，故派遣榮叡、普照入唐。若按照計畫來看，不久他們應先接受即將同行渡日的唐朝戒師如法傳戒。天平六年制定得度的資格條件，亦是預設的政策規範，此時朝廷已判斷未來將有人才，可確保擔負國家佛教的重責大任。

朝廷根據如此判斷，此後開始建置國家佛教的咒力機制。聖武天皇自即位時，就屢次參與宣講及誦讀護國經典，神龜五年（七二八）頒布《金光明經》於全國，天平六年以背誦《法華經》、《最勝王經》做為得度要件，天平九年（七三七）三月命諸國造立釋迦三尊像及抄寫《大般若經》。此年八月，命諸國僧尼於每月讀誦《最勝王經》。天平十二年

（七四〇），又命諸國建造七重塔及抄寫《法華經》，並於諸國造立觀音像及抄寫《觀音經》（《法華經》部分），迅速創設可長久推行的護國佛事機制。在此趨勢下，藉由道慈在辭世前由朝廷頒布建立國分寺之詔，迎向了國家佛教最初的巔峰期。

二、創設國分寺

國分寺制是在諸國設置僧寺「金光明四天王護國之寺」與尼寺「法華滅罪之寺」，並於每月舉行佛事，成為前所未有的全國性國家佛教機制。有關國分寺制的模式有數種說法，例如參照隋文帝的大興國寺，或在玄昉入唐前不久，由唐中宗興建的龍興寺等。最有力的說法，則是參考武后時期所建的大雲寺。國分寺制已成為道慈主導移植「大唐」佛教的終程目標。

如同《類聚三代格》的願文所述，聖武天皇一族陷於惶然不安，是促成創設此機制的直接契機。自長屋王之變以來，在皇族的近親之間不斷遭遇凶災，陸續發生天花流行、藤原四子（藤原不比等的四名兒子）病逝、藤原廣嗣之亂。聖武天皇及其族裔為了平息這段不堪回首的過往，渴求恢復平安，故創設可長久提供強大咒力的機制，亦即國分寺制。

在過去，道慈與玄昉等入唐僧引進唐朝系統，藉由國家佛教的整體力量大規模動員護國咒力機制。東亞佛教原本就標榜這種在祭祀中行使具有即效性的咒力。道慈所見由武后推行的佛教，或玄昉所見「開元之治」的佛教，皆顯示了正值鼎盛期的國家佛教所提供的模式深具吸引力。據《續日本紀》所述，光明皇后向朝廷薦請創立東大寺及國分寺，但其根本動機，則是源自於對道慈及玄昉陸續引入的唐代國家佛教模式深懷著憧憬。再加上聖武一族陷入政治及社會動盪中，故而一鼓作氣導入具有靈驗之效的咒力機制，藉此解決聖武皇族的危機。聖武天皇從即位之初至退位的佛教政策，基本上是意識到初唐至盛唐的國家佛教發展模式。國分寺制度亦屬於唐朝國家佛教的模式，故被引入採納。

國分尼寺被命名為「法華滅罪之寺」，此寺名在當時仍屬陌生，由此可窺知後世流傳《法華經》的女轉男身成佛之說，此時並未受到關注（曾根正人，二〇〇〇）。近年，從吉藏於《法華義疏》中對阿闍世王的教說，以及《弘贊法華傳》的〈釋靈侃傳〉中發現適於當時的「滅罪」一詞（吉田一彥，二〇一〇），直接參考的典據應出於此。促使尼寺與「法華滅罪」相關的事蹟，則是洛陽安國尼寺敕設的法華道場所重視的法華三昧懺儀（勝浦令子，二〇〇〇）。尼寺道場舉行持誦《法華經》以滅罪的修行法會，應是形成尼寺與法華滅罪相關的根據之一，此道場亦屬於武后建構國家佛教的部分事業。

實際上，國分二寺的建設停滯不前，雖改用既有伽藍建築，奈良時代並未整建構所有的國分二寺。不問伽藍完成與否，國分寺不僅是諸國舉行佛事的據點，更開始做為佛教行政中心而發揮功能。當然，與其說是讓《僧尼令》的秩序規範滲入諸國僧尼之中，毋寧說是具備了監督管理國內各寺及住寺僧尼的統治層面。這種統治層面的地方佛教行政，是依賴國分寺而發展。若觀察最澄等人之例，可知國分寺在做為培養地方僧侶的教育機構方面亦有實質功能。國分寺成為國家佛教在地方發展的輔助機構，就此發揮重要功能。

三、如法受戒與大佛

在國分寺制方面，奈良國家佛教是仿效唐代佛教而形成全國系統，並開始追求兩大目標。首先是欲從唐土移植的如法受戒，至今懸而未決。其次是為能落實聖武天皇個人的華嚴信仰而建造大佛。如前所述，前者較早著手進行，招請戒師鑑真一行東渡傳戒，卻屢受頓挫。在此過程中，後者則在聖武天皇熱切崇佛的背景下迅速發展。

紫香樂宮於天平十五年（七四三）頒布建造大佛之詔，重重困阻隨之而起，至天平勝寶二年（七五〇）大佛建成。兩年後，大佛殿竣工並舉行開光儀式。這意味著象徵國家佛教的建置網就此完成，其中含括全國各地的國分寺，以及鎮守都城的總國分寺（東大寺）所建造的大佛。在此同時，藉由以東大寺為初始的「大寺」佛事，以及與各地國分寺連結的佛事建置網，完成巨大的咒力機制。聖武天皇殷切寄望將可帶來國泰民安的咒力行使機制，終於在晚年得以建構完成。

從上述發展趨勢可窺知，奈良時代後期的佛教在聖武朝以後是以咒力為最大需求。

東大寺大佛（釋果品攝）

誠然，朝廷自佛教傳入日本以後所追求的是無分個人、氏族、國家，皆可獲得現世利益的咒力。在此時代，是較前朝更為直接追求龐大的行使咒力機制。從行基的宗教團體協同參與建造大佛一事，可窺知推行規模龐大的咒力，亦被一般僧侶及民眾視為獲得福德的泉源。天平勝寶八年（七五六）聖武天皇薨逝後，賞賜上皇的看病禪師（兼具咒術及醫術的禪僧職銜）多達一百二十六名，彷佛成為時代印證。在社會整體方面，亦是追求及行使咒力的時代。促請戒師渡日的背後，存在著咒力方面的問題。

大佛與國分寺建造完成後舉行

法會盛儀，主事者卻是「不法」僧尼，其咒力成效難以服眾。原本由如法受戒的僧尼以如法方式舉行法會，方能充分發揮咒力。如前所述，招請戒師的理由之一，是冀求日僧具備可與他國僧侶並駕齊驅的資格。另一項理由，則是招請戒師是展現國家佛教咒力機制的必要條件。無論從任何一方理由來看，皆在追求不斷如法傳承僧尼的如法受戒儀式。包括為何必須受戒的根本問題在內，日本朝廷對於受戒及戒律的意義則顯得漠不關心。

天平勝寶六年（七五四）鑑真東渡後，受戒儀式的相關設施與制度迅速獲得完備，鑑真所期盼的整頓戒律修學環境，則幾乎全然擱置。鑑真最初於唐招提寺的律儀宣講，僅歷經半世紀即被廢除，其所開創的律宗則是勉力維繫薪傳。對一般僧尼而言，戒律不啻是虛飾，勉強認為受戒只是徒具形式，是例行的出家儀規。

四、奈良佛教的宗派

東大寺大佛建成後，奈良國家佛教徹底發揮主要機制。負責推動國家佛教的僧尼在鑑真東渡後，得以確保如法性，國家佛教機制亦具備充分發揮咒力的要件。藉由這些條件，日本佛教在對外方面已獲得他國認同，大致擁有如法佛教的要件，更能趨近中國、朝鮮半島等東亞佛教的正式成員。在此同時，卻留下另一要件，就是保全了如何檢證當今佛教是否如法的教學。這項任務是以教學為訴求的宗派，在日本是以國家主導方式來設立，這種宗派就是以南都六宗為首的南都諸宗。

最早出現的具體教學宗（眾）派名稱，是天平九年（七三七）的太政官奏中的元興寺攝論宗。其次在《元興寺資財帳》、《法隆寺資財帳》、《大安寺資財帳》之中，可見攝論宗、三論宗、成實宗、別三論宗、唯識宗、律宗、修多羅宗之名。天平勝寶三年（七五一）的東大寺《經疏出納帳》記載六宗之名，分別是三論宗、法性宗、律宗、成實宗、俱舍宗、華嚴宗。其中法性宗（唯識宗）應是此後的法相宗，該宗奉行以玄奘為源流的法相唯識教學。換言之，奈良時代的宗派就是所謂的南都六宗，以及唯識教學宗演變的攝論宗，三論宗的支派別三論宗，以及在中國、朝鮮佛教皆未有類似之例的修多羅宗，總共為九宗。

然而，九宗並非完全成立於奈良時代初期。最初述及宗派史料的文獻，是養老二年（七一八）致僧綱的太政官符，文書出現的「五宗」一詞，在奈良時代初期就已存在。其中包含飛鳥時代以來就已傳承的三論宗、成實宗，以及天平九年（七三七）首見的個別宗派攝論宗。另一方面，聖武朝以後成立的律宗、華嚴宗，以及七世紀後期在中國形成教學的法性（唯識）宗，則不在此範圍之內。有關修多羅宗的實際發展至今未明，學者一致認同修多羅此名稱是源於梵文「sūtra」，亦即構成佛典三藏（經、律、論）中的經藏之意，由此發展出諸說。總而言之，學者對於修多羅一詞是否出現於八世紀初的見解仍莫衷一是。關於此點，其他如俱舍宗、別三論宗亦是如此。換言之，在奈良時代即存在的「五宗」，應是攝論宗、三論宗、成實宗的三宗，以及修多羅宗、俱舍宗、別三論宗之中的二宗。

此後，再加入法性（唯識）宗、律宗、華嚴宗的同時，亦將不符時代潮流或異端的教學予以淘汰，並將整個教學系統與正統教學宗派進行統合。在聖武朝末期仍留存的宗派，分別是法性（唯識）宗、三論宗、華嚴宗、律宗、俱舍宗、成實宗的南都六宗，以及至平安時代逐漸式微的修多羅宗。其中，俱舍宗、成實宗分別是法性（唯識）宗、三論宗的附屬教學宗派（寓宗），皆欠缺獨立性。至於律宗的情況則如前述，不再多做贅述。華嚴宗僅在建造大佛的前後時期急遽拓展，成為反映聖武天皇個人對華嚴信仰的短暫現象。若綜覽整個奈良時代最具影響力的宗教，前期是攝論宗、三論宗，後期則是法性（唯識）宗、三論宗。

五、教學宗派的形成

上述宗派內部的實際發展情況不明，若從學僧發展趨勢等要素來看，奈良時代的宗派，則有別於平安時代具有排他性的異端教派。學僧的所屬宗派僅是師從教法，對於學術範疇或教學見解並無限制，一般是廣涉數種宗派及鑽研教理，在專門領域上跨越了異端派教學或其他宗教學的情況亦非異例。這是基於隨著引入中國佛教後，與中國各宗派的正統教學進行統合的潮流及教學論爭產生影響所致。南都諸宗教學包含異端派教學等駁雜要素在內，漸與正統的南都六宗邁向統合。與此情況並行發展的，則是各宗為了主張自宗優勢，以及亟欲凸顯與他宗教學的相異點，故而導致新興分裂教派的排他性更為鮮明化（曾根正人，二〇〇〇）。

奈良時代末期發生兩大事件，分別是法性（唯識）宗與三論宗針對《掌珍論》的闡釋、《大佛頂經》的真偽問題而引發論爭，以及向朝廷進呈《東大寺六宗未決義》。前者發生於天平時期，當時是以三論宗的主張為依歸。寶龜（七七〇—八〇）初年，法性（唯識）宗重申舊議，事態演變成派遣入唐僧至中國諮請本宗答覆（松本信道，一九八五）。在此時期，各宗派的首要命題在於確保自宗優勢，這項論爭關乎法性（唯識）宗在教學領域方面居於三論宗之上。

寶龜七年（七七六）進呈的《東大寺六宗未決義》，是由各宗派列舉自宗的教學疑問，原本是向唐土本宗請益的問題輯錄，相當於最澄、圓仁所提出的「唐決」（松本信道，二〇〇三）（編案：「唐決」意指平安時代天台宗僧侶將教義上的疑問，請託入華僧向中國僧侶請益釋疑）。在進呈《東大寺六宗未決義》的背後，同樣出現與正統教學統合的趨勢，以及與此趨勢並行發展、其訴求在於強調與他宗相異的教學理念。這些宗派有如設立學科或研究部門，促使在奈良時代末期形成以自宗優勢、擴張自宗勢力為首要命題的排他性分裂教派。最澄的天台宗、空海的真言宗，這些從初創時就形成的新興分裂教派，就是在此潮流中誕生。

從這些事件發展中可深入讀取的，是南都諸宗的教學水準。日本諸宗的水準，仍處於若無中國本宗釋疑則難解其惑的階段。換言之，就是尚難以獨當一面。實際上，若參閱日本當時已屬優秀學僧明一、常騰的注疏，即可發現其窮盡心力所達之層次，亦僅止於將唐土佛門碩學的文本完整繕寫或節錄而已（曾根正人，二〇一〇）。即使至奈良時代末期，南都六宗在此階段仍未成為獨立教學宗派。

六宗是在最澄、空海之後形成的獨立宗派，受到兩者的新教學刺激下，在天台宗、真言宗開創的同一時期、亦即八世紀末至九世紀初，方才確立正統教學並獲得自立。南都六宗成為教學宗派的時期與天台、真言二宗一致，向中國本宗尋求教學釋疑並確立自宗正統教學的過程，亦與天台、真言二宗的情況相同。如前所述，山岳佛教被視為天台、真言二宗特色，其中亦包含南都的行業在內。古密教與空海的新密教究竟有何連續性的關聯，此課題尚未明確，但在奈良佛教中蘊涵許多密教元素。所謂的平安新佛教，既非從舊宗派的南都六宗建構的模式中重新產生，亦非以迥異於南都六宗的新宗派形式來發展。

與南都六宗相較之下，天台、真言二宗無疑提供了順應平安新王朝所需的行使咒力動員系統，近乎絕大部分在做為與南都六宗同種類、同等級的教學宗派上，皆是在同一時期齊頭並進。最澄、空海的新宗派之所以看似嶄新形成的「新佛教」，若論其要因，與其說是實質教理使然，毋寧說是與天智天皇系統的新王朝建立關係所致。從奈良佛教至平安佛教，其變化本質就存於政治領域中。

六、邁向平安佛教之道

天平寶字四年（七六〇）光明皇后崩殂，其主導佛教發展的期間，是從聖武朝至孝謙女帝統治的孝謙朝。兩年後，僧侶道鏡入保良宮為已退位的孝謙上皇醫疾。據傳道鏡曾師從義淵，玄昉則為其弟子，原本是葛城山的山林修行者，並非出自學問僧體系。但如前文所示，山林修行者的資質足以與學問僧並駕齊驅，同樣具有奈良國家佛教的正統素質。道鏡以兼修古密法中的「宿曜祕法」而深得孝謙上皇寵信，這種情況絕非異例。上皇奉道鏡為佛道之師，對其信賴有嘉，亦是基於道鏡的修行資質，已符合奈良國家佛教的高僧所具備的咒術能力。

至辭世前的十年間，孝謙上皇對道鏡更為傾服，最後在宇佐八幡宮從旁策動下，甚至考慮將皇位傳於道鏡。有關宇佐八幡宮的神諭事件，以及道鏡政權推行的政策是眾說紛紜，最重要的問題則是上皇偏袒道鏡而導致周圍勢力捲入。此事件並未構成佛教史的新潮流，只具體呈現在聖武朝中期以後更為顯著的一種趨勢，亦即天皇透過個人信仰來直接推動佛教政策。

倘若回顧歷史，可發現此後發展的重大佛教政策，除了如法受戒之外，其他則源自於聖武天皇一族的個人信仰。建造大佛是基於聖武天皇崇奉華嚴信仰，稱德朝的佛教政策則是源於孝謙上皇（本為孝謙天皇，重新踐祚為稱德天皇）對道鏡的傾服。若回溯前史，奈良國家佛教的核心機制國分寺制，目的在於替聖武天皇一族禳災解厄。中央「大寺」籌整完備，亦受聖武天皇一族的信仰所影響。玄昉、良辨、道鏡等僧侶雖能權傾一時，卻無法擁有獨立性的權力，而是對天皇側近人士的信仰或政策提出建言或提議，藉此達到個人目的。推動奈良時代後期佛教的主要動力，正是聖武天皇一族的個人信仰。

昔日天武天皇創立新王朝之際，守護新王朝的咒力系統成為緊急必要的機制，隋唐佛教則建構了符合日本所需、魅力無窮的國家佛教模式。以天武、持統朝為初始的天武系統歷代朝廷，皆以移植隋唐佛教模式為目標不斷邁進。在聖武朝中期大致完成目標後，朝廷卻喪失明確的參考模式。失去長期展望的孝謙女帝在身為天皇及上皇時期，任憑個人信仰而恣意推動佛教政策，終究招致道鏡引發禍亂、天武天皇以來傳續百年的王朝就此畫下句點。

天智天皇系統的新王朝有鑑於此，發現反映出當時佛教發展的問題癥結就在於——天皇的個人信仰逾越了固有國家佛教範疇，以致獨斷獨行，反之是由國家佛教系統縱容天皇的個人信仰。故而光仁、桓武天皇的新政權採取嚴格管制政策，不容許絲毫放縱，建構堅強穩固的架構。平安京的新「大寺」，正是為了做為新國家佛教設施而建。從奈良佛教發展至平安佛教，首先是從政策層面的變革來主導。

最澄與空海就是在這股政治變革潮流中應運而生，南都六宗受到二者所刺激，亦與天台、真言二宗同樣成為以教學為訴求的新興分裂教派，開始著手發展機制。八宗受到新王朝發展趨勢的影響，幾乎在同一時期，具備同樣種類的發展項目程序。縱使尚未臻於成熟，卻不盲從中國佛教，而是對自我定位有所醒覺，逐漸成長為日本宗派。就此意味來說，是日本佛教最初的宗派誕生，是確立平安時期的佛教界本流顯密八宗體制的開端。

至於民眾階層的佛教則沒有顯著變革，《日本靈異記》的傳說中記載的奈良、平安時代並未產生鮮明變化。這是由於姑且不論此後的民眾佛教出現各種具體發展，但在此時已大致奠定基礎。另一方面，剛出現的顯密八宗則向民眾佛教或尚未穩定發展的貴族佛教傳布各種信仰。日本佛教在這些信仰的交錯點上，形成風格獨具的特色。

專欄二

天平寫經

杉本一樹（宮內廳正倉院事務所所長）

天平是八世紀中葉所採用的年號（七二九－四九），此後陸續出現冠有天平的四字年號（天平感寶、天平勝寶、天平寶字、天平神護），一直沿用至七六七年，包括取此年號名稱在內，「天平」成為奈良時代中期形成文化顛峰的代名詞之一。天平寫經在日本寫經史中被譽為巔峰，若從做為指標的書道觀點來看，並以唐代宮廷寫經為範本所建構的「寫經體的體例完成」來做為分析基準，則在前述的天平時期就已完全涵蓋了成長、完成、變遷等諸要素，而這些要素又與奈良時代發展的三段寫經史時期互為呼應。

那麼，堪稱是天平時期指標的寫經事業中，最具代表的就是光明皇后發願繕寫的《一切經》，亦即《五月一日經》。

這部願經是光明皇后為供養亡逝父母（藤原不比等、橘三千代）而發願寫經，題名通稱則是源於願文卷末的日期天平十二年五月一日。最初是以光明子個人寫經為出發點，隨其立后而設置皇后宮職，不久發展為國家機構的直轄事業。寫經在整個天平時期持續進行，估計最終的整體數量應高達七千卷。當時是以最新《開元釋教錄》（由玄昉攜歸日本）的《一切經》為基礎，範疇卻超越《一切經》，盡蒐日本國內可取得的疏、集、傳等諸多佛典。

寫經所除了繕寫《五月一日經》之外，亦負責各種經典的大量寫經，在奈良時代盛大推展事業。朝廷為了興建東大寺，設置造東大寺司做為專營官僚組織，寫經所則列入編制下。在此時代，可知尚有民間佛教徒發願抄寫的知識經，但仍以官方機構推行的寫經為主導，亦有貴族以私願為由要求寫經，寫經所遂將之視為副業代為繕寫。

如此結果，導致字體端正的寫經體所象徵的四平八穩風格，成為天平寫經的整體特徵。寫經是將佛教傳入之前尚未出現的龐大教學體系予以直接吸收，並試圖將知的世界予以融會貫通的行為作用。以及從漢譯佛典再度轉譯，透過日語學習思考而附加的新語言位相。對於寫經的銳意堅持絕非微不足道，藉此釀成的成果，堪稱是具有勻稱之美的抑制表現。

就外形特徵來看，寫經是採用精良的寫經紙、裝幀細緻、裝飾低調。內容不限於信奉對象，而是屢經校正或深入經文進行異本校勘，對於提供可承受嚴格學術檢證的良質文本這項目標，亦十分重視。

有關《五月一日經》尚有特點值得一提，就是被視為寫經所文書的正倉院文書。若從現代製品的角度來看，在推展寫經事業的背後，應包含原料取得、製造工程管理或勞工薪資、勞務管理、福利福祉等項目，由此可推知應有必須管理的多元化要素。為了促使寫經所的業務順遂進展，可順利抄寫大量經卷，必然產生各種帳簿或紀錄、文書等為數龐大的寫經所文書類群。此外，正倉院亦保管當時寫經生的衣裝及寫經文具。

如此一來，便能洞悉《五月一日經》的繕寫內幕，一般幾乎是將願文或跋文視為唯一線索，此乃情非得已。相較之下，正倉院文書則受惠於隔離保管的良好條件，故能提供多方訊息。

此後，《五月一日經》成為東大寺尊勝院藏書而得以延傳至今。尊勝院是碩學輩出的名門院家，其經藏稱為《聖語藏》。平安時代以後累積為數可觀的經卷，除了中國隋唐時期的鈔經，更加上日本奈良時代後期的《一切經》、亦即神護景雲二年（七六八）所繕寫的《稱德天皇御願經》。

至明治二十六年（一八九三），東大寺將《聖語藏》經卷獻呈皇室，明治時代末期則由帝室博物館展開分類整理及修復工作。《五月一日經》之中有七百五十卷存於《聖語藏》，民間保存約兩百五十卷，估計現存約一千卷。《聖語藏》所屬的經卷，現由宮內廳正倉院事務所負責管理，並將全卷圖像以電子化方式刊行。

修復《聖語藏》經卷的負責人是帝室博物館的館長，曾發生在修復之後憑空多出跋文和花押的情況。其中，尚有大正時代中期由森鷗外擔任帝室博物館館長時所留下的花押，但其風格形式與他兼具醫學、文學博士學位的權威頭銜並不相稱。森鷗外的花押是以俳畫風的一筆書，繪成如同生肖圖般的老鼠，蘊涵一抹飄逸韻味。

文獻介紹

田中塊堂，《日本写経綜鑒》，思文閣，一九七四年。
石田茂作，《写経より見たる奈良朝仏教の研究》，東洋書林，一九八二年（初刊一九三〇年）。
賴富本宏、赤尾栄慶，《写経の鑑賞基礎知識》，至文堂，一九九四年。

第二章

最澄、空海的改革

大久保良峻

早稻田大學文學學術院教授

第一節　平安佛教的黎明

一、平安初期佛教的探討觀點

欲理解平安佛教的關鍵，就在於掌握日本天台宗與真言宗的成立及發展過程。唯有闡明此二宗的開祖最澄（七六六，一說七六七—八二二）、空海（七七四—八三五）的思想及活動，進而尋求及探究後繼者的發展趨勢，方能有透徹理解。

天應元年（七八一）桓武天皇即位，翌年改元延曆，眾所周知的遷都平安京就是在延曆十三年（七九四）。大約於此時，桓武天皇開始正式推展佛教政策（薗田香融，一九六七）。若檢視平安佛教創始與時代之間有何關聯的詞彙，最常見的就是饑荒、疫疾、天災、怨靈等反映時勢的用語，或許在任何時代，這些課題皆是共通要素。縱然如此，遷都平安京的原因，在於桓武天皇的皇太子早良親王（崇道天皇，？—七八五）怨靈作祟，此點亦反映了時代特殊性。這種情況還需從桓武天皇請求最澄傳示密法修持、亦即示受灌頂的觀點來探討，這亦是眾所皆知的事情。

平安時代初期的佛教價值，在於奠定日後佛教的發展基礎，堪稱是建構日本文化及思想的核心。其中，又以比叡山在文化史上發揮的功能最為著名。但若考量當時中國的情況，則應該關注密教的發展。天台、真言二宗將中國密教傳入日本，必須將二宗的密教視為日本密教的廣大流脈來予以認知。總而言之，從做為中國密教後繼者的觀點來鳥瞰日本密教之際，可發現天台、真言二宗的密教對後世思想及文化形成深遠影響。這是由於若特別從教判的觀點來看，天台、真言二宗的密教各具獨特的建構模式，主張自宗密法才是本流，導致日本密教活絡化。碩學紛紛強調自我主張之正當性，甚至對他者提出批判。這恰可促使個人鑽研教理更為深入，若從長遠角度來看這種個別事蹟，亦可發現其中具有堪稱是在廣大流脈中進行交流或交涉的要素。

然而，空海的密教思想圓熟練達，最澄的密教思想尚未能周全，如此產生了決定性差異。換言之，本章探討的密教發展時代是在空海集其大成之後，天台碩學為了彌補自宗缺憾而力爭上游的時期。正因教理未能周全，故能積極引入新密教，最終促成台密居優勢的時代。亦有學者將空海逝後暫時發展的真言密教，視為屈居於台密之下，不得不說這是真言密教為了邁向新時代而處於蓄積能量的過渡期。

二、活躍人物

平安時代初期的入唐求法僧中有八位成就斐然，故有入唐八家之稱，亦即最澄（八〇四—八〇五在唐）、空海（八〇四—八〇六在唐）、常曉（？—八六六，八三八—八三九在唐）、圓行（七九九—八五二，八三八—八三九在唐）、圓仁（七九四—八六四，八三八—八四七在唐）、惠運（七九八—八六九，一說八七一歿，八四二—八四七在唐）、圓珍（八一四—八九一，八五三—八五八在唐）、宗叡（八〇九—八八四，八六二—八六五在唐）。安然（八四一—八八九？，一說九一五歿）將這些求法僧所攜歸的密教經論目錄，彙集為《八家祕錄》（《諸阿闍梨真言密教部類惣錄》）。安然是天台密教集大成之宗匠，認為自身立場才是密教本流，是含括空海思想在內，將密教予以集大成的人物。

總而言之，當時最重要的佛學家是最澄、空海、圓仁、圓珍、安然，另一位法相宗的德一亦不可輕忘。最澄與德一的爭論雖以天台、法相之間的論諍而為人所知，但主題與密教息息相關，是十分值得關注的課題。

與這些佛學家相關的人物，尚包括傳法之師或門弟、南都僧侶、天皇，以及其他諸多人士，為當時學風憑添輝彩。例如，首先最值得矚目的是最澄的入唐之師——天台七祖道邃（生卒年未詳）與行滿（生卒年未詳）、傳授密法之師順曉（生卒年未詳）、空海之師惠果（七四六—八〇五）。桓武天皇與最澄、嵯峨天皇與空海的關係，成為經常探討的課題。義真（七八一—八三三）擔任最澄的譯語（口譯）而入唐，日後成為日本天台宗的首位座主。義真於淳和天皇在位的天長年間（八二四—八三四），與空海及南都宗匠共撰自宗綱要書。這些著作稱為「天長勅撰六本宗書」，亦即空海《祕密曼荼羅十住心論》十卷與《祕藏寶鑰》一卷、義真《天台法華宗義集》一卷、護命（法相宗）《大乘法相研神章》五卷、玄叡（三論宗）《大乘三論大義鈔》四卷、普機（華嚴宗）《華嚴一乘開心論》六卷、豐安（律宗）《戒律傳來記》三卷。

第二節　最澄與空海

一、最澄的出生年份

最澄為近江國滋賀郡古市鄉人氏，有關其出生份有兩種說法，亦即天平神護二年（七六六）或翌年的神護景雲元年（七六七）。過去以後者說法為主流，卻漸有研究者採用前者，近年研究是參考佐伯有清的連續幾篇論證，經詳細檢證後開始支持七六六年之說。形成兩種說法的原因，就在於兩者皆有文獻依據。最初提出這些線索的文獻是《天台霞標》二編卷之一，此文獻的可信度，是經多方觀點的議論所累積。

首先提出七六六年之說的文獻，分別是〈國府牒〉、〈度牒〉、〈戒牒〉。這三種公文書可見於《傳教大師全集》卷五的附錄，以及《天台霞標》二編卷之一所收的來迎院文書（國寶）。此文書可從《傳教大師全集》卷一的照片，或日本天台宗開宗一千兩百年紀念「最澄與天台國寶展」的圖錄來予以確認。來迎院文書的最初兩封是案文，皆記載最澄年齡。例如，寶龜十一年（七八〇）十一月十日的〈國府牒〉記載「三津首廣野年拾伍」，由此可知兩日後得度的最澄在出家前的俗名及實齡。延曆二年（七八三）正月二十日的〈度牒〉則有「沙彌最澄年十八」，補充說明的是得度日期明確記載為「十一月十二日」。〈戒牒〉則記載延曆四年（七八五）四月六日，「僧最澄年廿」。有關於此，《天台霞標》的增補者慈本（一七九五—一八六九）列出這些日期並提出問題，且有如下說明：「依（慈）本所記，寶龜十一年，大師年十五〔國府牒〕。延曆二年，年十八〔度牒〕。延曆四年，年廿〔戒牒〕」。

相對於此，七六七年之說則是根據最澄弟子的記述。有關《叡山大師傳》的作者，在書中記載為「釋一乘忠」，昔日認為一乘忠即是仁忠，近年則多認為是真忠，總之應是出於最澄弟子之筆。在《叡山大師傳》中，記載最澄歿於「弘仁十三年歲次壬寅六月四日辰時，於比叡山中道院，右脅而入寂滅，春秋五十六」，可確定應逝於弘仁十三年（八二二）。若最澄住世五十六載，其出生年份就只能認定是七六七年。同樣身為最澄弟子的光定，亦在《傳述一心戒文》卷下記載：「弘仁十三年四月十五日，預知入滅，付屬

《最澄與天台國寶展圖錄》書影

天台法并院內總事。於前入唐弟子僧義真畢，怡然遷化。春秋五十有六」，明確記載其師於五十六歲遷化。

究竟何者才是正確？多數研究者未經考察，就直接採用已廣泛流傳的舊說，的確必須了解最澄生於七六六年亦具有極大說服力。

二、最澄的生涯

最澄有幾部著作，可縱覽其人全貌，並知其生涯。筆者想介紹最重要的課題和問題點，藉此探尋其生涯足跡。

（一）入唐前

據《叡山大師傳》記載，最澄是「年十五，補國分僧闕，年二十進具」，文中提及十五歲和二十歲，與前述的〈國府牒〉與〈戒牒〉記載的年齡一致。這意味著最澄以十五歲之齡，遞補已逝的國分寺僧最寂之缺額，並於二十歲時受具足戒。《叡山大師傳》記載延曆四年（七八五）條，最澄於七月登比叡山，並援引其著名〈願文〉。後世對此記述出現二十歲、十九歲之說，登比叡山之際抒發己懷的〈願文〉，其記載的年份亦同，筆者對此將根據最澄二十歲之說來進行探討。〈願文〉的全文解說頗為常見，在此暫予省略。總之，青年僧侶的肺腑之言是值得關注的課題。

〈願文〉可見「生時不作善，死日成獄薪」，或「愚中極愚，狂中極狂，塵禿有情，底下最澄」的說法，可視為青年僧特有的自我內省。值得矚目的是，最澄在願文中，與其說是寄望在比叡山修行，毋寧說是希求達到相似位（六根相似位）的位次。在此列舉天台宗的修行次第如下：

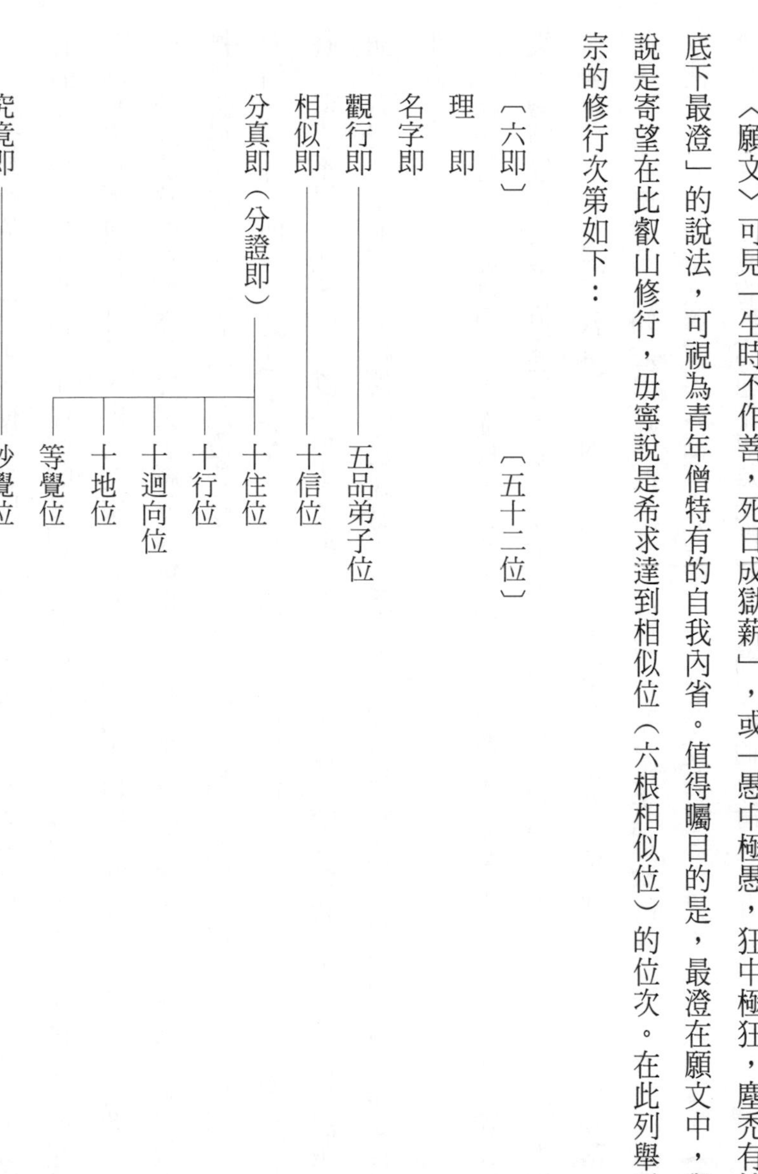

天台教學的六即之中，從分真即（分證即）始為聖者，成佛果位以此為基準。分真即在五十二位之中，相當於十住位的最初階段初住位以上。最澄追求的證達目標，是在成聖前的凡夫位所包含的外凡、內凡之中，屬於內凡位的十信位。此後，最澄以天台教學為準則，於《法華秀句》卷下提出了將分真位視為即身成佛位的教學，並在願文中說明個人目標是證得相似位。學者指出最澄的願文是深受法進《沙彌十戒并威儀經疏》所影響（佐伯有清，一九九四）。《法華秀句》充分運用《天台小止觀》，但最澄對於天台教法的學養，似乎不以深究天台文獻為根本之道。附帶一提，據《隋天台智者大師別傳》記載，智顗（五三八—九七）於臨終時曾述及自身因度眾而未達相似位，最終以五品弟子位結束生涯。

總而言之，最澄似乎未從根本原典來修習天台教學。《叡山大師傳》在〈願文〉之後，繼續描述最澄獲得機緣，故能披讀華嚴宗的法藏（六四三—七一二）所撰《大乘起信論疏》、《華嚴五教章》，因而得知法藏是以天台思想為指導準則，並為此感動落淚。此後，最澄邂逅某位知悉天台法門所在者，而得以繕寫鑑真攜來的《圓頓止觀》（《摩訶止觀》）、《法華玄義》、《法華文句疏》（《法華文句》）、大本《四教義》、《維摩疏》（據推測最澄的抄寫地點應為梵釋寺，可參照佐伯有清，一九九四）。

《叡山大師傳》繼而將時間推移至延曆十六年（七九七）。常有一種說法指出，最澄在此之前曾於延曆七年（七八八）創建一乘止觀院（根本中堂），並安奉親自刻造的藥師如來等身像。然而，這並非出於弟子記述，而是根據《扶桑略記》所載。唯一可確定的是根據光定《傳述一心戒文》記載，該院內曾建有藥師佛造像。

其次，有關最澄入唐前的活動記載，最重要的莫過於延曆十六年十二月受任為內供奉十禪師，更因此達成繕寫《一切經》及各種文獻的心願。雖由眾弟子傾力協助，但僅憑數人之手仍難以完成，故請求南都七大寺（東大寺、興福寺、元興寺、大安寺、藥師寺、西大寺、法隆寺）的援助。在此過程中，不僅受到大安寺聞寂（生卒年未詳）助援，更獲得東國化主道忠（生卒年未詳）助抄大乘、小乘經、律、論（三藏）二千卷，促使比叡山的經藏更為充盈。

延曆十七年（七九八）十一月，最澄始修法華十講。宣講時期選擇十一月，是緣於天台大師智顗的忌日為十一月二十四日，此後講會定稱為霜月會。十講是指舉行宣講及讚詠佛經十卷的法會，亦即《法華經》八卷、開經《無量義經》一卷、結經《觀普賢菩薩行法經》（《普賢觀經》）一卷。

延曆二十年（八〇一）十一月，延請南都七大寺、亦即南都六宗的宗匠十大德，於一乘止觀院舉行法華十講說法會。據傳從十一月十四日至二十三日，皆由南都十大德各授一軸（一卷）講義。

延曆二十一年（八〇二），和氣朝臣弘世（廣世）、真綱兄弟於高雄山寺（今神護寺）舉行講會，其父為和氣清麻呂，氏寺為高雄山寺。據《叡山大師傳》所述，「（延曆）二十一年正月十九日，延善議、勝猷、奉基、寵忍、賢玉、安福、勤操、修圓、慈誥、玄耀、歲光、道證、光證、觀敏等十有餘大德，於高雄山寺講演天台妙旨」，可知舉行講會之目的在於深究天台教學。在十四位大德名單之中，除善議、勤操、修圓、道證之外，其餘十人皆擔任宣授法華十講的職務。最澄亦參與法會，並擔任核心角色，此後繼續宣講經典。這是根據《叡山大師傳》以「今月（同年八月）二十九日」為篇首的表文所得知，此謝表內容為感謝僧侶善議代為傳達桓武天皇的宣諭，是稱揚天台教學的文書。

（二）入唐

延曆二十一年九月，最澄以「入唐請益天台法華宗還學生」的身分，奉敕旨而入唐。最澄因在披讀天台文獻時發現謬字闕行，有感於應稟求師傳，故上表請求朝廷派遣留學生、還學生各一名渡唐。朝廷應允所請，最澄遂以短期還學生身分入唐。《顯戒論緣起》收錄〈請求法譯語表〉，內容是最澄奏請盼能准許譯語僧義真隨行，奏表日期為十月二十日。獲得天皇敕准後，最澄在義真陪同下達成入唐心願。義真原為相模國出身，後為首位天台座主。

延曆二十三年（八〇四）七月六日，最澄於九州搭乘遣唐使船，乘坐四艘中的第二艘，從肥前國（長崎縣）松浦郡田浦出航。留學生空海則乘坐第一艘船，而抵達「福州長溪縣赤岸鎮已南海口」（《日本後紀》十二）的日期為八月十日。最澄所乘之船抵達明州（浙江省）鄮縣後，上岸時間不明，但可知二僧皆飽受鯨浪暴風所苦，航旅倍嘗艱險。過去認為空海渡唐長達三十四日的原因，是受到氣象條件、尤其是對風向知識極為缺乏所致，但亦有學者對此通論提出批判見解（上田雄，二〇〇六）。

最澄於九月中旬往詣天台山，二十六日抵台州（浙江省），與台州刺史陸淳（？—八〇五）會晤。當時的天台七祖道邃恰受陸淳之請，偶然至台州龍興寺講授台宗教旨。對最澄而言，天台山修禪寺的座主道邃、佛隴寺座主行滿，皆是最重要的傳法之師。

《天台法華宗傳法偈》具體記載了最澄在天台山受法的日期，雖可根據此記載進行探論，但因文獻仍有疑點，故在此略而不述。其他尚有《內證佛法相承血脈譜》明確記載受法日期，最澄是在貞元二十年（八〇四）十月十三日，接受天台山禪林寺的翛然傳授牛頭禪（達摩付法牛頭山法門），同月亦接受國清寺的惟象傳授大佛頂大契曼荼羅儀事。最重要的是根據《內證佛法相承血脈譜》記載，道邃於翌年（貞元二十一）三月二日之夜，為最澄、義真及唐沙門二十七人傳授圓教的圓頓菩薩戒。有關於此，最澄於《顯戒論》卷上提及「和上慈悲，一心三觀，傳於一言，菩薩圓戒，授於至信」，感謝道邃除了傳授圓戒，並以一言傳授一心三觀。雖無法掌握一言傳授的具體內容及日期，卻可預知中世的中古天台口傳法門，實際上對後世影響甚鉅。

最澄自台州請歸的佛典文物，於同年二月十九日編成請來目錄《台州錄》，除最澄、義真、丹福成之外，更有道邃署名其中。最澄獲受道邃傳法的時期，是集中於二、三月之間。另外雖有〈道邃和尚付法文〉（《傳教大師全集》五，附錄）傳世，但真偽仍有待商榷。《台州錄》除上述署名之外，尚有台州刺史陸淳的載述，日期記為二月二十日。這些記載亦可見於《顯戒論緣起》或《宋高僧傳》卷二十九（《大正藏》第五十冊，頁八九一上）的〈唐天台山國清寺道邃傳〉。其中，「（最澄）遇龍象邃公，總萬行於一心，了殊途於三觀」，敘述最澄最終獲得道邃所傳的統攝一心三觀之教旨。

最澄於四月自台州返明州，此月中旬赴越州（浙江省）受傳密法。不同於空海在長安修學的密法，最澄獲受的特殊密法不僅是日後台密發展的起點，內容更是意義非凡，此次受法堪稱是巧遇機緣。

最澄前往越州之目的，在於繕寫越州龍興寺、法華寺的經典及注釋。有關於此，根據四月六日的明州牒（《顯戒論緣起》）記載，抄寫目的是為了補足在台州蒐集未能完整的文獻。最澄在入唐前對密教懷有興趣，但渡唐目的無疑是為了求習台宗教旨，獲傳密法原非本意。

四月十八日，最澄受灌於越州龍興寺的順曉，地點位於鏡湖東岳的峯山道場（峯山頂道場），當日印信記載「毘盧遮那如來三十七尊曼荼羅所」，可知設置金剛界三十七尊曼荼羅。過去被視為懸曼荼羅樣式，但有說法指出是投華得佛所用的敷曼荼羅樣式（松原智美，二〇〇三），此曼荼羅與《越州錄》提及的「三十七尊樣一卷」有所關聯。《越州錄》是最澄自越州請歸佛典文物後所纂輯請來的目錄。現今收藏於紐約大都會藝術博物館的圖像，有可能正是「三十七尊樣」的摹寫，此圖像舊藏於青蓮院之時就已備受爭議（柳澤孝，一九六六），但亦有學者持否定見解（請參照松原前揭論文）。大都會藝術博物館所藏的圖像正是描繪敷曼荼羅，故有學者考證是最澄請歸的三十七尊樣（松浦正昭，二〇〇六）。

從順曉致於最澄的付法印信中，並列記載了三種真言：「阿鑁藍吽欠　上品悉地」、「阿尾羅吽欠　中品悉地」、「阿羅波者那　下品悉地」，可知曾傳授這些真言。

最澄返國後，三種真言成為日本天台宗的重要傳承，其出處各有典據，但為何有上、中、下品之分，則不知其源由。當時這種密教實修僅被視為在中國的地方性修行，並未受到矚目。這些真言的成立真相混沌未明，但在據傳為善無畏（六三七—七三五）所譯的三種文獻中卻有所記載。這些文獻統稱為《三種悉地破地獄儀軌》，亦即《三種悉地破地獄轉業障出三界祕密陀羅尼法》、《佛頂尊勝心破地獄轉業障出三界祕密三身佛果三種悉地真言儀軌》、《佛頂尊勝心破地獄業障出三界祕密陀羅尼》。在最澄的時代，這些文獻尚未問世，後世的安然曾見過其中一部著作。安然的著作《八家祕錄》卷上記有《尊勝破地獄陀羅尼儀軌》，《胎藏界大法對受記》之中則有《尊勝破地獄法》。

上、中、下三品悉地中，列有「阿鑁藍哈欠」等三種真言的儀軌，對新義真言宗的覺鑁（一〇九五—一一四三）的主要著作《五輪九字明祕密釋》影響亦深，堪稱是日本密教史的一大議題。

貞元二十一年（八〇五）五月五日，最澄於此日受傳雜密之際完成付法相承。《內證佛法相承血脈譜》之中，在稱為「雜曼荼羅相承」的部分，記載了草堂寺的大素傳授冥道無遮齋法抄本（《越州錄》記載為一卷）與五佛頂法，檀那行者江祕授予普集會壇與如意輪壇，開元寺的靈光則傳授軍荼利菩薩壇法。學者針對五月五日這個限定日期而提出幾種解讀方式，但在當日傳授密法應是不爭之事實。

五月中旬，最澄纂成《越州錄》後，於十八日啟程歸航。

（三）歸國——最初的灌頂

延曆二十四年（八〇五）六月五日，最澄所乘的第一艘遣唐使船返回對馬國（長崎縣）下縣郡阿禮村，繼而抵長門國。最澄返國後，朝廷首先最企盼的就是密法傳承，故於九月七日在高雄山寺舉行日本最初的灌頂儀式。《叡山大師傳》並未記載日期，但在《顯戒論緣起》所收的〈傳三部三昧耶公驗一首〉之中，發現「延曆二十四年，歲次乙酉次九月七日。有敕於清瀧峯高雄道場，起都會大壇，命最澄阿闍梨傳授大安寺僧廣圓。預灌頂者摠有八人，是皆第五付屬也」。

第五付屬是指最澄稟受順曉授予的印信及付法文，本人為第四付屬，這意味著形成善無畏—義林—順曉—最澄的法脈，就此秉承順曉的教傳。

最澄是奉敕修持密法，且為染疾的桓武天皇所修。最著名的事蹟是在平安京西郊所建的壇場中，舉行繪有五佛頂淨土、大曼荼羅各一幅的灌頂密法（《叡山大師傳》），或在殿內修行毘盧遮那法（《日本後紀》延曆二十四年九月十七日）等。

（四）國家公認的年分度者

平成十八年（二〇〇六）正值日本天台宗開宗一千兩百年，並舉行各種活動。這項因緣始於延曆二十五年（八〇六）一月三日，最澄請求朝廷准許加入兩名天台法華宗的年分度者（國家公認僧侶），並於該月二十六日獲得朝廷准可，故將此日定為開宗之日。

年分度者規定天台修習者二名，分別是「讀《大毘盧遮那經》（《大日經》）」、「讀《摩訶止觀》」，亦即制定所謂的遮那業與止觀業。遮那業是以《大日經》為代表，含攝密教各領域，止觀業則可改稱為實修四種三昧。弘仁九年（八一八）五月的〈天台法華宗年分學生式〉（《山家學生式》中的六條式）是從護國觀點，分別說明「凡止觀業者，年年每日，長轉長講法華（《法華經》）、金光（《金光明經》）、仁王（《仁王經》）、守護（《守護國界主陀羅尼經》）守護諸大乘等護國眾經」，「凡遮那業者，歲歲每日，長念遮那（《大日經》）、孔雀（《孔雀王經》）、不空（《不空羂索經》）、佛頂（《一字佛頂輪王經》）諸真言等護國真言」。

然而，年分度者並非即時舉行得度儀式。大同五年，四年一度共有八人得度，並於宮內舉行金光明會。此後，可從〈天台法華宗年分得度學生名帳〉查知得度僧姓名，其中脫離比叡山者不在少數。此外，尚可發現重要的住山弟子名錄其中，例如，圓仁即列在弘仁五年（八一四）的止觀業得度僧名冊中。

（五）最澄與空海

空海於大同元年（八〇六）返國，此後與最澄數度書簡往返，最終卻陷入絕交，這段事蹟已是耳熟能詳。關於兩者的交流情況，可從幾封往覆書簡中略窺端倪（高木訷元，一九九九）。首先是空海編撰《請來目錄》，最澄在借覽此書抄寫之際，得知空海攜歸新典籍，故又致書函請借。大同四年（八〇九）八月再度請借十二部文獻，其中包含《不空三藏表制集》，此後最澄在著述《顯戒論》之際甚為倚重該書，成為極其重要的典證依據。

最澄對空海自謙為弟子，信函中更是極盡謙抑，殷切禮請示教。這封書簡仍有撰寫時間為何時的問題，至今懸而未決。最澄於弘仁四年（八一三）十一月致書於空海，請求借抄《文殊讚法身禮》、《法圓圖》、《注義》、《理趣釋經》，而問題就在於應如何解讀借閱「《理趣釋經》一卷」一事。最澄的致書日期為二十三日或二十五日，此事毋庸置疑。另有一說指出「《理趣釋經》一卷」為後世誤添，此外，更有說法指出請借該書的日期，應與最澄的親筆書簡〈久隔帖〉日期同為十一月二十五日（高木訷元，一九九〇）。雖有學者採取同樣立場針對二十五日進行解說，《傳教大師全集》所收的〈傳教大師消息〉記載日期為十一月二十三日，亦無法全然否定其真實性。

總之若根據上述說法，最澄於十一月二十三日派遣貞聰向空海請借《理趣釋經》，二十五日再度託囑貞聰，將書簡（〈久隔帖〉）交託於泰範（七七八—八三七？，有關泰範生卒年的疑問，可參照武內孝善，二〇〇六）。〈久隔帖〉文中並未提《理趣釋經》，卻請託泰範將書簡代為轉交空海，這堪稱是暗中催促空海出借《理趣釋經》。這兩封書簡的日期，或許皆是十一月二十五日（塩入亮忠，一九三七）。

然而，將此問題複雜化的書簡，卻是《續遍照發揮性靈集補闕鈔》卷十所收的〈叡山澄法師求理趣釋經之答書〉。空海在答書中，對居上位的最澄措辭嚴烈，故有研究指出文中的澄法師並非最澄，而是圓澄（赤松俊秀，一九六五），這項觀點雖引發議論，但未必就是定論（武內孝善，二〇〇六）。

空海拒絕出借《理趣釋經》的理由之一，是基於經文內容是以十七清淨句為依據的大樂思想。如同最澄在《越州錄》中列有〈理趣品別譯經〉一卷般，曾請歸不空所譯的《理趣經》。此外，最澄與德一論爭之際，是以《理趣經》的名稱來稱呼《大般若經》卷五七八的般若理趣分，並藉此針對窺基（六三二—八二）所撰的《大般若波羅蜜多經般若理趣分述讚》來進行議論（大久保良峻，二〇〇七）。對最澄而言，或許是出於對未知文獻的閱讀渴求而向空海請借。

此外，最澄與空海的關係，應從最澄接受空海的灌頂傳授，以及門徒泰範背離師門來予以掌握。空海在高雄山寺分別於弘仁三年（八一二）十一月十五日舉行金剛界灌頂，以及十二月十四日舉行胎藏（界）灌頂。這並非正式的灌頂儀式，而是所謂的結緣灌頂或持明灌頂。

有關泰範此人的生涯成謎，僅知曾深受最澄器重，即使日後改投空海門下，最澄對其惜愛之情仍溢於言表。根據最澄於弘仁三年五月八日的遺囑所示，曾任命泰範為山寺的惣別當兼文書司，泰範卻於六月二十九日向師請辭，最澄在當日書簡中流露痛心震驚之意，從致泰範的書簡中，亦可見其訴求之悲切。弘仁七年（八一六）五月一日，最澄在最後書簡中仍顯露深切的哀願，吐露日本天台宗開祖方有的肺腑之言：「法華一乘、真言一乘，焉有優劣之別？」空海在替泰範代為答覆的書簡中，同樣引用此句來表述彼此立場的歧異。這篇文書為泰範致最澄的〈叡山澄和上啟之返報書〉，收錄於《續遍照發揮性靈集補闕鈔》卷十。

如後文所述，最澄在與空海絕交後仍重視密教，但在《依憑天台集》序中，遺有「新來真言家泯滅筆授相承」之語，隱含與空海訣別之意。這篇序文並非與正文同時撰成，而是添補於三年後的弘仁七年（八一六）。

（六）最澄與德一的論爭

弘仁八年（八一七）春，最澄訪歷東國，此年二月為了破斥德一著作《佛性抄》而撰《照權實鏡》，推定著作應完成於赴關東之時（薗田香融，一九七四）。除《佛性抄》之外，德一的著名論書尚有《中邊義鏡》三卷、《惠日羽足》三卷、《遮異見章》三卷，但僅能從引用部分知其內容。德一的現存著作唯有《真言宗未決文》，其性質有別於天台宗、法相宗的三一權實論爭，這部分將在後續探討。

最澄駁斥德一的著作為《守護國界章》九卷、《決權實論》一卷、《通六九證破比量文》一卷、《法華秀句》三卷（或五卷）等。其中最重要的是初期諍論著作《守護國界章》，撰於弘仁九年（八一八），此書的撰寫目的在於破斥德一《中邊義鏡》。然而，在此卻出現一大問題，反映出研究者的諸多見解。若要說此問題究竟為何，就是在探討《中邊義鏡》首先批判的是何種文獻。曾有一項值得關注的研究，就是將批判文獻假稱為《天台法華義》，作者並非針對最澄，而是以道忠教團的某位人物為探討對象（田村晃祐，一九九二）。這項假說深具影響力，卻未能成為定論。

最澄為論爭所撰的最後一部著作是《法華秀句》，亦有一說指出此書全三卷的中卷（由本、末二卷構成）原本是其他文獻。《法華秀句》亦有以《法華輔照》為題名而被引用，卻不限於中卷，故仍有待商榷。總之此書是藉由「法華十勝」來闡論《法華經》的殊勝至妙，其中有探討即身成佛的篇章「即身成佛化導勝第八」，成為此後法華圓教即身成佛論的指標，就此發揮極大功能。

（七）大乘戒獨立

對最澄而言，大乘戒獨立是其畢生所願。最澄示寂於弘仁十三年（八二二）六月四日，朝廷於七日後的六月十一日核發太政官符，准許成立大乘戒。這意味著透過《梵網經》的十重四十八輕戒（五十八戒）授戒，促使天台宗得以獨立。

延曆四年（七八五），最澄於二十歲（或十九歲）之際，在東大寺受具足戒（四分律）。據說此戒具二百五十戒，意味著受戒後方具有僧伽身分。然而，《叡山大師傳》卻記載弘仁九年（八一八）暮春（三月），最澄自稱：「自今以後，不受聲聞之利益，永乖小乘威儀。」二百五十戒是小乘戒，最澄向眾弟子告以棄捨小乘戒律之際，時年五十三歲（或五十二歲）。

弘仁九年五月，最澄制定六條式（〈天台法華宗年分學生式〉），並奏呈於朝廷。奏表中可見「照千一隅」的用法，究竟是原文如此，或另被解讀為「照于一隅」，則成為探討課題（有關拙見認為應是「照千一隅」的相關探討，請參照大久保良峻，二〇〇四b）。六條式規定年分度者受大戒之後，十二年內不得出三門、亦即閉關十二載，此年限是根據《蘇悉地經》所制定。

最澄更於八月提出八條式（〈勸奬天台宗年分學生式〉），翌年弘仁十年（八一九）五月提出四條式（〈天台法華宗年分度者回小向大式〉）。四條式說明佛寺有三種形式，亦即「一向大乘寺」、「一向小乘寺」、「大小兼行寺」。設置的上座尊像，分別是文殊師利菩薩（大乘）、賓頭盧和尚（小乘）、文殊與賓頭盧二尊（大小兼行寺）。重視文殊上座的原因，是根據最澄於翌年所撰的《顯戒論》（卷中）之中，曾針對南都僧綱提出駁論所做的答覆及釋疑。在此答覆中，最澄援用《不空表制集》的記述，舉出唐朝將文殊上座置於天下諸寺食堂。如前所述，《不空表制集》正是最澄向空海請借的文獻。四條式明確記載了十重四十八輕戒是大乘大僧戒，二百五十戒是小乘大僧戒。最澄進而探討自誓受戒，若無戒師傳戒，則可允許在佛前自行受戒，成為備受矚目的課題。

四條式與奏表〈請立大乘戒表〉一併由最澄所遣的弟子光定向朝廷提出，其表文可見於《叡山大師傳》、《傳述一心戒文》卷中等文獻，與〈四條式〉的日期同為三月十五日。此奏表敘述日本天台宗與桓武天皇淵源匪淺，故向朝廷懇請大乘戒獨立，並企盼能在桓武天皇的國忌日三月十七日，在比叡山傳授菩薩大戒。

南都僧綱當然拒絕此主張，最澄遂於弘仁十年（八一九）撰寫《顯戒論》三卷，在首篇〈開雲顯月篇第一〉的開端，隨即記載僧綱連署的〈大日本國六統表〉，日期為五月十九日。若從《叡山大師傳》所收的弘仁十一年（八二〇）二月十九日的〈上顯戒論表〉記述來推斷，應於弘仁十年十月二十七日交付光定。至於記載同樣事蹟的其他表文，則收於《傳述一心戒文》卷上的「某年十一月二十一日」，此年份應指弘仁十年，可知《顯戒論》是在短期間撰成。然而，兩篇奏表中皆出現《佛法血脈》一卷（《內證佛法相承血脈譜》）的題名，日期則略早於跋文所示的弘仁十年十二月五日。

在護命、長慧、施平、豐安、修圓、泰演的共同連署下，六名僧綱向朝廷奏請拒絕設置最澄的新授戒制度。最澄遂引其奏文予以破斥，更列舉諸多證文來強調自我理念之正當性。弘仁十一年二月十九日，最澄將嘔心瀝血撰成的《顯戒論》與《內證佛法相承血脈譜》，以及〈上顯戒論表〉一併呈於嵯峨天皇。同年三月，又將採錄相關文書的《顯戒論緣起》二卷（僅上卷現存）呈於史記官。

值得關注的是，此時的最澄亦與法相宗的德一陷入論爭，弘仁十一年撰《決權實論》，翌年撰《法華秀句》。最澄生前倡導的大乘戒得度和授戒雖無法獲得朝廷認同，卻自弘仁十三年（八二二）六月示寂後，隨即獲得敕准，或許這場論爭正是獲准的一大關鍵。

三、空海的生涯

（一）入唐以前的空海

有關空海出生之年，一般定論是寶龜五年（七七四），新說法則指出是寶龜四年（七七三），學者對後者說法有所存疑（武內孝善，二〇〇六）。據武內孝善指出，最澄致泰範的現存書簡〈久隔帖〉中記載弘仁四年（八一三）的年號，與空海中壽（四十歲）之齡的賀儀有關，成為空海誕生年份為寶龜五年的依據。

空海既是宗教家，亦是大和出類拔萃的文化之士，其年少時期的際遇頗引人好奇。但在延曆二十三年（八〇四）空海得度入唐之前，其生平事蹟並未明確。

一般說法認為空海的出生地是讚岐國多度郡，幼名真魚，其父為佐伯直田公，其母為阿刀氏（可參照武內孝善對空海出生地所提出的異論，二〇〇六）。

據《續日本後紀》「空海卒傳」所述，可知空海在十五歲時受學於舅父阿刀大足，並可確定在十八歲入大學，卻未完成學業，約於二十歲入山林修行。又據《續日本後紀》、《三教指歸》記載，此時空海曾遇一沙門，並接受其傳授虛空藏求聞持法，繼而在阿波大瀧岳、土佐的室戶崎誦持其法。此後有說法指出這名沙門是勤操，《續日本後紀》、《三教指歸》則未有記載。

陀羅尼（dhāraṇ）原譯為「總持」，在解釋為咒文以前，主要用法是指記憶。善無畏譯《虛空藏菩薩能滿諸願最勝心陀羅尼求聞持法》之中，記載「若食此藥，即獲聞持。一經耳目，文義俱解。記之於心，永無遺忘」，《三教指歸》序文與《續日本後紀》則記述：「其經說，若人依法，誦此真言一百萬遍（《續日本後紀》為「讀」而非「誦」），即得一切教法，文義暗記。」

學者針對虛空藏求聞持法與自然智宗之間的關聯進行探論。換言之，據傳自然智宗是始於唐僧神叡在吉野的比蘇山寺所感得的自然智。法相宗的護命亦在比蘇山寺修習虛空藏法，他曾因最澄提出大乘戒獨立而採取對立。據《續日本後紀》（承和元年九月戊午條）所述，「（護命）月之上半入深山，修虛空藏法，下半在本寺（元興寺）研精宗旨」（薗田香融，一九八一）。

延曆十六年（七九七）十二月一日，空海時年二十四歲，撰寫《聾瞽指歸》一卷，真跡現存於世，據傳是此後改訂的《三教指歸》三卷原本。《三教指歸》是以空海在書中宣告即將出家而為人所知，亦是可藉此追蹤空海年少時期不明經歷的文獻。時至今日，可知《三教指歸》的思想倚柱儒、釋、道三教是東洋思想的本流，以及空海在少時就已具備博聞多識。

空海於延曆二十三年（八〇四）出家得度，此年即渡海入唐，此後的人生境遇發展逐漸朗然。但有學者指出，空海是在前一年（延曆二十二年）出家得度（武內孝善，二〇〇六）。

（二）入唐

空海入唐之前的行動，僅能憑空推測而已。曾有學者關注安然在主要著作《教時問答》卷三中的描述：「叡山本師（最澄）入唐之時，空海阿闍梨元為藥生」（東野治之，二〇〇七），根據此項記載，可窺知空海對藥學甚詳。但自古以來，東密碩學並不認同安然的記述（例如信證《大日經住心鈔》卷六），關於此問題，可說尚需考察。

空海於延曆二十三年（八〇四）七月六日，與大使藤原葛野麻呂（七五五—八一八）同乘四艘遣唐使船中的第一艘，自肥前國（長崎縣）的松浦郡田浦渡唐，最澄則如前述般是乘坐第二艘。第一艘船最終抵達「福州長溪縣赤岸鎮已南海口」（《日本後紀》十二）的日期為八月十日，關於航行日程如此長久的原因，學者認為主因是昔日欠缺風向知識所致，但有其他論點指出並無證據顯示此為主因。有關於此，已在前述的最澄渡唐一節中略做介紹（可參照上田雄的著作）。

《御請來目錄》記載空海於十二月下旬抵達長安城，若據《日本後紀》卷十二所述，應在該月二十一日抵達上都長樂驛之後，具體日期是二十三日。

空海在長安邂逅的諸位名德，首先最重要的就是師事於醴泉寺般若，並直接獲得般若所譯《六波羅蜜經》（《大乘理趣六波羅蜜多經》）十卷、《華嚴經》四十卷本、《守護國界主陀羅尼經》十卷等，堪稱是成果甚豐。尤其天台宗將佛法以牛乳五味轉化為喻，將醍醐味視為無上妙味，並以醍醐味擬喻為《法華經》、《涅槃經》而成立教義，空海對此產生對抗意識，促使《六波羅蜜經》的教義發揮極大功能。換言之，天台宗是以佛典《涅槃經》為根本而成立教義，但對空海而言，取得將醍醐味擬為總持門的《六波羅蜜經》，可在構築個人主張方面成為有力指標。般若在空海返國後譯經不輟，尤其在唐憲宗元和五年（八一〇）譯出示說四恩的《心地觀經》（《大乘本生心地觀經》）八卷，空海並未取得此部經藏。

在長安期間，空海終於邂逅密教的付法之師惠果。《御請來目錄》記載青龍寺惠果與空海晤面之時，所言如下：

> 我先知汝來，相待久矣。今日相見，太好，太好。報命欲竭，無人付法，必須速辦香花入灌頂。

此後，記載空海於六月上旬入學法灌頂壇，拋花而得胎藏曼荼羅的主尊大日如來，七月上旬再度拋花，仍得金剛曼荼羅主尊大日如來，並於八月上旬受沐於傳法阿闍黎位灌頂。據傳惠果對空海投華得佛皆為大日如來而讚歎不已，遍照金剛就此誕生。惠果以一身相承胎藏（界）、金剛界兩部大法，盡傳授於空海。此年（唐順宗永貞元年，八〇五）十二月十五日，惠果示寂，恰如其言「報命欲竭」，堪稱是法水瀉瓶，宿命使然。

長安青龍寺惠果與空海石刻像（陳慧蓉攝）

（三）歸國後

留學生空海原本預定將留唐二十載，長期深究密法，卻僅以數月即達成預期目標，於翌年（八〇六）提前返國。其歸國行程的具體情況不明，僅知日期是大同元年（八〇六）十月二十二日。此為《御請來目錄》的奏表所記日期，空海自返國後滯居於筑紫並彙整報告，並向朝廷說明在唐事由。《御請來目錄》記載攜歸的經論章疏二百一十六部四百六十一卷、曼荼羅及御影繪等十幅、道具九種、阿闍黎付囑物十三種。

空海請託遣唐判官高階遠成代為上呈奏表及請來目錄，自身卻住觀世音寺，等候敕准入京的時機。從筑紫出發進京的時間應是大同四年（八〇九）（高木訷元，一九九七），此後約於同年七月中旬，暫居和氣氏（為最澄之護持者）的氏寺高雄山寺。

另一方面，最澄曾將空海呈交朝廷的目錄予以繕寫，至今東寺仍保存最澄的親筆謄錄。最澄常參閱此目錄，手不釋卷，應是向空海請借而來。對最澄而言，空海攜來的最新密教文獻饒富新趣，亦判斷這些文獻能讓天台宗年分度者修持的遮那業更為完整，是天台宗的必要參考著述。最澄致函請借的日期，是在稍早的大同四年（八〇九）八月二十四日。如前所述，其中包括《不空表制集》，成為最澄在闡述中國佛教相關事宜的重要依據。

空海與最澄的交流關係，起初是最澄於弘仁三年（八一二）十月前往乙訓寺造訪空海，在寺留住一宿，獲得空海應允傳授兩部灌頂。最澄於十一月十五日完成金剛界灌頂，十二月十四日完成胎藏（界）灌頂。至十月末為止，空海已在乙訓寺居留一載，故此後應在高雄山寺舉行灌頂。空海親筆紀錄當時接受灌頂的僧名，亦即現存文書〈灌頂曆名〉。如前所述，據稱當時舉行的是結緣灌頂，與正式灌頂差異甚遠。弘仁四年（八一三）三月六日，最澄未受灌頂，是由空海為泰範、圓澄、光定及其他僧俗再度舉行灌頂之儀。

弘仁六年（八一五），空海撰寫〈奉勸諸有緣眾，應奉寫祕密藏法文〉、亦即以〈勸緣疏〉之名而為人所知的勸請抄經文書，日期記載為四月一日或二日。空海將此文書託交弟子，敦請有緣人士傳抄真言法門的經論，始有發展傳揚真言密教的活動。文書中並未謄錄題名，有說法指出是三十五卷抄，或有三十六卷抄之說（高木訷元，一九九九）。

〈勸緣疏〉是闡述密法殊勝的文書，蘊涵教判要素，亦述及法身說法、即身成佛的概念，由此顯露密乘教義的些許端倪，與空海的後續著作有所關聯。其中，若探討密教即身成佛之說的依據，最重要的莫過於《菩提心論》。從〈勸緣疏〉可知，《菩提心論》一卷亦包含在三十五卷抄之內，該著作曾交於德一。《菩提心論》闡述定性二乘得以作佛，與德一主張的教義完全對立，如此反映在德一所撰《真言宗未決文》中對密教的疑義。空海請歸的《菩提心論》成為最澄撰述的參考依據，在《法華秀句》卷上結尾之處，則被引用為二乘作佛的思想根據。如前所述，最澄是從相反立場援引《菩提心論》的教義，但並未提及《菩提心論》在彰顯唯有修持密乘才能即身成佛，而是以中國天台宗的後繼者身分，從圓密一致來詮釋及善用其說。德一對《菩提心論》的即身成佛之說抱持懷疑並進行批判，《真言宗未決文》的主張此後遭到台密、東密宗匠的批駁。《菩提心論》掀起巨大波瀾，不難想像最澄與德一在披讀之際，內心湧現百般思緒（大久保良峻，二〇〇六ａ）。

空海著作的撰寫年代或流通狀況多所不明，若從思想形成來探討其發展，亦可有所斬獲（勝又俊教，一九七〇），但畢竟所知有限。若要說空海著作中與〈勸緣疏〉有關的著述，學者則指出《辨顯密二教論》在教義方面甚為類似，應是撰於〈勸緣疏〉之後。《辨顯密二教論》並未廣傳於世，即使晚至台密的安然時期，亦不曾提及此書。

空海於弘仁九年（八一八）十一月登高野山，時年四十五歲，已與最澄早在少壯時期即入比叡山的情況迥然相異。此後空海籌建伽藍，兩年後，在其著作《文筆眼心抄》的原本《文鏡祕府論》（六卷）序文篇首中提及「金剛峰寺」。

在空海推動的社會事業中，最著名的是建造滿濃池，工程僅費時三個月。當時是由讚岐國的國司致書於空海，請其擔任別當（統轄寺務的僧官）之職以協助建池，由此書簡可知竣工時間為弘仁十二年（八二一）五月。

弘仁十三年（八二二）二月，空海於東大寺建立灌頂道場、亦即東大寺真言院，請求空海舉行灌頂儀式，並由國家公認在南都寺院設立密教道場。

弘仁十四年（八二三）正月，朝廷將東寺交由空海管理。同年四月淳和天皇即位，至十月命五十名真言密教僧住寺，禁止他宗僧侶入住，據說是與空海向淳和天皇上呈《三學錄》（《真言宗所學經律論目錄》）的日期一致（十月十日）。

至於綜藝總智院，應建成於淳和天皇在位的天長年間。天長七年（八三〇）之際，六大宗派奉敕撰寫「天長敕撰六本宗書」。空海則撰有《祕密寶鑰》一卷、《祕密曼荼羅十住心論》（《十住心論》）十卷，確立十住心教判，將真言密教推崇於無上法門。所謂十住心是指：

一　異生羝羊（住）心	二　愚童持齋（住）心
三　嬰童無畏（住）心	四　唯蘊無我（住）心
五　拔業因種（住）心	六　他緣大乘（住）心
七　覺心不生（住）心	八　一道無為（住）心
九　極無自性（住）心	十　祕密莊嚴（住）心

從第四項之後是對應佛教境地，第四是聲聞、第五是緣覺、第六是法相宗、第七是三

論宗、第八是天台宗、第九是華嚴宗、第十是真言宗。不難推測台密宗匠對此立即表以異議，有關此部分將待後述。總而言之，有別於主倡天台、真言一致、亦即圓密一致的天台宗立場，而是確立以密教為核心法義，成為後世真言碩學秉承的規範。

空海的立場是以強調佛之區別為特色。例如，天台宗將十界分為地獄、餓鬼、畜生、阿修羅、人、天此六道，以及聲聞、緣覺、菩薩、佛來構築教義。空海在《十住心論》卷一篇首提及眾生住處略分為十：

一　地獄	二　餓鬼
三　傍生	四　人宮
五　天宮	六　聲聞宮
七　緣覺宮	八　菩薩宮
九　一道無為宮	十　祕密漫荼羅金剛界宮

第九、十項是將佛界劃分為二，前者為權佛之宮。基本上，空海是以力倡顯、密有別為立足點，從一道無為宮的名稱來看，可知是強烈針對天台宗而設的配置方式。

空海於承和二年（八三五）正月向朝廷請求三名年分度者，並獲得敕准，這意味著真言宗得以獨樹一幟。空海在此年三月二十一日示寂於高野山，通常是以入定一詞表示遷化。延喜二十一年（九二一），朝廷敕諡空海為弘法大師，並配合大師尊號，至今依然成為信仰象徵。

承和元年（八三四）十二月，空海奏請在宮中舉行正月的金光明最勝會之際修持真言法，並獲得朝廷敕准，上奏日期為該月十九日。此後修持真言法成為慣例，並以「後七日御修法」（正月八日至十四日）的形式舉行。

第三節　最澄與空海的思想

一、最澄的思想

最澄將自宗稱為天台法華宗，如同他在逝前數年撰寫的《法華秀句》所示，此宗名是源自於中國天台宗以《法華經》為根本教理所建構的天台教學。最澄在《法華秀句》中高倡即身成佛的思想，是其教學上值得關注的重點，他雖以天台教學為基礎，卻提示個人獨到的見解（大久保良峻，二〇〇六a）。

最澄的教學成果大致分為三大要項，亦即尊重密教、與德一論爭、大乘戒獨立。其中尊重密教方面，與其他兩項亦有共通之處，最澄向德一誇示密教的殊勝特質，在《顯戒論》、《顯戒論緣起》中提示密教之重要性。然而，最澄並未撰寫密教方面的專門著述，僅在各著作提及密乘思想，以及從與泰範、空海的書信往來中，可知其對密教甚為重視，倡說密教與天台法華教學是相融會通。日本天台教學的最大特色堪稱是圓密一致，這項觀點雖是由最澄孕育而成，但思想未能圓熟，正因如此，方能促使後繼者完成其說。

最澄與德一的論爭是法相、天台二宗因立場相異所引發的宗論，歸結點顯而易見。雙方涵蓋各自的整體教學，可知藉此對自宗教學的理解更為透徹。尤其針對是否認同一闡提不能成佛的議題，法相宗將五姓各別說、天台宗將一切皆成說視為自宗的根本主張而進行交互探討，最後無法獲得共識。在中國雖已縝密探討佛性論爭，即使針對不能成佛的一闡提，亦分類為斷善闡提、大悲闡提、無性闡提並探討其差異性，這種方式是沿襲慈恩大師窺基（六三二—八二）的教說。此外，良源（九一二—八五）以參與宮內舉行的應和宗論而知名，當時天台、法相二宗各依教理進行論諍，雙方皆宣稱己方獲勝，卻未必表示自說毫無問題。

二、空海的思想

若說起密教，即身成佛與法身說法堪稱是兩大核心教義。尤其是最澄與空海幾乎同時力倡即身成佛思想，有關兩者的思想比較則是重要課題。下節將探討上述課題，在此首先介紹法身說法的梗概。

法身說法的問題與佛身論有關，實際上亦是中國天台宗的問題。若以對比方式來做概觀，可知天台宗的特色，在於強調被分類為三身或四身的佛身所具有的一體、相即。空海並非無法理解此說，但其特色主要是為了辨別佛身，而強調法身、自受用身之說法。

空海在《辨顯密二教論》中明確闡釋上述主張，此著作並非只是密教文獻，亦採用

《大智度論》、《楞伽經》十卷本做為佐證，在後世引發極大問題。換言之，實有必要證明兩部著作中的法身是促使密教法身說法成立的論述依據。但對空海而言，最重要的是如何區別佛身。在三身各別的說法方面，《楞伽經》的法身佛說法顯得深具意義。此點可從以下《辨顯密二教論》卷上的內文來一窺端倪：

自性受用佛，自受法樂故，與自眷屬各說三密門，謂之密教。此三密門者，所謂如來內證智境界也。等覺十地不能入室，何況二乘凡夫誰得昇堂？

如文中所示，密教闡述如來內證，如來則限定為法身及自受用身，此點正是強調密法之奧旨精深。但必須提出一問，若連十地、等覺皆無法聞知三密門，唯有佛能證達此道，那麼行者又該如何自處？台密自圓仁之後，力倡三身一體為天台教學之根柢，主張應身亦可入如來內證的教義，成為後世東密宗匠探討的課題。

然而，以偈頌「五大皆有響，十界具言語，六塵悉文字，法身是實相」而著名的《聲字實相義》則是尊重現實世界，其教說可說是通達中國天台宗的教義。安然雖未明指《聲字實相義》的作者為何人，卻深受其影響。《遍照發揮性靈集》卷三所收的〈中壽感興詩　并序〉中，從「二諦真俗俱是常住，禽獸卉木皆是法音」的句意來看，亦是表明所謂的俗諦常住。

如前所述，空海的主張顯然與中國天台宗教理有相通之處，但與其說是受到中國天台思想所影響，毋寧說是應該從以下角度，亦即透過這位博通經論的巨匠在汲取各經論的思想精華後所建構的獨特主張。如此一來，在教義上雖與天台思想有共通點，但空海確立十住心教判，將密教置於較天台宗更高二位的階次，並藉由強調佛身差異來區分密教與天台宗，這堪稱是空海思想的一大特色。

三、最澄與空海的即身成佛思想

（一）即身成佛與速疾成佛

日本天台宗與真言宗的成佛思想是以即身成佛為精髓，令人匪夷所思的是，最澄與空海幾乎在同一時期探討即身成佛，並藉此闡述自宗的成佛論。他們的思想不斷延續，實際提出機根論、行位論等諸多有待解決的問題，並隨著時代潮流而形成各種思考觀點。

筆者在此必須整理幾項觀點，首先必須探討最澄與空海的主張未必完整，故應由其後繼弟子鑽研其理，將兩者思想視為開祖的宗說，並延續其教理意義。最澄與空海皆堅持的觀點，就是速疾成佛思想。若嚴謹定義何謂即身或速疾，則兩者之意有別。然而，即身成佛與速疾成佛必須同時議論，故在處理此課題時必須格外留意。

最澄與空海皆極力主張應透過神通乘的譬喻來表示速疾的涵義，如此情況下，在成佛的各種乘載物中尤以神通最為迅速，可以乘神足通（神境通）來做比喻。神通或神通乘的譬喻，一般運用在與歷劫相對的速疾之意，速疾是理解一生成佛最具代表性的解釋。速疾是究竟剎那，亦即以瞬間移動的譬喻為基礎，是發意便達的概念。藉由神通的譬喻來誇宣即成正覺的描述，可見於《大智度論》卷三十八，《大日經》的代表注疏《大日經義釋》（《大日經疏》）之中，是根據經文要義來闡述密教的殊勝高妙。例如，應與「初發心時便成正覺」（六十卷本《華嚴經》〈梵行品〉）之中膾炙人口的名言，或「發心即到」的教義相符。若以此為前提，或許歷劫與剎那可成為對比，實際上亦出現此類相關教義。在此情況下，若考量到後世發展，或許應將發心詮釋為凡夫發心。原因就在於若在一般情況下，例如天台教學將「初發心時便成正覺」設定為初入聖者階次的初住位，即使探討剎那成佛，達證佛果的時間長短卻是問題所在。

（二）最澄的即身成佛思想

最澄採取《不必定入定入印經》來做為神通乘之典據，經文示說羊乘行菩薩、象乘行菩薩、月日神通乘行菩薩、聲聞神通乘行菩薩、如來神通乘行菩薩的五乘行菩薩，並將神通乘分為三類。其中，天台法華圓教所對應的菩薩是如來神通乘行菩薩。天台的成佛思想，首先是以龍女成佛來進行探論（大久保良峻，二〇〇六b），最澄在《決權實論》中，述說第五項的如來神通乘行菩薩為「龍女獻珠，即轉男身，南方成佛」。最澄力倡直道思想、大直道思想，認為龍女成佛為首要課題，在《守護國界章》（卷上之中）亦有將龍女成佛視為「妙法大直道」而探討的場面。

最澄的晚年著述《法華秀句》中，以「即身成佛」一詞來論述龍女成佛。換言之，《法華秀句》卷下提及的法華十勝之「即身成佛化導勝第八」，其教義特色首先在於探討身體的捨與不捨。最澄針對常平等、常差別的二義，遺有「常平等故，不出法界，常差別故，不礙取捨」的名句存世，並從常差別的觀點來認同對身體的取捨。然而，最澄是以變成男子義來探論。後繼弟子的課題，則是如何將被視為通論的不捨義所建構的即身成佛思想予以確立。在此補充說明，常平等、常差別一詞可見於據傳為南嶽慧思（五一五—七七）所撰的《大乘止觀法門》卷一，其文為：「常平等故，心佛及眾生是三無差別，常差別故，流轉五道說名眾生。」

此外，最澄成立說法，主張上品利根一生成佛，中品利根二生成佛，下品利根三生成佛。這種說法被認為是三生的隔生成佛，與其說是即身成佛，或許應說是速疾成佛的思想。原因是若將成佛當下的生身不捨予以理論化，則歷經數次隔生後即有可能成佛。最澄的三生說未必是常被後世傳承的思想。

將成佛果位做為「分真之證」，此與天台教學在基本上將龍女成佛置於五十二位中的初住位情況相符。初住位在天台思想的六即之中，相當於分真即（分證即）。

最澄的即身成佛思想，成為日本天台宗即身成佛思想的起點，有待後續碩學孜孜深究，並能闡明問題癥結所在。然而，即身成佛思想具有多元化的特性，尤其是圓仁在初期力倡生身不捨之說，其弟子憐昭記述的《天台法華宗即身成佛義》，以及安然撰著的《即身成佛義私記》，皆以師說為思想根柢（大久保良峻，一九九八）。

（三）空海的即身成佛思想

時至今日，有關空海的即身成佛思想，若包含一般書籍在內，付梓出版的著作已甚豐富，故筆者僅針對空海的基本思想及某些問題點來做探討。首先是神通方面，空海在返國後所撰的《御請來目錄》之中，可見以下重要記述：

> 又夫顯教則談三大之遠劫，密藏則期十六之大生。遲速勝劣，猶如神通跛驢。

由此明顯可見顯教需歷經三大阿僧祇劫（歷劫），相對之下，密教則主張速疾成佛。十六生成佛是以《金剛頂經》系統為核心的成佛論（福田亮成，一九八七），一般不採取隔生成佛義。神通往往與其他乘載物形成對比，《遍照發揮性靈集》卷二所收的空海撰〈阿闍梨惠果和尚之碑〉中，以牛羊為對比，《御請來目錄》則以跛驢為示例。如前所述，神通是主張速疾成佛的乘載物。從以下《十住心論》序文可知，與其說是一念，毋寧說是與歷劫成佛互為對比的一生成佛。

歸路有徑紆，所乘有遲疾。牛羊等車，逐紆曲而徐進，必經三大無數劫。神通寶輅，凌虛空而速飛，一生之間，必到所詣。

《即身成佛義》被視為空海表達即身成佛思想的核心著作，撰述年份不明，但從即身成佛思想與此書的代表性概念、亦即六大思想中分析其關聯性，再參照其他文獻後，亦有一說指出是以天長元年（八二四）為撰寫年代的標準（勝又俊教，一九七〇）。「即身成佛」並非密教特有之說，但做為密教術語的論典依據，則是出自《菩提心論》的「唯真言法中即身成佛」，並成為《即身成佛義》的二經一論八證文之一。此外，從《菩提心論》中徵引的另一句證文：「父母所生身，速證大覺位」，則在說明即身成佛的意涵上十分重要。其實包括此點在內，應如何理解即身成佛的問題早已積累如山。東密碩學自古精研《即身成佛義》，完成許多詮釋豐富的注釋書，如今甚少採用，探討這些著作卻成為課題之一。

《即身成佛義》中仍有幾項問題點尚須闡明，但因內涵充實，在做為後續密教成佛論的發展起點上，是至為重要的著作。以下引用的二頌八句，正是此書的神髓所在：

六大無礙常瑜伽（體）
四種曼荼各不離（相）
三昧加持速疾顯（用）
重重帝網名即身（無礙）
法然具足薩般若
心數心王過剎塵
各具五智無際智
圓鏡力故實覺智（成佛）

《即身成佛義》繼八證文之後書以此偈，並進行解說。二頌八句被視為一種準則運用，成為即身成佛的立論依據。這是基於入我我入、感應道交所示般，可徹底了知佛與眾生的交涉。

在此補充說明，曾有說法指出《即身成佛義》是偽撰之作，真言宗學者則否認此說。檢討此議論之際，卻無法證明其真偽（大久保良峻，二〇〇四a）。若根據自古傳承，即可說是空海親撰，但若心存疑慮，則視為偽撰亦無不可。筆者認同後者之說的可能性較高，但仍持保留態度，僅以客觀角度指出問題所在，並視為探討課題。

首先，台密的安然是最初積極採用《即身成佛義》，更援引《聲字實相義》、《四種曼荼羅義（口決）》，卻沒有明確記載該書的撰述者為何人。從安然在《教時問答》中引述的內文來看，應參照古寫本的內容，若僅以新校訂的資料做為探論，則將是無謂之舉。此外，昔日主張《即身成佛義》乃是空海真撰，更依據承和二年（八三五）正月二十二日的太政官符來證明《即身成佛義》、《聲字實相義》、《四種曼荼羅義》亦為空海著作。然而，如今此官符的真確性亦遭否定。這種昔日為了證明空海真撰而提出的證據，目前則無法成為引證。

然而，根據自古判斷認為是空海真撰的文獻甚多，即使無法直接證實，亦多認為理應遵照傳統的說法。若從《即身成佛義》是偽撰的角度來探討，則需經由其他觀點為佐證，究竟該如何確定真偽，期盼今後研究能有所發展。在此筆者不惜多做說明，太政官符中記載做為修密之用的三部文獻，向來被視為空海真撰並受到深入研究，由此亦可推知自古碩學就是實際引述並積極採用此官符來著手研究。

天台宗與真言宗的一大特色，就是將即身成佛做為自宗成佛論來進行論述。二宗的出發點皆分別以最澄、空海為開祖，此點顯得意義非凡。天台、真言二宗的後繼弟子應予以闡明的幾項問題點中，例如必須詳細探討行位論或機根論，並提出新研究方向。如同安然在批判空海論點的同時卻深受其影響般，天台、真言二宗的交流與交涉，將成為新發展的一大要因，此點不可等閒視之。

第四節 天台宗的發展

一、最澄、空海之後

天台、真言二宗的開祖示寂後，彼此發展的差異日益顯著。或許空海仿效《維摩經》，據傳曾有十大弟子。這些門弟分別是《遍照發揮性靈集》的編者真濟（八〇〇—六〇）、真雅（八〇一—七九）、道雄（？—八五一）、圓明（？—八五一）、真如（？—八六二）、忠延（？—八三七？）、杲鄰（七六七—八三七？）、實惠（七八六—八四七）、泰範（生卒年未詳）、智泉（七八九—八二五）。此外，尚有小栗栖法琳寺的常曉，曾傳授太元帥法之大法。

真言宗在空海示寂後停滯不前，密教勢力轉由台密發展，這意味著比叡山宗風鼎盛。若論其原因，就在於空海具備卓越的建構能力，如同他提出最具代表性的十住心構想般，早已樹立了堅固不移的教理做為宗門規章。至於台密方面，最澄雖闡述天台宗與密教一致、融合，卻將確立具體教義委由後繼弟子來負責，比叡山的學僧發展出較空海在長安修學時期更新穎的密乘教旨。正因台密未能圓熟發展，身為遣唐使的圓仁，以及藉其他途徑入唐的圓珍，兩者取得的典籍和圖像已凌駕當時空海請歸的數量。再加上傳授修法，就整體來看，具有一氣呵成之勢。此後，安然不僅針對密法教相，更涵容事相在內而集其大成。安然完成台密的獨特教義，更擷取空海教理，其意圖可說是志在將過去發展的密教予以完整統合。

在比叡山，雖有圓仁、圓珍、安然樹立天台圓教與密教融會的圓密一致教義，其實對於最澄的嫡傳弟子而言，該如何處理密教成為重大問題，故遺留唐決（收錄於《日本大藏經》、《卍續藏經》）的形式。尤其是圓澄（七七一—八三六）對於《大日經》的天台教判定位提出疑問，天台山的廣修（七七一—八四三）認為是五時中的第三時，屬於方等部經典，廣修的弟子維蠲（生卒年未詳）對此提問，亦明確答覆是屬於方等部。然而，圓珍對此判定表示不服，據傳撰寫《大日經指歸》直接進行批駁。附帶一提，由德圓（七八五—八四三？）提問、長安的宗穎（生卒年未詳）解答的唐決，最終認為《大日經》是攝第五時，堪稱是日本天台宗主倡圓密一致之先例。

二、圓仁

（一）出生至創建橫川

圓仁於延曆十三年（七九四）生於下野國（栃木縣）都賀郡，幼名未詳。據「卒傳」

（《三代實錄》卷八，貞元六年正月十四日條）所述，圓仁在九歲時受託付於大慈寺的廣智。廣智有廣智菩薩之稱，其師道忠亦被尊為菩薩。據《慈覺大師傳》所述，圓仁隨廣智登比叡山，並於大同三年（八〇八）十五歲時初謁最澄。傳記中述及最澄提示的教誡：「吾常弘傳二諦不生不滅之旨，而世人偏信不生滅之義，未解不生滅之理。汝以此義流傳於世，弘通圓教，利益有情」，堪稱是向圓仁勸說應弘傳「俗諦常住」的法理。三千院本《慈覺大師傳》記載最澄垂示此教誡的時間是「數年以後」，同版本的傳記與《卒傳》皆記載師徒初時相見的年份是大同末年（大同五年），故應考察最澄時齡是否為十五歲。

圓仁在遮那業、止觀業的年分度者中是屬於後者，〈天台法華宗年分得度學生名帳〉記載時間為弘仁五年（八一四）。

最澄於弘仁八年（八一七）巡化東國之際，圓仁隨師同行，並為籌建寶塔（六處寶塔）而遠赴下野的大慈寺、上野的綠野寺，從兩國中各選十僧，授予傳法灌頂。據《慈覺大師傳》記載，圓仁亦是獲授灌頂者之一。傳記中載錄此年三月六日，最澄為德圓、圓仁傳授圓頓菩薩大戒。

弘仁十四年（八二三）圓仁入山閉關，預計十二年，最澄於前一年示寂。六年後，圓仁受比叡山薦請，於天長五年（八二八）為化眾而出三門。其中以訪歷東北地方意義尤為重大，但在《慈覺大師傳》中卻著墨甚少。至天長十年（八三三）四十歲之際，圓仁身羸眼花，遂於比叡山橫川結草庵而蟄居不出。在歷經三年病苦療癒後，將採用石墨及草筆繕成的《法華經》一部供於小塔安置堂中，後稱為如法堂。

（二）入唐求法與後續發展

圓仁於入唐之際，撰有日記《入唐求法巡禮行記》，是極富盛名的著作。此著作的文獻價值，不僅包含會昌廢佛的佛教事件記載，亦含括歷史及語學等廣泛領域。這些記載不僅受到駐日大使賴世和（Edwin Oldfather Reischauer）矚目，亦獲得歐美及中國的研究者關注。此後圓珍是以留學僧而非遣唐使的身分渡唐，故於承和五年（八三八）出使入唐的圓仁，被視為最後一批遣唐使（佐伯有清，一九七八），當時一同成行的僧侶尚有圓行、圓載、常曉。

圓仁耗時多年方能遠渡唐土，自七月二日登岸後，開啟入唐求法之行。承和十四年（八四七）九月返國後，筆者將圓仁在入唐期間的主要受法歷程予以彙整。值得關注的是圓仁切望參詣天台山，最終卻難以遂願。

圓仁在長安獲得的經論章疏，在其所編的《入唐新求聖教目錄》中記載為四百二十三（或四百二十二）部五百五十九卷，更述及「胎藏、金剛兩部大曼荼羅及諸尊曼荼羅、壇像并道具等二十一種」，此段記載亦見於《慈覺大師傳》。《入唐新求聖教目錄》載錄於長安、五台山、揚州等地所得書籍，共五百八十四部八百零二（或八百一十）卷，可知在長安取汲經籍成果豐碩。

圓仁入唐期間主要受法歷程

受法者	受法內容	時間	備註
宗叡	梵書（悉曇）	開成三年（八三八）	
全雅	金剛界	開成四年（八三九）	胎金兩部曼荼羅等
志遠（五台山）	止觀	開成五年（八四〇）	
元政（大興善寺）	金剛界	開成五年（八四〇）十月至會昌元年（八四一）二月	
義真（青龍寺）	胎藏界、蘇悉地	會昌元年（八四一）	
法全（玄法寺）	胎藏界	會昌二年（八四二）	
元侃（元簡）（大安國寺）	悉曇	會昌二年（八四二）	
寶月三藏（南天竺國）	悉曇	會昌二年（八四二）	
宗穎（醴泉寺）	止觀		

日光山輪王寺本堂為東日本最大木造建築，相傳是由慈覺大師圓仁所創建，屬天台密教形式殿堂。（秦就攝）

對求法僧圓仁而言，自唐武宗會昌二年（八四二）之後，恰是苦難多舛的滯留時期，會昌五年（八四五）一度被迫還俗，甚至為了蒐集的釋教聖典將如何安置而深陷苦慮中。圓仁在歷經艱忍困乏後，所幸得以攜歸聖典，唐宣宗大中元年（八四七）九月獲准返國，當月即抵達九州。

承和十五年（八四八）春，圓仁返平安京而入比叡山，據《慈覺大師傳》記載，首先改傳法華懺法。傳記繼而記述灌頂，圓仁實修灌頂的時間是嘉祥二年（八四九）五月，受三昧耶戒者為一千餘人。

嘉祥三年（八五〇）三月，圓仁於清涼殿修七佛藥師法，與後述的熾盛光佛頂法同為叡山四大法。熾盛光佛頂以祈福禳災靈驗著稱，圓仁宣說勤修熾盛光法之餘，將最澄曾欲在比叡山某特定地點建立道場的相關要旨奏於朝廷，同年即獲准建立惣（總）持院。九月道場未建之時，朝廷下詔遴選十四名僧人修習熾盛光法，由此可知天台密教發展如日中天。同年，圓仁奏請設置金剛頂與蘇悉地的年分度者，朝廷於十二月核發太政官符予以敕准。

仁壽元年（八五一），圓仁改採五台山的念佛三昧，並傳授於弟子，更始修常行三昧，此年撰寫具代表性的著作《金剛頂經疏》七卷。仁壽四年（八五四）四月，圓仁繼義真、圓澄之後，成為延曆寺第三任座主。此年十一月，向朝廷奏請准授安慧、慧亮為三部大法阿闍黎。所謂三部是指胎、金兩部與蘇悉地，形成台密的獨特風格（有關蘇悉地的詳細研究，請參照三崎良周，一九八八），據說此為透過太政官符首次授予三部大法阿闍黎之位。在此補充說明，至貞觀二年（八六〇）閏十月，始有授予兩部大法阿闍黎的僧階。至於與《金剛頂經疏》並稱的《蘇悉地經疏》七卷亦是圓仁在密教方面的代表著作，撰寫時間為齊衡二年（八五五）。圓仁請歸的《大日經義釋》十四卷與這兩部自身著作，促成台密的三部注疏得以完備。據傳圓仁為了了解所撰的兩部經疏是否通達佛意，曾將著作安奉於佛像前，歷經祈禱七日七夜，終於在五日五更之際夢見箭中日輪而轉動不止，故而領悟應將著作廣宣流布（《慈覺大師傳》）。

此後，圓仁於貞觀六年（八六四）正月十四日示寂之前，為天皇及朝臣傳授菩薩戒、三昧耶戒，並施授灌頂，悉心培育後學。圓仁於示寂前日（十三日），向弟子遍昭（照）（八一六—九〇）交付遺囑，因自身未能親授兩部灌頂於遍昭，故要求安慧代為傳授。遍昭於翌年夏季向安慧受學三部大法。

如前所述，貞觀八年（八六六）七月，圓仁、最澄是日本最初獲得敕贈大師謚號的高僧，其尊號是由圓仁的弟子相應（八三一—九一八）奏請准授。相應在日後則被尊為回峰行之祖（《天台南山無動寺建立和尚傳》）。

（三）圓仁的教學

圓仁撰有台密宗典《金剛頂經疏》、《蘇悉地經疏》，另有著作《顯揚大戒論》八卷。圓仁發展的即身成佛思想，並不認同捨棄肉身，而是徹底重視生身。有關其主張，可見於憐昭記《天台法華宗即身成佛義》、安然撰《即身成佛義私記》，對安然的密教學亦產生莫大影響。

學者探討圓仁教學的觀點甚多，筆者針對安然在後世集其大成並形成台密的根本教義，在此先以《金剛頂經疏》、《蘇悉地經疏》為主略做探討。

首先，最重要的是記述大興善寺阿闍黎的教示，據傳此僧名為元政。換言之，《金剛頂經疏》卷一是以大興善寺阿闍黎的講說為根據，若從真言密教的立場來看，如來示說皆是真言祕密道，書中介紹此為「一大圓教」，成為安然在《教時問答》中所完成的絕待判、並以此教判做為一大圓教論的起點。絕待判是指廢除相對性的絕對教判，主張依如來所見一切唯有真言密教而已。

此外，台密以示說密教與《法華經》融會、一致為其特色，闡述大日如來（毘盧遮那如來）與釋迦互為一體。有關於此，《金剛頂經疏》卷三亦記述大興善寺的阿闍黎所說《法華經》的久遠成佛，是指此經（《金剛頂經》）的毘盧遮那佛。對台密而言，元政的言論極具影響力。

值得關注的是，圓仁在《蘇悉地經疏》卷一倡說個人的教判論，在後世成為具有指標性的論說。總而言之，圓仁將佛教整體分類為顯、密二教，與空海主張不同之處，在於將小乘佛教視為顯教，大乘佛教視為密教。進而將密教分為兩類，將屬於大乘教法的《華嚴經》、《維摩經》、《般若經》、《法華經》分類為理祕密教（唯理祕密教），《大日經》、《金剛頂經》等分類為事理俱密教。這種教說可能在事方面、亦即在事相（實踐）上被視為是主張密乘經典《大日經》、《金剛頂經》居於優勢的特質，比叡山碩學因關注理的平等性，故成為圓密一致的教說根據。在此情況下，理祕密教不僅包含《法華經》，亦包括其他大乘經典，因而形成問題，故一般以《法華經》為中心來探討。

總之，圓仁構築了台密特有的教學，堪稱是確立與東密並駕齊驅的教義立場。在圖像方面，圓仁請歸的金剛界八十一尊曼荼羅被視為台密系統的曼荼羅，故而備受矚目（高田修，一九六三）。這幅曼荼羅的最大特色在於鳥獸座，是根據金剛智譯《金剛頂瑜伽中略出念誦經》所繪製而成。此譯經版本分為四卷本、六卷本，近年發現《金剛頂經疏》所引的六卷本亦有數種版本存世。

三、圓珍

（一）生平概觀

目前有關圓珍生平的研究雖有數篇，實際上卻有許多問題點尚未釐清。這些著作仍促使過去的研究發展，並提供新的全貌。此外，《園城寺文書》出版後，給予研究者極大便利。至於其他個別的相關論文，可說是對圓珍這位人物漸有剖析。在此僅概述圓珍的人生發展，並指出幾項問題點。

圓珍於弘仁五年（八一四）生於讚岐國，與空海是親戚關係，一說為空海之侄（甥），另有說法指出其母為佐伯直氏後裔，是空海的侄女。

天長十年（八三三），二十歲的圓珍以止觀業學生身分得度，卻心繫於遮那業，自認是密教學僧（佐伯有清，一九九〇）。承和五年（八三八）冬，圓珍正值為期十二年閉關修行的中間階段（預計承和十二年出關），就在石龕內坐禪之際，與金色不動明王對面，故請畫工繪寫其像。據《天台宗延曆寺座主圓珍傳》（《圓珍傳》）所述，當時確實存有此畫。一般研究觀點是從此畫與現存的祕佛黃不動尊（金色不動明王）之間的關聯來進行探討，黃不動尊是以不動明王像的傑作而享有盛名。然而，《圓珍傳》的記載與黃不動尊之間的關聯尚無定論，可能皆以傳達圓珍的不動明王信仰為目的。此外，圓珍於承和九年（八四二）獲受德圓所傳的三種悉地法。

圓仁於承和十四年（八四七）返日，圓珍則在仁壽三年（八五三）渡唐。在此期間，圓珍未曾受過圓仁的諸多教傳，在日後的回憶述懷中，則記載曾向圓仁修習大日如來胎藏尊法（木內堯央，一九八四）。圓珍的入唐期間是從唐宣宗大中七年（八五三）八月，至大中十二年（八五八）六月。圓珍入唐的相關課題，可詳見小野勝年的研究（小野勝年，一九八二、八三）。有別於圓仁渡唐的境遇，圓珍得以往詣天台山，問題卻在於與圓載的重晤過程。圓珍在《行歷抄》之中，對圓載的行徑予以嚴加撻伐。大中九年（八五五）五月圓珍抵達長安，在青龍寺與法全會晤則是最重要的事蹟。法全是傳授圓珍密法的諸師之一，此年圓珍獲傳胎金兩部灌頂及蘇悉地大法，但在長安之際，因與圓載一同受法而衍生問題。

圓珍返國時攜歸大量文物，並以密教經論及遺軌為主，或曼荼羅等各種圖像，這意味著台密成果充盈，足以凌駕空海請歸的密法。圓珍攜歸的《胎藏圖像》、《胎藏舊圖樣》、《五部心觀》，成為密教圖像研究不可或缺的史料。

貞觀四年（八六二），圓珍住園城寺（三井寺），據傳為東密的宗叡傳授兩部大法。貞觀十年（八六八）六月，圓珍就任第五任延曆寺座主，有關此後的傳法活動，在此略而不述。仁和三年（八八七）獲准兩名年分度者，一名修持大毘盧遮那經業，為大比叡神分，另一名修持一字頂輪王經業，為小比叡神分。這種制度與比叡山的佛頂如來信仰與山王信仰有關，是值得關注的課題。圓珍於寬平三年（八九一）十月二十九日示寂，延長五年（九二七）十二月，獲贈諡號為智證大師。圓珍有山王院之稱，是取自他在比叡山的住房名稱。相對於圓仁的前唐院稱號，圓珍則被稱為後唐院。

（二）圓珍的教學

若欲綜合闡述圓珍的教學特色十分困難，其中一大原因就在於部分文獻已佚，現存文獻的彼此性質則差異頗大。

若述及圓珍思想，《大日經指歸》是最常探論的核心課題。然而，對此著作必須審慎處理，原因是此書問題甚多，至少應將主題設限在「《大日經指歸》的思想」，筆者先針對此書進行探討。

首先，《大日經指歸》的撰述年代眾說紛紜，未有定論。《大日經指歸》若為圓珍所撰，可確定並非其晚年之作。原因是圓珍於暮年之際，曾表示應將自己請歸的十卷本《大日經義釋》，與圓仁請歸的十四卷《大日經義釋》一同並重（《義釋目錄緣起》、《義釋目錄》），故與《大日經指歸》採用《大日經疏》的情況不符。

《大日經指歸》的核心主張，是由提出以下兩種立場的異論所構成。其一是反對中國天台宗的廣修、維蠲在決答之際的說法，兩者認為應將《大日經》判為《法華經》之前的方等部經典（針對圓澄提出疑問所答覆的唐決）。對於中國天台山的權威，甚至以「唐朝老宿」評之。其二是責難空海所撰的《十住心論》。這項議論出自標榜圓密一致的日本天台宗，乃是理所當然，安然的立場大抵亦是如此。附帶一提，《大日經指歸》述及：「於是唐朝老宿，貶醍醐於生蘇。本國幼童，濫甘露乎毒乳。」與「唐朝老宿」並列的「本國幼童」之喻，亦可見於《山門穴太流受法次第》（佛全二）、尊舜（一四五一——一五一四）所撰《二帖抄見聞》卷下（《天台大師全集》九）等，如同這些著作所指對象為空海般，從《大日經指歸》整體文脈來推測，「本國幼童」應是指空海。

問題就在於《十住心論》的批判方法（詳細內容可參照大久保良峻，二〇〇四 a〈第五章　台密教判的問題點〉）。台密是以《大日經義釋》、《大日經疏》的四心義（可參照《密教大辭典》）為依據來批判十住心，東密則採取各種解釋而提出駁論。《大日經指歸》的說法雖與安然在《教學問答》中對空海的批判有共通之處，但《大日經指歸》不僅與安然見解一致，圓珍在表述個人見解之際，亦提供些許不同角度。此外，圓珍在著作《疑問》及六十九歲撰寫的《些些疑文》中，針對同樣字句的解釋已與《大日經指歸》的詮釋不同，或許是隨著時間改變而有不同領會所致。總而言之，《大日經指歸》的表述方式鏗鏘有力，若視之為圓珍的撰寫特色，則應留意在此點或內容方面，與其他著作未必有類似。然而，前文提及圓珍在《行歷抄》中批判圓載，措辭亦是十分辛辣。

此外，密教方面值得矚目的課題，尚有圓珍重視凡夫位的發心，此部分可見於十卷本《大日經義釋》卷末背面的注釋、補遺或《大日經疏抄》。十卷本《義釋》的補遺等是以獨立文獻的方式傳世，亦可從續天台宗全書的《大日經義釋》所採用的對校本（高山寺藏）記載來予以確認。

至於密教的其他課題，例如《三部曼荼》、《胎金瑜伽記》是屬於傳述圓珍入唐後的修學過程文獻，以及《菩提場所說一字頂輪王經略義釋》五卷之中，包含台密尊崇佛頂如來的相關記述。

除了現存密教著作之外，圓珍尚有各種撰述遺世，尤以《法華論記》十卷的卷帙浩繁而備受矚目。《授決集》二卷、《觀普賢菩薩行法經文句合記》四卷則是理解圓珍思想的重要著作。

四、安然

（一）安然的生平

安然是以台密之集大成者而為人所知，身為碩學而有諸多珍貴著述遺世。據傳他曾住比叡山五大院，故有五大院安然、五大院先德之稱。安然繼承及發展慈覺大師圓仁的學術思想，由此呈現個人的教學遺風，故被尊為阿覺大師。阿覺的稱號可見於光宗撰《溪嵐拾葉集》（《大正藏》第七十六冊，第二四一〇號，頁六九一下），在江戶時代為三井寺的敬光（一七四〇—一七九五）及其弟子所沿用。

安然的生平未詳，橋本進吉對其人生軌跡的研究卻十分卓著（橋本進吉，一九七二），此後有關安然的人生背景再度成謎，筆者是以橋本的研究成果為基本資料。據《類聚三代格》卷二所收的太政官符記載，安然出生於承和八年（八四一）。又據元慶八年（八八四）九月十九日官符紀錄，當時為「年三十四，臈二十六」，估算應非三十四歲，而是四十四歲才恰當。

安然在著作《教時諍論》之中曾述及：「在俗則傳教大師苗裔，在道則慈覺大師之門人」，並援引貞觀八年（八六六）勅諡最澄、圓仁大師尊號，並論及師承相續的關係。如其所述，安然是師從圓仁修習教法，貞觀六年（八六四）圓仁示寂，安然時年二十四歲。

從安然成為台密教學的集大成者，並繼承弘揚圓仁的教學成果此點來看，不難推察他終其一生將圓仁奉為尊師，推崇備至。

有關安然修習的事相，具體是指傳授儀軌，在《胎藏界大法對受記》的開卷篇首，記載他曾獲得道海、長意、湛契（高向公輔）、遍照等人授法。這些教法皆蘊涵圓仁流脈的濃厚色彩，長意、湛契為圓仁嫡傳，至於道海（大日院）則是以圓仁門徒而為人所知，其教學法脈是由圓仁傳於安慧，再傳道海、安然。圓仁遷化後，弟子遍照改奉安慧為師，修得諸學後，卻因安慧示寂，又再度轉由圓珍授灌頂位。遍昭授法於安然的年份，應是元慶六年（八八二）。

值得關注的是，遍昭為安然灌頂的相關記載，可見於《金剛界大法對受記》卷七的元慶八年（八八四）十月，記述胎藏授位灌頂及其他付法。換言之，據《阿娑縛抄》（〈傳法灌頂日記〉上）的印信記錄，於十月十五日舉行胎藏界灌頂，獲得福壽（聚）金剛（寶幢如來），翌日舉行金剛界灌頂，獲得真如金剛（金剛薩埵）的金剛尊號，更於十五日獲傳蘇悉地大法。

據《金剛界大法對受記》卷七、《胎藏界大法對受記》卷五記載，遍昭曾受圓珍所傳的三種悉地法。安然何時獲受三種大法，實情未必明確，但藉由遍昭而獲得圓珍師資相承的事相，則是必須關注的課題。縱使無法得知圓珍是否直接傳法於安然，兩者曾實際交流且關係不甚融洽，卻是不爭之事實。

安然著作甚豐，教義方面的代表作如《教時問答》（《教時義》）四卷、《菩提心義抄》五卷。其中可確定撰寫年份的是《菩提心義抄》，卷五記載「仁和元年十一月二十一日略抄畢」，時年為四十五歲。從後文追記中的「真言宗教時義」一詞來看，可推知與《教時問答》之間的前後關係，卻無法得知追記撰於何時，唯可確定兩部著作的撰寫時間順序不明。

至於明確記載撰寫年份的著作，分別是《悉曇藏》八卷為元慶四年（八八〇）、《普通授菩薩戒廣釋》三卷為元慶六年（八八二）、《八家祕錄》（《諸阿闍梨真言密教部類惣錄》二卷）（初稿及改訂）為元慶九年、仁和元年（皆為八八五）等，其他著作的撰述時期多為不明。

至於安然的示寂時間，亦是無從考證。據《扶桑略記》所載，寬平元年（八八九），安然於四十九歲時曾列入法會役僧名單中，可知當時甚為活躍。《八家祕錄》的通行本記載其歿年為延喜二年（九〇二），此亦令人存疑，無法確認安然入寂之年。敬光撰《山家正統宗門尊祖議》（版本）之中，記載安然於延喜十五年（九一五）二月十九日入定，這應是最低限度的壽命年限，卒年仍不可考。

安然是成就斐然的學者，其教學對日本思想、甚至對日本文化造成影響，雖曾預定入唐卻無法遂願。安然示寂後，傳說他是因飢貧交迫而亡，其中尤以《三國傳記》卷四（第二十四）的故事最為著名，另如《寶物集》卷三、《雜談集》卷五、《溪嵐拾葉集》卷五十七等亦記載其困苦生活之窘狀。《三國傳記》記述安然是八地菩薩，曾編撰《童子教》。安然入第八地的記述，亦見於榮西（一一四一—一二一五）的《教時義勘文》，貞舜（一三三四—一四二二）《天台名目類聚鈔》第一卷，尊舜《天台圓宗四教五時津金寺名目》卷上末等文獻，皆一併述及空海入第三地之說。

安然有天下碩學之稱譽，比叡山的覺超（九六〇—一〇三四）稱其為「顯密博士」（《三密抄料簡》卷下），甚至有「若安公不傳此道，密教早墜於地」（《東曼荼羅抄》卷上）的說法。儘管如此，誠如前述所示，安然的生平依然是混沌未明。

（二）安然的教學

安然的重要教學著作中，首先最值得關注的是《教時問答》四卷與《菩提心義抄》五卷。《教時問答》是以一切教法為密教的一大圓教論為思想基軸，《菩提心義抄》則是以藏、通、別、圓的天台四教，加上密教的五種教判，構築台密的獨特教義。誠然，這兩部著作是以密教為中心，故可發現認同密教思想之卓越性的相關記述。然而，將天台教學積極引入對密教的解釋中，促進圓密一致的日本天台思想之基本路線，恰是構築唯有台密所能倡導的教義。比叡山建構充裕的密乘法理，換言之，所謂的促使密教化，必須留意是從教義上的密教天台化。

例如，「毘盧遮那遍一切處」的記述，見於《法華經》的結經《觀普賢菩薩行法經》（《普賢觀經》），圓教的教主毘盧遮那佛被視為與大日如來（摩訶毘盧遮那）同一尊格，此為必然之所趨。在此同時，亦關注天台宗的《維摩經文疏》卷一闡述獨特的「法身說法」觀，藉此確立天台教學與密教統合的法身說法思想。所謂的法身說法思想，是眼前一切諸法皆為法身如來的體現，並將此視為如來體現說法的樣相並予以落實成為教理。

這種理解方式是對現實世界抱持一種肯定，亦成為中古天台教學之中所謂本覺思想的直接源流。惠心流與檀那流、亦即惠、檀二流的本覺思想並非以密教為核心，從安然以《蓮華三昧經》的七字八句，就是初次運用所謂的〈本覺讚〉，可知其教義的重要性。〈本覺讚〉中有「三十七尊住心城」之句，說明金剛界的主要諸尊三十七尊住於心中，堪稱是蘊涵密教要素。總而言之，〈本覺讚〉滲透於安然之後發展的日本思想界，其影響甚為深遠。然而，《菩提心義抄》卷五記載空海在返國乘船之際獲得《蓮華三昧經》及五供養偈文，但是否正是紀錄當時的傳承則無從考察。

有關安然的佛法研究成果，最值得一提的是欲將過去發展的密教予以統合，這意味著採取空海的密乘教義，卻又徹底批駁十住心教判。若從標榜圓密一致的台密立場來看，當然會有此責難。據傳為圓珍所撰的《大日經指歸》與安然所撰的《教時問答》，皆對十住心提出批判。對日後的東密碩學而言，這應是必須超越及克服的議論，這兩部著作亦成為台密在論爭之際的基礎引證。

就與空海的關聯來看，安然並未提及《辨顯密二教論》，此著作是從不同於台密取向的角度來主張法身說法，安然極有可能不曾接觸此書。《辨顯密二教論》的「等覺十地，不能入室」，彰顯《楞伽經》的法身說法，是與台密不同取向的主張，安然不可能採用此教義。其原因在於安然是以天台教學為依據，從立場上採取更為強調三身、四身的佛身一體性，這是由於十卷本《楞伽經》主張三身各別的說法並非屬於圓密教義。台密是採取圓仁在《金剛頂經疏》卷一所明確記載般，是以凡夫亦有可能聞知如來內證的教義做為要諦。這項觀點與主張佛身一體性、毘盧遮那如來的遍在性相輔相成，與尊重現實世界的教學互為融和。

安然善用的文獻，是今日學者認為空海所撰的《即身成佛義》、《聲字實相義》，以及無法確定為空海真撰的《四種曼荼羅義》。有關此問題，目前並不深入探討。總之，安然善於採納空海的密乘教義，至於述及空海的內容，則在於探討空海思想上提供許多富有啟迪性的議論。

在密教事相方面，安然的主要鉅著為《胎藏界大法對受記》七卷、《金剛界大法對受記》八卷、《大日經供養持誦不同》（《持誦不同》）七卷、《觀中院撰定事業灌頂具足支分》（《具支灌頂》）十卷，尚有撰寫多部著作。此外，《具支灌頂》佚失第七卷的原因，據《四十帖決》卷十三（《大正藏》第七十五冊，第二四〇八號，頁九四六上）所述，相傳是遭到圓珍撕壞焚毀，《持誦不同》卷七正則與佚失內容相符。安然另撰有《悉曇藏》八卷，成為日本研究悉曇及語言方面的珍貴資財。在美術史方面不可忽略的則有著作《不動明王立印儀軌修行次第》，內容為闡述不動明王十九觀。

除密教之外，其他著作尚有《斟定草木成佛私記》、《即身成佛義私記》、《普通授菩薩戒廣釋》等，安然在著作中發揮己見，成為研究者矚目的課題。

五、新發展的初兆

上述章節的核心內容，其脈絡就在於密教的發展過程。圓仁、圓珍彌補最澄思想之不足，兩者在教理建構上的積極活躍顯而易見，安然集其大成的台密思想，則在台密發展的最盛期得以大放異彩。此後，若拘限於密教教相、亦即學問研究方面，則無法挽回其衰勢。東密在空海構築博大精深的教理後，從此未能進展，逐漸演變為諸宗匠進行台密教學研究的時期。圓仁、圓珍渡唐的成果，以及安然集結諸說，在日本密教史上深具意義。若將關注焦點轉為事相方面，則是東密與台密首先分成兩大流脈，進而朝向多種流派分歧的途徑。

另一項觀點則是比叡山佛教雖維持密教傳統，卻不再以密教為發展重心。重要人物如良源（九一二—八五）中興本宗，其弟子源信（九四二—一〇一七）的著述對後世影響甚深。由此發展的淨土教與密教同樣，在多彩多姿的綜合藝術隨其蘊生的情況下逐漸形成思想、宗教。此外，本覺思想是強調天台教學層面的肯定現實思想，與做為口傳法門盛行發展的情況同樣，皆成為至要的課題。

專欄三

空海的入唐目的

藤井淳（東京大學大學院醫學系研究科 Global COE 特任研究員）

距今約一千兩百年前，空海遠赴當時世界上最國際化的都市長安留學，以充滿戲劇化的方式與上師惠果邂逅後，未及兩年即獲得密法傳承，並將密法和密教經論請歸日本。空海以此為立論基礎，自行建構個人思想，對後世的日本佛教發展影響深遠。

空海究竟為了解決什麼問題而入唐？筆者在此將盡量重現當時背景，藉此探討空海入唐請歸密法之目的。

首先必須說明空海在入唐前的修學過程，這段期間是在空海獲得入唐機會，並於唐都長安迅速獲傳密法之前所經歷的準備階段。空海自幼環境優渥，可接觸當時被視為先進象徵的中國文化。他記述自身曾親向舅父阿刀大足學習中國古籍，阿刀大足為渡來人後裔，曾任皇太子侍讀。當時朝廷促請學生及僧侶捨棄舊時所學的吳音，改習長安方言的漢音。由此可知在空海周圍曾有嫻熟中國語音的專家，又因受到學制變更的影響，空海更便於學習漢音。這種環境差異，導致空海書寫的漢文流暢端麗，與最澄以難擺脫母語影響、生澀拗口的和風漢文，形成強烈對比。

當時留學僧即使在唐土登岸，能入長安者亦寥寥可數，空海發揮精湛的漢文能力，親筆撰寫請願書並呈於當地官僚，故能獲得特別批准而前往目的地。空海得以渡海入唐，進而抵達長安，促成這些因緣的背景因素，正在於他自幼少及青年時期就已培育的中國文化涵養，尤其能通達漢文書法、作文、會話，悉皆得入神髓。這種情況，若從與空海一同入唐的橘逸勢（與空海、嵯峨天皇共稱為三筆，皆為日本最卓越的書法家）相較之下，就不難推知其由。橘逸勢不擅漢語，僅學習琴藝及書法等技術後返回日本。空海能就此入唐的背景要素，首先是在於學習中國文化方面，家庭環境為其提供了莫大優勢。

有關空海入唐求法之目的，根據過去說法，是空海在接觸虛空藏求聞持法後，欲深入理解密教，但在日本缺乏上師通達此道，故而渡唐以求理解真實教理。這種空海形象的塑造，在信仰層面上十分重要，但筆者認為空海入唐的背景，應從當時的歷史狀況來理解。首先在一般層面上，應先要求入唐留學僧將日本經論的闕文或抄寫疏漏的典籍重新請歸。此外，當時日本佛教界是以三論宗與法相宗為重，應如何解決二宗之間的空有論諍，則成為留學僧必須因應的課題。其中，三論宗屢遭新興的法相宗壓制，故積極攝取中國的新佛教思想以求抗衡。若從空海的人脈關係或在著作中援引的理論來推判，或許他是以三論宗僧人的身分入唐，在攝取不空等人所譯的新譯經論的背景情況下，亦可發現是出自三論宗的概念。

法相宗與三論宗的共通點，在於空有論諍是以語言與真理無關，而此特徵最為人所矚目。空海在詮釋自身請歸的密教經論之際，之所以強調能表現真理的語彙「真言」，應是空海以當時的關心課題為基礎，欲揚棄法相宗、三論宗論爭所採取的主體性抉擇。此外，從中國輸入較先進的文化，這項事實本身即具有權威性，空海將這種權威視為手段並妥善運用。但更重要的是為了解決當時日本佛教界的問題，而採取個人觀點來接受及構築密教。

惠果傳授密法的背景因素，無疑正是空海所具備的中國古典知性及涵養，已凌駕於一般漢僧之上。從文獻資料可知，惠果在與空海邂逅前就已患有恙疾，預知將不久於世，故迫切傳法於空海。又因唐德宗病情危篤，空海於唐帝將逝前一年，臨時受命隨遣入唐，留學期間從二十年縮短為兩年，此後強行歸國。日本朝廷再度派遣唐使的時間，已晚至空海示寂之後。這些重重際遇的因緣巧合，不禁令人嘖嘖稱奇。而能感召此機緣成就的，應是空海為了貫徹入唐求法而具備的宏觀視野，以及無比撼烈的熱忱所致。

空海的入唐目的，如同當時對留學僧的一般要求所示，是為了吸取中國佛教的最新知見，並藉此解決日本佛教界的課題。另一方面，空海並非照單全收、直接引入密教，而是以個人知識背景為基礎，在意識當代問題之餘，重新建構密教並容受其思想。這是空海追求真實佛法的強烈意向，以及為了徹底成就求法的宏大視野，藉由置身於當時的歷史情境中，相信能有更充分的理解。

〔後記〕

二〇〇九年十一月，證實空海請歸的《三教不齊論》寫本，收藏於東京都立圖書館的諸橋文庫。此後根據高野山大學密教文化研究所的調查，發現與收藏於石山寺（滋賀縣大津市）、由最澄請歸的《三教不齊論》寫本內容一致。空海、最澄請歸的相同典籍為數甚少，其中可確知兩者皆請歸《三教不齊論》。這部著作探討佛、儒、道的三教交涉，並以佛法為最高次第，對於探討空海與最澄的入唐意義及互動交流方面，今後此文獻將提示重要課題。

文獻介紹

高木訷元，《空海　生涯とその周辺》，吉川弘文館，一九九七年。

藤井淳，《空海の思想的展開の研究》，トランスビュー，二〇〇八年。

第四章

佛教日本化

上島享

京都府立大學副教授

第一節　探論中世佛教的形成

一、「日本中世史」的成立

在日本近代史學中，是由原勝郎在《日本中世史》（一九〇六）中最初提倡「中世」時期的概念。他極力稱揚武士能取代頹廢貴族，一肩挑起新時代，並將鎌倉幕府成立與大化革新相提並論，成為第二個劃時代創舉。原勝郎在一九一一年發表的論文〈東西宗教改革〉中，對法然、親鸞等人的傳法活動表以讚揚，將他們的形象與主導西歐宗教改革的馬丁・路德（Martin Luther）、喀爾文（Jean Calvin）相互重疊。當時不斷形成的「鎌倉新佛教論」，應可定位在中世形成的文脈中。就在日本史研究的「中世」這項劃分時期的概念誕生之際，就已建構了將政治史與佛教史合為一體的認知觀念。原勝郎將日本中世視為屬於武士的、「新佛教」的時代，認為中世是在鎌倉幕府成立下所形成，長久以來這種解讀方式被視為通論，中世史研究堪稱是在原勝郎組織的架構中發展。

二、黑田俊雄對中世的理解方式

石母田正的著作《中世的世界の形成》（一九四六），堪稱是告知戰後史學發展即將揭開序幕的一大里程碑，對古代、中世的時代認知，亦是沿襲原勝郎的架構模式。所謂的古代是指天皇、貴族在律令國家制度下成為統治者的時代，中世則被視為武士主導的幕府時代，從古代至中世的變遷，是藉由中央集權國家瓦解，在武家社會、幕府政治的發展脈絡中描繪成形。從結合貴族階級勢力的「舊佛教」，轉變為將武士與庶民同樣視為救濟對象的「鎌倉新佛教」，這種對佛教史的理解方式，堪稱是與上述的時代劃分互為一體。

對此堅固不變的通論，黑田俊雄則重新認真檢視其整體樣貌。黑田是從權門體制論、顯密體制論、莊園制社會論（黑田俊雄，一九六三、一九七五、一九六七）來理解中世時期。權門體制論是將天皇視為中世的國主，主張在其下設有公家、武家、寺社，由各權門相輔相成而構成國家，鎌倉幕府則是屬於天皇管理下的權門。在顯密體制論方面，被視為「舊佛教」的顯密佛教（南都六宗、真言、天台宗）成為中世佛教核心，「新佛教」則被評價為改革派或異端，故宣稱「新佛教」、「舊佛教」概念有其破綻，並說明莊園制是支持這兩種體制的社會基礎。這些說法皆大幅改寫原勝郎對中世的理解架構，將武士與「新佛教」置於中世社會核心，要求將成立鎌倉幕府設為一種時代劃分的區分論。

自一九六〇年後期，有關朝廷政治或貴族社會，亦即被視為「舊佛教」的顯密佛教與寺院社會的相關研究不斷進行，黑田俊雄提出的中世社會架構亦與實質相符。將武士或「新佛教」視為基礎軸心的中世理解方式已不可能復甦，中世社會形成的時代劃分並不在於鎌倉幕府成立，而是落實在院政期——確立莊園制並形成院政這種政治型態的十一世紀末、十二世紀初。

三、顯密體制論的課題

黑田俊雄樹立的體系，成為可取代原勝郎對中世的理解架構。正因如此，探討佛教史的顯密體制論之際，亦應在黑田構想的日本中世整體觀中來予以理解或進行批判、繼承其思想。儘管顯密體制論有部分內容受到批判，黑田建構的體系卻沒有瓦解，而是要求從本質立場來檢討如何掌握日本的中世時期。近年，中世史研究領域隨著個別研究的分散化，佛教史研究在其內部沉潛，形成不少綜觀中世社會整體發展的議論，但在個別領域史的實證研究不斷累積下，令筆者深切感受到，絕對有必要嘗試建構一個將時代、社會完全納入研究範疇的體系。無論是延續黑田之說或批判其說的人士，顯然皆框限了議論的發展格局。

本章欲從批判的角度，來延續黑田俊雄對中世認知的整體樣貌。權門體制的架構，是做為一種與律令體制、幕藩體制互為對置的概念而被提起探討。顯密體制論則是探討不同於古代或近世的中世佛教特質，對此議必須再做檢討。本章欲探討在日本佛教史範疇中，古代至中世的演變過程，首先想從這些問題意識來闡明顯密體制論的課題。

黑田俊雄將顯密體制的成立過程分為三階段來探討，分別是第一階段的密教促使各宗教統合（九世紀），第二階段在密教化過程中，天台宗的本宗主張所促成的淨土教發展（十世紀），第三階段的王法、佛法相依思想的成立（十一、十二世紀）。首先，問題在於議論對密教的重視。如同史料專門術語「顯密」所示，中世的顯、密二教息息相關，即使將兩者分開探討，顯教與密教應是對等並存。尤其在思考顯、密二教與民眾的關係之際，顯教發揮極大作用。在採用「顯密」一詞之際，應修正黑田重視密教的論點。至於將淨土教在密教領域中探討，亦是問題所在。

顯密佛教的基本架構，確立於天台、真言宗開宗的九世紀前期。黑田俊雄的探論時期是從九世紀至十二世紀，自顯密佛教成立以來的四百年歷程。在黑田的議論中，對古代佛教與中世佛教在實質上的差異未必明確，故闡明此點成為首要課題，這才是重新考察顯密體制論的理由。

中世佛教既不同於古代，在考量其特質之際，神祇問題則是重要論點。誠然，黑田俊雄亦將神祇信仰的趨勢納入視野，但無疑仍是以佛教史為主體所進行的宗教史敘述。本章的重要主張在於思考中世佛教形成之際，將神祇的課題列入考量才是主要論點。

四、如何看待中世社會的形成

如前所述，隨著中世朝廷政治、貴族社會、寺院社會的個別實證研究不斷進展下，黑田俊雄提出對中世的理解架構得以落實，將中世時期的確立歸因於院政期的成立，而此觀點已成為通論。對於日本中世是基於院政期形成才得以完全成立，學者對於如此看法並無異議。然而，在創造時代原動力與確立中世時期的過程中，才會凝聚新時代的特質。換言之，如何闡明院政期十、十一世紀史的形成過程，才是重要課題。

以院政期為核心議題的佛教史研究，最具代表的是平雅行的研究（平雅行，一九八七），近年持續進行詳細檢討。然而，針對攝關期佛教史的考察極為缺乏，而攝關期正是院政期佛教的發展前提。這不僅限於佛教史研究，而是遍及整個中世史研究。太多學者在研究之際，往往輕易採取一項通論，就是將古代時期設定至攝關期為止，從院政期開始才是中世時期，故而斷絕了闡明中世社會形成過程的道途。

至於本章針對日本中世時期的形成，則有如下的理解方式：

一般而言，從古代至中世的變化，是以日本社會內部的變遷來予以描述。古代社會中的各種矛盾，確實成為衍生新時代的原動力，但在邁向中世這個可能出現多元化時代發展的時期，難道不正是基於與中國的關係產生變化，才決定發展的方向性？隨著日本古代國家奉為規臬的大唐帝國步向衰微滅亡，這才是從古代轉變成中世的根本契機。大唐帝國於十世紀初瓦解，此事實明確反映在日本社會中，代表之例就是十世紀中葉爆發的承平、天慶之亂。在唐朝、渤海國滅亡的世界變局中，平將門以「新皇」自居並占領東國，日本的天皇制初次面臨存亡危機。此後，日本採取不同於中國的改朝換代方式，而是構築了禁止易姓革命（王朝遞嬗）的天皇制系統，並與締造中世王權的過程互為一體化，逐漸形成中世社會。本章是探討自十世紀中葉至十二世紀末，中世社會的形成及確立過程。當然在此兩百年中，亦形成迥異於古代時期的中世宗教秩序。

換言之，古代日本徹底受到中國文明的深遠影響，但至中世則異於古昔，將中國的影響力視為一種相對化的趨動力，成為日本中世時期的特徵。日本依然關注中國的動向，卻衍生出在本質上迥異於當時中國皇朝的國家及社會、文化發展型態。縱使重視從古代轉變至中世的對外要因，卻有限度地掌握此後的影響力，反而因與中國保持相對化的立場，故能發展新社會及文化。

筆者在思考日本如何形成中世時期之際，負責本章的編輯將此標題設為「佛教日本化」，如實反映出筆者的撰寫目的。然而包含佛教在內，這種「日本化」現象應在十世紀中葉以後才具體成形。過去的學者論點是強調九世紀後期、十世紀初期的國風文化形成，而筆者的探討意圖則在本質上與過去觀點不同。

第二節　古代佛教的成熟

一、重探平安時代初期的佛教發展

在考察古代至中世的佛教史發展之際，首先應克服對「平安佛教」的既有認知，這種堅定不移的通論，才是曲解中世佛教的根本要因。

通論對於創立天台、真言二宗表以高度肯定，並以遷都平安京為分界點，描繪出一種模式，亦即從南都六宗構成的「奈良佛教」，轉變為以天台、真言二宗為中心的「平安佛教」。南都六宗的「宗」意指學派，「奈良佛教」是以兼學諸宗為要旨，「平安佛教」的宗派特質更為顯著，認為是從學派佛教發展為宗派佛教的道程。

以天台、真言二宗為中心的「平安佛教」觀，對於後世在對佛教史的理解上亦造成不良影響。平安佛教史是在敘述代表「平安佛教」的天台、真言二宗，以及成為其基底的密教發展過程，象徵「奈良佛教」的南都佛教則受到密教影響下逐漸變質。黑田俊雄將顯密體制的形成過程視為密教發展史來予以描寫，故而同樣陷入此魔咒中。在提倡顯密體制論之前，是以從各宗派立場描述佛教史的宗派佛教式歷史觀為主流，其起源堪稱是同樣出自這種對「平安佛教」的理解方式。

然而，如同將南都六宗評價為「舊佛教」，天台、真言二宗評價為「新佛教」的說法般，這種對「平安佛教」的既有理解方式僅能關注時代的新側面，故而釀成重大問題。這項問題點，可說是與黑田俊雄提出批判並試圖克服對「鎌倉新佛教」的理解具有相通性。在探討從古代至中世的佛教史演變之餘，首先必須提出能取代「平安佛教」觀的架構。

至奈良時代後期，佛教被視為最新文明而獲得信仰，在日本社會中穩定扎根。學僧推展經典研究，從佛陀諸多教法中針對何者為本質的「教相判釋」進行研究。對於佛說的詮解不同而引發議論或論爭，逐漸形成具有一致見解、稱之為「宗」的思想集團。他們以在中國發展的「宗」架構為依據，在傳入日本的經典類群中砥礪思惟，提出對佛教的獨特詮釋。在奈良時代末期，法相、三論宗的論爭風氣漸盛，二宗在此過程中凸顯自宗特性，逐漸確立為「宗」。一般是將天平勝寶四年（七五二）在東大寺等處設置六宗宗所一事，視為南都六宗成立之始，但這完全屬於國家設定，與當時諸宗教學的實際發展相去甚遠。至奈良時代末期，法相、三論、華嚴等派別，方被視為名符其實的「宗」。

如前所述，教學研究不斷進展，佛教界整體面臨了思想高昂期，在此時代中，空海與最澄發展個人僧侶生涯，精研教法並累積成果，兩者在中國修學最新佛教思想之後返國。他們期待個人傳示的教學，可在當時日本佛教界中被賦予定位，並明確表達自我立場。

最澄與法相宗之間展開激烈論諍，另一方面，空海則提出個人教相判釋，內容含攝法相、三論、華嚴、天台教學。經此過程後，自中國傳入的天台、真言二宗，得以確立為日本佛教。由於甫面臨時代終結，空海沿襲奈良時代末期以來諸教學的最終目標，得以提示具有全盤性、體系化的教判。如此一來，應將奈良時代末期至平安時代初期做為時代區隔。

二、「六宗」、「八宗」的架構——諸宗共生共存

其次，筆者想針對朝廷的佛教政策與教學有何關聯做一概觀。自天平勝寶年間成立六宗宗所之後，朝廷對南都佛教向來是以「六宗」來統括處理。如前所述，「六宗」的架構與教學集團「宗」的真正發展型態差異甚大，朝廷卻堅持理念，要求諸宗共生共存。根據延曆二十二年（八〇三）正月戊寅敕（《類聚國史》卷一七九〈佛道六〉）所記載，法相宗與三論宗的對立逐漸激化，在三論宗即將滅絕的情況下，朝廷將法相宗、三論宗分配同樣人數的年分度者。如此立場至天台、真言二宗自中國請歸教理後仍維持不變，據延曆二十五年（八〇五）正月二十六日太政官符（《類聚三代格》卷二〈年分度者事〉）所載，在規定天台宗與南都六宗的年分度者人數之際，皆以認同諸宗平等為原則。支持這項政策的理念就在於佛陀隨應宣說，為求興法而利樂群生，故不能偏廢諸業。

天長七年（八三〇），淳和天皇向「八宗」要求提出各宗宗典，因有法相、三論、華

嚴、律、天台、真言六宗提出撰著，故稱為「天長六本宗書」。此後，尚包含成實宗、俱舍宗在內，共為「八宗」，但此二宗未呈宗書，不具備思想教學集團的實質功能。如此顯示了朝廷理念與佛教界的實際發展出現明顯差異。

「天長六本宗書」的內容，堪稱是自奈良時代後期以後，諸宗在教學研究上之集大成。奉敕撰寫宗書並逐漸確立的「六宗」（朝廷認知為「八宗」），堪稱是公認宗派。換言之，朝廷堅守維持的南都六宗與天台宗、真言宗的「八宗」架構，堪稱是在奈良時代後期以來發展的佛教思想史與國家佛教政策之間所求得的權衡點。朝廷認為理念上的「八宗」，才是成為中世顯密佛教的基本架構。

「顯密八宗」的架構，之所以能成為理解日本佛教的基本概念並繼續維持，原因就在於此架構根植在隨機說法等佛教思想的根柢中。朝廷執著於「六宗」、「八宗」架構，是基於有必要假設對外要因，其目的是為了向中國等佛教圈國家顯示日本已廣泛吸收先進的佛教文化。這是身為古代國家日本所懷抱的政治企圖，即使在律令制瓦解後，僧侶仍沿襲並接納這種思惟模式，衍生出日本中世的世界觀——三國佛教史觀。

確立天台教學的安然曾在《教時諍》中，述及「三國諸宗，興廢有時。九宗並行，唯我天朝」，提出在三國（印度、中國、日本）之中，僅有日本是九宗（南都六宗、天台宗、真言宗、禪宗）並存。安然充分理解南都六宗的實際發展，接受朝廷視為理念的「八宗」觀，並延續其意圖，再加入禪宗使其更具普遍性，就此形成「九宗」。在三國世界中，「九宗」並存成為日本居優勢的主張依據，此乃重要事實。安然將朝廷廣受佛說的政治企圖，發展成本國中心主義。

至平安時代後期，原本以安然思想為嚆矢的理解方式，形成三國佛教觀而穩定發展，在整個中世時期，成為日本知識分子最為普及的世界觀。若從自卑感及自尊心複雜糾結的三國觀來理解日本佛教，那麼「八宗」的架構就是其認知基礎。換言之，當初古代國家日本為了向他國顯示自我主張，提出具有政治性的「六宗」、「八宗」或諸宗共生共存的理念，成為僧侶催生三國觀成立的原動力，八宗觀則被納入三國觀之中。三國觀被視為日本中世對世界的認知方式，就此穩定發展，「八宗」象徵的諸宗共生共存，則成為應予維持的日本佛教發展樣貌，就此逐漸推廣普及。

如前所述，在平安時代並沒有形成所謂的由天台、真言二宗建構的「平安佛教」。南都諸宗與天台宗、真言宗的形成，應視為一種連續發展的過程，「八宗」（實為六宗）是確立於平安時代前期。「八宗」被朝廷視為理念且獲得認同後，得以落實為日本佛教的架構，代表中世佛教的顯密佛教亦得以確立。故而成為中世佛教的顯密佛教，在實現諸宗共生共存方面，才應被視為根本原理。諸宗的宗派性並不明顯，為了掌握顯密佛教的實際情況，必須拂拭既有的「平安佛教」觀。在顯密體制這個日本中世的宗教秩序上，隨著顯密二教互為融合及彌補的關係，諸宗共生共存的原則正是關鍵所在。

三、顯教法會的籌備及整頓

筆者想透過顯教法會的變遷，來考察朝廷視之為理念的「八宗」架構逐漸落實的過程。

根據天平六年（七三四）十一月二十日太政官謹奏（《類聚三代格》卷二〈年分度者事〉）記載，得度考試重視僧侶背誦經典。相對之下，延曆十七年（七九八）四月乙丑敕（《類聚國史》卷一八七〈佛道十四〉）則重視經論解義，國家培育僧才的方針，已從背誦經文轉為重視詮解釋義（薗田香融，一九六二）。延曆二十五年（八〇六）正月二十六日太政官符（《類聚三代格》卷二〈年分度者事〉）則記載，對於分配給諸宗年分度者的得度考試，則延續延曆十七年敕令，規定在受戒後應試十二條，通過七條以上的合格者，依序任命為竪義、複講、諸國講師。在設置年分度者之際，藉由決定受戒後的階段性修學課程，促使培養僧尼的階位得以明確化，在各階業亦重視經論解義。朝廷能實際推展此政策的原因，是基於教學研究自奈良時代後期有所進展，僧侶的解義能力獲得提昇之故。

這項桓武朝的佛教政策此後繼續採用，歷經整個九世紀，朝廷籌備及整頓包括講讀、論義、竪義經典在內的法會。值得關注的是，朝廷格外重視舉行經典問答的論義、竪義。

齊衡二年（八五五）八月二十三日太政官符（《類聚三代格》卷三〈諸國講讀師事〉），完成試業、複業、維摩會豎義、夏講、供講五階者，可成為諸國講讀師，完成試業、複業、維摩會豎義三階者，則成為諸國讀師。至九世紀後期，完成五階修學並出任維摩會、宮中御齋會、藥師寺最勝會三會的講師，則被任命為僧綱（《日本三代實錄》貞觀元年正月八日條），身為五階、三會講師的諸國講讀師及僧綱的階業於此完成。

這些制度是沿襲桓武朝政策，其政策目的在於重視經論解義及培育僧才，最重要的是歷經九世紀不斷籌備及整頓法會、階業，並以五階、三會講師的形式而獲得成效。自奈良時代後期以來，正因僧侶推動教學研究，朝廷方能推動上述政策。更何況這種教學制度形成後，將此思想昂揚的暫時現象視為一種秩序並使其穩定發展，進而形成制度予以維持，如此方可能藉由安定方式而產生素質優良的僧侶。

這種培育僧才的方式，已與奈良佛教大異其趣。至於受到國家保護及統治的佛教，在此體制中應已相當成熟，這是可予以評價肯定的。

第三節　中世宗教秩序的形成

一、佛教政策轉變——五階解體

原本維摩會是五階、三會之中最重要的法會，亦是諸宗學僧雲集競逐學識的場域，至十世紀後期卻產生變化，改由興福寺僧侶獨占維摩會講師之職。十一世紀中葉以後，僅限於興福、東大二寺的僧侶可擔任講師，擔任維摩會的豎者（在經典論議中，為提問者解答釋疑之僧）身分亦是如此，此後僅此二寺僧具有舉行豎義的資格。

自十世紀後期，興福寺獨占維摩會講師及豎者的任務，這意味著原本由諸宗各寺學僧彙集、培育僧才階業的維摩會，其性質出現明顯轉變。原本在九世紀初抑制某些特定的「宗」與寺院獨占法會的情況逐漸顯著，朝廷視為理念的諸宗共生共存面臨瓦解，其原因在於朝廷佛教政策出現轉變，亦即捨棄平安時代初期以來推行的佛教政策。

長保五年（一〇〇三）東大寺僧道算完成五階修學，遞補國講師的缺額（寬弘二年三月八日東大寺處分狀，《東大寺要錄》卷七），此紀錄揭示五階最後一次發揮效用。隨著五階制度解體，國家在實質上放棄推動諸國佛法教化政策，國家推行的佛教政策在十世紀

興福寺東金堂與五重塔（秦就攝）

後期產生顯著變化。

在此趨勢下，寺院從國家直轄管制中獲得解放，得以獨自發展。興福寺獨占維摩會講師之職，這關係著該寺掌握晉陞僧綱的途徑，除興福、東大二寺之外，南都諸大寺無法再生產製造僧綱，而是由興福寺逐漸掌理寺務。

自十世紀末，東大寺由寬朝擔任別當之後，亦出現將真言宗視為本山宗派的別當，致力於確保在南都的地位。南都七大寺已名存實亡，南都佛教界徹底凝聚在興福、東大二寺。顯密兼修的日本天台宗則由座主良源推展密法修持，天台僧因修持有功而晉陞僧綱。古代大寺、定額寺等官寺逐漸瓦解，演變成中世的權門寺院。在此同時，朝廷視為理念的諸宗共生共存亦開始分崩離析。

自平安初期之後，也是從古代轉變為中世時期，原本持續發展的朝廷佛教政策遭致捨棄，國家與佛教、寺院的關係面臨巨大變化，其根本原因在於律令體制瓦解。

二、承平、天慶之亂爆發與神祇秩序的整頓

如前所述，原本被日本古代國家視為典範的大唐帝國滅亡後，日本受此波及，導致發生最嚴重的承平、天慶之亂，從此真正邁入中世社會的形成階段。在中世宗教形成新秩序的情況下，承平、天慶之亂成為時代分水嶺。

唐朝與渤海國相繼滅亡後，周邊地區陷入混亂所引發的承平、天慶之亂，給予日本朝廷的巨大衝擊實在難以估計。天皇及貴族憂心我朝將亡，派遣武士討伐平亂，並盼能受神佛護持，舉行各種神佛儀禮以求鎮壓叛亂。誠然，佛教為此同樣發揮重要功能，但在數量普及方面，神道儀式仍居絕大多數，並在叛亂後確立新秩序結構，神祇具有佛教所欠缺的特徵。

朝廷不僅向伊勢神宮之下的重要神社，亦向全國各社提供祈求平亂的奉幣，朝廷藉由動員國內諸神來因應國難，造成神祇在平定戰亂後威光愈顯，由諸神護持王權的方式成為

關鍵要素並逐漸鮮明化，朝廷積極推展報賽（參詣還願以敬謝神明），積極推行祀神儀禮使其興盛。不僅授予全國諸神的神階及封戶供奉、初創石清水臨時祭、舉行日後成為巡幸神社之始的賀茂神社巡幸等儀式，又約於此時確立授予十六社奉幣，派遣伊勢公卿敕使等措施。此外為了授予神階，在全國新製神名帳，此後成為發展諸國宗教秩序的基礎。

這些祭祀與天皇直接相關，取代律令制下的神祇官，讓天皇成為主宰祭神的立場逐漸明確化。天皇雖負責祭祀，卻非親自祭拜諸神。天皇在巡幸神社之際駕臨社殿前方的御在所，卻由上卿登社殿宣命，天皇本身絕不參拜，敬拜對象僅限於天照大神。天皇宣命之際發送的十六社奉幣，是由天皇巡幸八省院，再派遣使者赴伊勢神宮。至天皇返朝後，才遣使敬詣其他神社。天照大神被賦予至高無上的階位，凌駕伊勢神宮及其他諸神或神社。

自古以來，天照大神被奉為皇祖神，是超越其他諸神所獲得的特殊禮遇，隨著時移世異，天皇與天照大神的關係亦有變化。新祭祀秩序形成於承平、天慶之亂後，主宰祭神的天皇唯一敬奉的神祇是天照大神，其神階就此確立並超然於諸神之外。在此同時，諸神的神位亦不斷階級化，這可從是否舉行臨時祭或巡幸，甚至從奉幣使的派遣人數或個人身分來予以確知，十六社的順序亦表示諸神位階。在諸神依從之下，天照大神立於頂點的結構就此確立。

朝廷原本給予全國三千餘座官社的班幣，改為僅提供京城及畿內某些特定神社的奉幣。大部分官社被排除在國家管理之外，國家祭祀的直接對象僅限於在中央具有影響力的神社，從祭祀神祇方面，亦可確認發現官社的護國功能逐漸減少。在此過程中，天皇主宰祭祀諸神的地位更為明確化。天皇並非禮敬諸神，而是較神祇處於更高一位階來統攝諸神。這是藉由增添崇敬神明之神威，促使皇威更為提昇的結構。隨之而來，則是天皇唯一敬拜的天照大神亦能增顯神威。天皇與神祇的關係在律令制下變化顯著，對王權而言，祭祀神祇所擔負的任務較往昔更為重要，在奉幣與臨時祭盛行之下，藉由諸神而獲得權威化的天皇就此現身，在諸神依從下獲得至尊階位的天照大神就此形成。天皇既身為祭祀主宰，被要求更為超然清淨，在舉行神事之際，對於佛教採取忌諱或迴避的立場則成為慣例，穢厄觀念逐漸膨脹擴大，呈現出有別於古代天皇與天照大神的新樣貌。

景德三年（一〇〇六），天台宗延曆寺的寂照渡海入宋，在答覆宰相楊億提問之際，述及當時的日本國情是「國中專奉神道，多祠廟。伊州有大神，或託三五歲童子，降言禍福事。山州有賀茂名神，亦然」（《楊文公談苑》）。所謂「國中專奉神道」，是指寂照身為佛教徒，在歷經承平、天慶之亂以後，對於在王權周圍熱絡發展的神祇信仰所體會的真切感想。在邁向中世的新宗教秩序構築過程中，有關王權與宗教的關係方面，尤以神祇信仰較佛教更為優先發展的課題成為最重要的探討領域。

三、神國觀的形成

第三章第四節提到安然在《教時諍》中對三國的認知，其觀念深具劃時代的價值。安然的見解取自玄奘《大唐西域記》、圓仁《入唐求法巡禮行記》等著作，但充其量只是日本僧侶就表面文意對佛教史的理解，未必真是現實中的三國佛教發展狀況，或透過日、中兩國的政治脈絡來做闡述形成的譯文。隨著時間推移，安然對三國理解愈深，逐漸拓展社會面向，漸能充實其思惟內涵。

此後，源信將《往生要集》託人攜帶渡宋，又將《天台宗疑問二十七條》交託於入宋弟子寂照，更數度將自身著作託人攜至中國，試圖與宋朝佛教人士進行對論。由此可窺知源信對自身深具信心，認為能與中國的佛教發展實力分庭抗禮。實際上，源信的著作在中國幾乎未被接納，至十一世紀前期，已有部分日僧有意藉由教學來討論安然的見解是否正確。

然而，這完全止於佛法教學的層次。源信的弟子寂照在中國向宰相楊億述及「國中專奉神道」，則是不容輕忽的事實。此外，奝然攜入宋朝的〈王年代紀〉之中，強調神世二十三世統治地界（《宋史》卷四九一〈列傳〉二五〇「外國七」）。換言之，在實際面臨對外關係的政治場域中，首先提出的就是日本神祇或神話世界，這點與當時國內的宗教史發展相互對應。

筆者欲確認古籍中是否有「神國」一詞的用法，在《日本書紀》卷九的神功皇后遠征朝鮮之項，可見相當古老的記述：「東有神國，謂日本。亦有聖王，謂天皇。」貞觀十一年（八六九）五月，新羅海盜侵襲北九州之際，在日本朝廷向伊勢、石清水、宇佐等地核發的告文中，記有：「我日本朝，所謂神明之國。神明之助護賜，何乃兵寇近來？」（《日本三代實錄》同年十二月十四日條）等內容。這些描述皆是根據與新羅的關係，將日本定位為神國，日本古代國家具有獨特的中華意識，將新羅視為外夷，堪稱是標榜「小中華」的古代日本神國觀。

另一種不同於前述性質的新神國觀，則見於《宇多天皇御記》仁和四年（八八八）十月十九日條的記載：「我國是神國，每朝敬拜四方大小天神、地祇。敬拜之事，今始以後，一日不怠云云。」宇多天皇將大嘗會延至一個月後，每日朝晨敬神之際，則言：「我國是神國。」據傳每晨在石灰壇舉行敬神儀式是始於宇多朝，此儀式被視為整頓新神祇祭祀的起點，是為了配合邁入中世時期而發展。值得矚目的文獻，尚有《權記》長保二年（一〇〇〇）正月二十八日條：

況當時所在二后也，今加其一令勤神事有何事哉？我朝神國也，以神事可為先。中宮雖為正妃，已被出家入道，隨不勤神事。依有殊思之恩，無止職號，全納封戶也。重立妃為后，令掌氏祭可宜歟？

這是藤原道長為使其女彰子成為中宮，而由藤原行成屢次上奏，提議皇后藤原遵子、中宮藤原定子既已出家，無法出任神事，故應立彰子為后。藤原道長所依照的說法，就是「我朝神國也，以神事可為先」。這應是上溯至宇多朝，但實際上是從承平、天慶之亂以後，基於整頓神祇祭祀所發表的言述。「以神事可為先」是日本中世朝廷的一大原則，如此「對神國的認知」絕對迥異於古代神國觀。

締造新神國觀與形成新神祇秩序互為一體，自十一世紀前期，日本在與位居神祇秩序最高階位的伊勢神宮之間的關係上，亦稱為「神國」。自長元四年（一〇三一）六月發生齋王託宣事件之後，公卿敕使源經賴向神宮傳達宣命：「本朝神國，中皇太神乃殊助政。」（《小右記》八月二十三日條）此外，長曆四年（一〇四〇）七月外宮遭大風摧毀，後朱雀天皇曾言：「此國是神國也。」（《春記》長久元年八月二十三日條）其意圖在於傳述天皇具有懿德，並獲得神明（伊勢神宮、天照大神）護助之下，方有可能治國化民。這種想法堪稱是當時朝廷及王權對自國的一種認知。在與這種神國觀的形成一體化作用下，隨著記紀神話（《古事記》與《日本書紀》之記述）不斷被重新讀取，逐漸產生中世日本紀（中世神話）。

這種神國觀不僅對於國內政治，在日、中兩國關係的現實場域中，在做為主張本國優勢的邏輯構築上顯得十分重要。對於寂照向宋朝宰相描述日本的情況是「國中專奉神道」，中國人士究竟有何反應，史書並無記載，恐怕只被當成不足為取的戲言，一笑置之罷了。然而，縱使只是一方之詞，卻讓自古以來就以與隋唐保持對等關係為目標、但實際上是接受中華思想並從屬於中國的日本，對中國發展出獨特的邏輯。故在主張自我優勢方面，寂照陳述的內容顯得意義重大。日本自認為即使在中華世界圈，亦屬於「小中華」，可說試圖跳脫中華世界的框架。基於此因，日本直接面對的國家唯有中國而已，或許可與中國居於同等地位。換言之，日本與中國的和漢架構中，日本主張對等或居優勢，這不僅在政治或外交層面，亦波及文化層面。和漢觀被視為可取代中華世界、形成一種新世界認知的基本架構，並被廣泛接納。所謂的和漢觀，與前述的神國觀並無二致。更何況在思考三國觀如何確立的課題之際，神國觀（和漢觀）的形成將成為一大前提。

四、長保元年的新制

神祇秩序在承平、天慶之亂以後迅速形成，有關於此，圓融朝（九六九—八四）開始展開巡幸石清水、賀茂、平野，並成為替代天皇執行的儀禮，逐漸定型化發展，石清水臨時祭亦成為例行儀式，至十世紀末（一條朝），加上吉田、廣田、北野、梅宮、祇園此五社，確立二十一社奉幣的制度（岡田莊司，一九八六），堪稱是在二十一社制的基礎上，建立中世神祇秩序的基本架構。

長保元年（九九九）七月二十五日，頒布由十一條項（長保元年令）構成的公家新制，第一條是禁制神事違例（禁止違反神事），第二條是禁制神社破損，第三條是禁制佛事違例，第四條是修理定額諸寺堂舍，卷首列出神事、神社，以及佛事、寺院等相關項目，如此顯得別具意義。先前的新制是以禁奢或兵制等施行細則為主軸，長保元年令將此項個別列記為第五至第十一條，法令開頭即表明政治理念，宣稱為神事、佛事舉辦的藝能活動才是政治的首要環節，神事則比佛事更優先列入考量。

長保元年令在開頭即列出神事、佛事的實際推行項目，這種形式是由建久、建曆、寬喜、建長令沿襲採用，成為公家新制之雛形，亦由武家法令的御成敗式目所沿襲。長保元年令是最初表明宗教即政治的中世政治思想基礎，這項理念隨著時代變遷而更充裕及落實其內涵。

在長保元年令中，有關佛教規定方面，則是敕令修築自奈良時代後期開始受到保護的所有定額寺，由此顯示朝廷推展的新佛教秩序尚未成熟。如前所述，以承平、天慶之亂為契機，天皇成為主宰祭祀的地位更為明確化，與天照大神的維繫更為緊密，透過天皇懿德

二十一社

二十一社	名稱	地點	式內外	現址
上七社	伊勢	伊勢	式內	三重縣伊勢市
	石清水	山城	式外	京都府八幡市
	賀茂	同	式內	（下鴨）京都市左京區 （上賀茂）京都市北區
	松尾	同	同	京都市西京區
	平野	同	同	京都市北區
	稻荷	同	同	京都市伏見區
	春日	大和	同	奈良市
中七社	大原野	山城	式外	京都市西京區
	大神	大和	式內	奈良縣櫻井市
	石上	同	同	奈良縣天理市
	大和	同	同	同
	廣瀨	同	同	奈良縣北葛城郡河合町
	龍田	同	同	奈良縣生駒郡三鄉町
	住吉	攝津	同	大阪市住吉區

下七社			
日吉	近江	式內	滋賀縣大津市
梅宮	山城	同	京都市右京區
吉田	同	式外	京都市左京區
廣田	攝津	式內	兵庫縣西宮市
祇園	山城	式外	京都市東山區
北野	同	同	京都市上京區
丹生	大和	式內	（上社）奈良縣吉野郡川上村 （中社）奈良縣吉野郡東吉野村 （下社）奈良縣吉野郡下市町

與神祇護助來統治社稷的神國觀早已根深柢固。至十世紀後期，天皇直接並積極涉入祭神儀禮，相形之下，天皇與佛教的關係，則未能出現如昔日君主大舉建寺、以國家立場積極推動的興佛運動。換言之，中世的神祇秩序在承平、天慶之亂以後迅速形成，佛教卻未有顯著變化。雖以古代發展情況為前提，但在考量改變後所產生的新中世宗教之際，以神祇優先、佛教後進的方式發展則成為重要課題。

佛教在中世的神祇秩序確立下，至十世紀終末，方出現前所未有的新趨勢，促成中世佛教的誕生。

第四節　中世權門寺院的形成

——攝關期的國家與權門寺院

一、攝關期的寺內法會籌備及整頓

自十世紀後期，朝廷不再直接參與培植僧才，各寺卻試圖籌整寺內法會，寺院就此取代國家，將自行培育寺僧視為要務。

九世紀以前，興福寺在法華會中設置豎義，至天元四年（九八一），慈恩會始設豎義，方廣會設置豎義的年代則不明。後至十一世紀末，方廣、法華、慈恩三會舉行豎義，成為以接受維摩會豎義為重的修行次第。十世紀後期以來，興福寺透過舉行這些法會來取代五階制度，藉此發揮培養僧才的功能。

在延曆寺方面，座主良源向朝廷請准在舉行六月會之際設置廣學豎義，並於康保三年（九六六）獲得敕准。良源於春、夏二季在橫川定心房舉行豎義，做為廣學豎義的預試練習。延曆寺在設置廣學豎義之際，亦籌備及整頓修行次第。自十一世紀初，東大寺、園城寺等寺院開始重新設置豎義。

各寺院自十世紀後期成長為權門寺院，自行籌畫及整頓各寺法會，培育重視經論解義的僧侶。值得矚目的是，良源在申請設置廣學豎義之際，向朝廷請求對於完成修行的豎義者可參與翌年春季的御讀經，寺院試圖與國家法會接軌，欲將被視為寺內最高法會的廣學豎義，定位為國家法會最底端的活動。

朝廷放棄保護及統理佛教事宜，佛教及各寺邁向獨自發展的階段。然而，成長為權門的寺院未必選擇脫離國家求取獨立的途徑，而是為了追求可獲得國家法會延請的僧侶，故而培育適切資質的出家人。就國家立場來看，寺院堪稱是取代國家培植所需僧才。或許更正確來說，唯有採取這項方針的寺院，才能成為中世的權門寺院。

二、王法佛法相依論

寺院欲與國家維持關聯的意圖，在十世紀末所提倡的王法佛法相依論之中明確成形。據傳為聖德太子所撰的《四天王寺御手印緣起》，是在寬弘四年（一〇〇七）八月一日，由擔任四天王寺都維那的慈蓮在寺內金堂的金六重塔中發現。正曆本《聖德太子傳曆》中述及〈御手印緣起〉，可知此文書最晚成立於正曆三年（九九二）（林幹彌，一九八〇）。〈御手印緣起〉撰於十世紀末，是源自於四天王寺在當時面臨經濟困窘，故欲藉由描述本願聖德太子的事蹟，來請求朝廷給予護持。而聖德太子的事蹟，則包括制定十七條憲法、將此憲法奉為王法典章、將佛法視為至要教理。《四天王寺御手印緣起》具有預示特質，並成為記述王法佛法相依論的最初文獻。

至十世紀後期，社會整體脫離國家直接統轄，弱肉強食的法則蔓延不絕，對於某些欠缺有力施主護持的寺院而言，如何確保寺內經濟基礎，已成為新時代欲面臨的根本課題。四天王寺依奉太子信仰，並求取王權護持，藉此摸索生存之道。

高野山金剛峰寺同樣出現此舉，撰造空海〈御手印緣起〉（空海奏狀、官符等）。〈御手印緣起〉首見於寬弘元年（一〇〇四）九月二十五日太政官符（〈醍醐寺本諸寺緣起集〉、《平安遺文》四三六號）所引用的文書，為同年七月二十八日上呈的金剛峰寺奏狀。內容為中納言平惟仲所領的石垣莊原本是金剛峰寺領地，故而引發爭論，金剛峰寺則上呈公驗〈御手印緣起〉以示寺領範圍，藉此請求免除寺田充公及臨時雜役。根據寬弘元年的〈金剛峰寺奏狀〉記載：「然後，大師全身入定，且不壞爛，待彌勒出世」，明確提及空海入定的傳說。此文書更述及「望請蒙以天裁，若免除收公寺田及臨時雜役，則遺教續三會之出世，祈天下萬歲之榮樂」，藉此入定傳說而要求免除寺田充公及臨時雜役，文中的邏輯推論可說是接近王法佛法相依論的主張。換言之，金剛峰寺在十一世紀初不僅推廣空海入定的傳說，更撰造〈御手印緣起〉來要求朝廷護持佛法。

至於東大寺方面，則有〈聖武天皇敕書銅板〉問世。此銅板是在東大寺西塔於承平四年（九三四）遭雷擊焚毀後，或晚至天德三年（九五九）重修西塔之際從塔內被發掘取出。值得矚目的是，銅板背面有後世追刻的敕施入文。背銘記載為天平勝寶元年（七四九），是聖武天皇布施封戶五千戶、水田一萬町於東大寺，曾有說法指出此與事實不符。〈聖武天皇敕書銅板〉的撰造參考依據，應是天平感寶元年（七四九）閏五月二十日頒布於五大寺的敕書，其中一封現存於靜岡縣平田寺。鈴木景二將〈平田寺敕書〉與〈聖武天皇敕書銅板〉背銘互為對照，據其研究所示，可發現後者添加內容為「以代代國王，為我寺檀越。若我寺興複，天下興複。若我寺衰弊，天下衰弊」（鈴木景二，一九八七）。這項文書在撰造之際，重新強調歷代天皇皆為施主，東大寺之榮枯攸關天下興衰，內文雖未提示王法佛法相依論，卻可說具有類似的道理。

〈聖武天皇敕書銅板〉背銘收錄於《東大寺要錄》卷六，這部寺誌確實撰成於嘉承元年（一一〇六）。鈴木景二指出背銘記載時期，或許可溯至十世紀初，筆者在此不妄下定論。至十二世紀，東大寺請求償還封戶之際，背銘發揮了實質功效。值得矚目的是，自十一世紀中葉起，當東大寺所領莊園要求免除建造宮廷內殿的造內裏役等臨時課稅之際，則成為積極主張其寺院領地為「聖武天皇敕施入」、「本願聖靈施入」的布施福地（久野修義，一九九一）。

這種情況與王法佛法相依論互為結合，更具說服力。天喜元年（一〇五三）七月美濃國茜部莊司住人等解（東大寺文書，《平安遺文》七〇二號）之中，記載朝廷標示寺領莊園四方邊界、派遣諸使勘查土地總數、請求免除各種雜役，表明東大寺所領莊園不僅是「敕施入」，更言及當時王法佛法相依的情況：

> 方今王法佛法相雙，譬如車二輪，鳥二翼。若其一國（或為闕），敢以不得飛輪。若無佛法者，何有王法乎？若無王法者，豈有佛法乎？仍興法之故，王法最盛也。

茜部莊原本是酒人內親王於弘仁九年（八一八）布施的領地，卻更改為聖武天皇敕令布施，且以王法佛法相依做為主張訴求。

以上是說明十世紀後期的寺院在失去國家直接保護，並陷入經濟困難後所考量的解決之策。王法佛法相依論正是藉由回顧歷史，在深切思考寺院之存在意義後所獲得的邏輯思惟。這是包含編造事蹟在內，強調過去實踐王法佛法相依，故對於現今朝廷亦要求履行此項原則。反之若非如此，寺院則難以存續，許多寺院不敵現實而遭淘汰。理所當然地，南都各大寺皆是具有悠久歷史背景的要剎，興福寺擁有攝關家為後盾，無疑具有無比優勢。至於不同於法隆寺、藥師寺的東大寺，之所以能占居中世權門寺院的一席之地，應是該寺在十世紀末、十一世紀前期面臨轉換期之際，能有適當抉擇及付諸努力的結果。四天王寺、金剛峰寺的情況，則又更為顯著。轉換期的抉擇，將決定寺院此後能否延續命脈。興福寺、東大寺、延暦寺、園城寺皆能超越時代，成為權門寺院之代表。這些寺院之所以能藉由佛力、神威等力量發起武力抗爭，就此成為與院的權力互為對峙的權門，甚至因此獲得獨立自主，其原因就在於憑藉本寺實力而爭取獲得權門地位。另一方面，京都真言宗法系的寺院，則藉由與王權結合來確保自寺立場，故其自主性較為薄弱。

寺院既向朝廷要求王法佛法相依，本身亦需護持王法。換言之，這種主張整頓寺內法會，或向國家法會請求自主提供僧侶之舉，堪稱是表裡一致的關係。朝廷勢力（即藤原道長）敏感洞悉到寺院的意圖，故對國家法會與新寺院著手進行籌備及整頓。

三、攝關期的國家法會

所謂「公請」是指朝廷招請僧侶舉行法會，並在朝廷（公卿之座的仗座或御前）舉行僧名定法會，是一種例行或臨時法會，並以御齋會、季御讀經為代表。上皇在院政期舉行的僧名定法會亦屬於公請法會，其下包含君王主辦的法會，故將公請法會稱為「國家法會」。

自十世紀後期以來，各宗寺僧唯有在舉行國家法會之際一併出席，朝廷為此重新設置論義會。

最勝講始於長保四年（一〇〇二），約於寬弘二年（一〇〇五）開始成為例行活動，在清涼殿為期五日舉行，分別為朝、夕各一座，合計舉行十座，並以問答方式進行《金光明最勝王經》釋義的論義會。御齋會亦舉行護國經典《金光明最勝王經》的講義，法會為期七日，是由同一講師宣講。最勝講的各座講師皆為不同講者，是採取南都僧（興福寺、東大寺僧）與天台僧（延曆寺、園城寺僧）進行問答形式，依序輪流表述，並設有證義以評論講師見解。最勝講的論義是以天皇為首、在公卿及各宗僧侶面前展現個人學識的場域，對學僧而言，若能獲得稱譽將是一項榮耀。

朝廷在無法保護或管轄佛教及佛寺的現實狀況下開設論義會，藉此刺激學僧的向學之心，而此心念堪稱是一種根本特質。藉由論義會，朝廷促使那些盼能振興教學，並期待國家法會延請本寺僧侶的寺院來培育國家所需人才。這並非動用朝廷勢力，而是巧妙誘導寺院主動推展，堪稱是手段高明的政策。以最勝講為嚆矢的論義會，在平安時代後期陸續成為每年例行活動。

此外，密教奉朝廷敕命而修法，自十世紀後期趨於多壇化。例如舉行五壇法之際，由延曆寺、園城寺僧侶主持各壇，自十一世紀後期，真言宗各寺僧侶亦參與其事。多壇化是指透過不同宗派或寺僧，彼此競逐修法是否靈驗，可說是藉此獲得更顯著的宗教效益。

最勝講創始於長保四年（一〇〇二），藤原道長於此年在私邸初次舉行「法華三十講」，此後成為每年例行活動，一直持續至道長臨終前的萬壽二年（一〇二五）為止。所謂法華三十講，是指各座釋義《法華經》三十品（二十八品與開、結二經之總稱）的法會。法華三十講與朝廷舉行的論義會皆同，集聚南都、天台學僧，並設置證義，依序由三十人進行《法華經》的問答釋義。值得矚目的是，道長的法華三十講兼有舉行豎義。所謂「豎義」，是指在講會期間選擇一日，由南都、天台雙方僧侶進行問答，並由負責選題的探題判定答辯能否成立。至於負責解答提問的豎者方面，南都僧是選擇尚未成為維摩會豎者之前、仍處於修業階段的學僧來擔任，天台僧亦由同等級的僧侶擔任，召集修學中的學僧出席。換言之，對南都僧而言，此豎義是維摩會豎義的修行次第。藤原道長逝後，豎義是由法成寺御八講舉行的勸學豎義所續承。三十講豎義是由南都僧、天台僧進行問答，勸學豎義則由雙方個別進行，稱為「南京豎義」、「天台豎義」。朝廷自十世紀後期停止直接介入培育僧才，藤原道長及其子賴通招集南都、天台的修業學僧舉行豎義，當場判定論義可否成立，並親身參與培育僧才，此點是令人值得關注的課題。

藤原道長舉行的法華三十講，可說更加擴展最勝講的型態，因在私邸舉行，具有更多發揮空間。幾乎同時創立的南京豎義、天台豎義，無疑皆以道長的構想為基礎，在舉行這些論義會的前提下，則有道長於晚年創建的法成寺，具有舉足輕重之地位。

四、創建法成寺

法成寺的思想核心通常在於阿彌陀堂，是基於藤原道長的淨土信仰所建立的寺院，道長在現世獲享無比尊榮，希冀來世能往生極樂世界（家永三郎，一九四〇），但其創建金堂之目的則在於「住持佛法，鎮護國家」，堂內供奉大日如來為本尊。此外，在藥師堂置有丈六高的金色七佛藥師如來、六觀音像等造像，是為了祈求七道諸國能禳災解厄，救濟萬民。換言之，法成寺已無法被單純視為道長個人的淨土信仰，道長建立此寺的意圖，是以金堂、講堂、藥師堂為中心來舉行國家層級的祈祝活動，並在外圍配置諸如阿彌陀堂、五大堂等道長自身欣求來世往生善處的場所，或祈求尊佛庇護攝關家的場域構造。

在法成寺內，可發現許多過去寺院所欠缺的特徵，其中包括金堂及講堂的大規模伽藍建築，至少可溯至平安初期的東寺及西寺。至十世紀末、十一世紀前期，天皇創建的御願寺、圓融寺、圓教寺、圓乘寺，皆僅有數座堂舍，做為願主追善供養的場域，其特性十分濃厚。僧侶組成與法會的修行型態，亦凸顯其寺特色。擔任法成寺執行的僧侶，是由天台寺門派一脈相承，並由三門與寺門補任檢校、別當之職。不僅是由天台僧擔任宗教活動的三綱、供僧，亦有不少興福寺、東大寺僧出任其職。法成寺舉行的法會中，以法成寺御八講（道長周忌法會）最為重要，其儀式次第是遵照三會為基準，論義是由南都僧與天台僧進行問答，東寺僧亦加入成為聽眾。在法會期間，興福寺、東大寺僧修行南京豎義，延曆寺、園城寺僧則舉行天台豎義。

法成寺是由天台（延曆、園城二寺）與南都（興福、東大二寺）的僧侶所創建的寺院，如此顯示不拘於特定宗派，形成諸宗僧侶薈聚的新寺院形式，堪稱是繼承及發展最勝講等請僧論義的型態。此後，法成寺的特質是由後三條天皇創建的圓宗寺、白河天皇所建的法勝寺所延續傳承。

藤原道長初創國家法會，以巧妙方式主導試圖投靠國家的寺院發展動向。後三條天皇、白河天皇沿襲此政策，為了建立護國寺，彷彿採取實施王法佛法相依的立場來進行。對於寺院構築的王法佛法相依論，王權將其善加利用並視為自身正統依據，欲藉此鞏固王權所奠定的社會基礎。

以最勝講為最高盛儀的多元化國家法會體系就此確立，權門寺院的僧侶競逐學識，廣開交流。平安後期的佛教特徵在於超越宗派框限，形成廣泛的共通基礎。

第五節　中世佛教的特質

一、法會大眾化

前節已考察自國家解體後，寺院從國家保護及統轄中獲得解放，成長為中世權門寺院。在此過程中，寺院摸索與國家之間的關係，以及應推展何種活動。本節則根據佛教內在特質，針對十世紀後期至十一世紀，探討從古代佛教轉變為中世佛教的實質變化。在此情況下，「法會大眾化」正是一大關鍵。

在顯教法會變遷過程中，最值得矚目的是盛行舉辦論義會，以及悔過會的形式改變。如前所述，最勝講創始於長保四年（一〇〇二），在為期五日間進行講問論義，設朝、夕各一座，合計為十座。學僧在清涼殿天皇御前論義，文武百官在場聽聞，對僧侶而言，這恰是一展長才的絕佳時機。僧侶可藉此表達個人語調或表情等情緒表現及能力，而這種論義亦蘊涵藝能要素。對貴族而言，論義會不僅在於結緣，更具有濃厚娛樂色彩，顯教法會大致皆認同此特性。至於御齋會亦講說《金光明最勝王經》，卻由同一名講師在七日間進行宣講。相形之下，最勝講是由不同講師在各座陞座，與他宗僧侶進行問答，如此方式較為豐富多元，更能吸引僧侶關注。法華八講於十世紀中葉成為一種追善佛事，就此蔚為風潮，各種論義會盛行，法會的藝能性則更為鮮明化。

悔過會的變遷亦十分重要，筆者在此以佐藤道子研究為參考對象（佐藤道子，一九九四），探討十世紀末開始發展的修正月、修二月的形式特徵。悔過會是由僧侶懺悔己身罪業，並祈求國泰民安、五穀豐登，自奈良時代在中央官寺與地方國分寺進行。這種法會是將一日分為晨朝、日中、日落、初夜、半夜、後夜（半夜至黎明），並採取六時形式，無分晝夜連續舉行。創建於十一世紀的法成寺與法勝寺在舉行修正月之際，則是採用初夜、後夜修持法要的二時型。這項史料首見於寬和三年（九八七）正月六日的圓融寺修正月，「初夜又出御堂，有音樂、咒師、啄木舞、雜役等，後夜終還御」（《小右記》同日條），可知法會過程中舉行奏樂，並有各式藝能演出。從院政期遺存的豐富史料中，可明確得知在法成寺、六勝寺舉行的修正月、修二月，是在初夜法會結束、後夜法會開始之前設置筵席，並在法會中舉行咒師猿樂表演。更可確認在法會結束之際的結願儀式中，有追儺表演及鬼怪登場。至十世紀末，當原本在年初舉行的悔過會改為夜間法會之際，如此藝能特性則更為明顯。

然而，藝能表演是在設置筵席的地點進行，不僅為僧侶準備膳羞（饍），亦提供俗家聽眾飲膳，嚴格來說不能稱之為佛教儀式。從初夜至後夜之間，有咒師猿樂自行演出，這些表演顯示原本包含在佛教儀式內的藝能要素，逐漸獨立成為「藝能」。法會不僅是佛教儀禮，亦是強化具娛樂性的演藝特質。法會原本包含法樂或為求莊嚴會場而演奏雅樂，如今不以佛為對象，而是發展成為針對俗眾的藝能表演，此點顯得相當新穎。上皇巡幸六勝寺等地所舉行的修正月，眾多貴族不僅聽聞祈求天下太平、自身安康的祝禱，更是為了喜愛或享受藝能表演。藉由法會附加的娛樂性質，促使更多俗眾聽聞佛法，如此即可提昇悔過會原本祈求五穀豐登、物阜民豐的宗教功效。

此外，佛教儀禮本質亦出現顯著變化，法會儀程自十世紀開始添加導師教化。所謂教化，是指化導聞法俗眾的聲明（梵唄）。教化是由導師針對結合梵、漢語聲明的每段法要部分，以日語進行簡要解說。佐藤道子針對教化的形成而有以下評價。她認為原本佛教是信眾對本尊懺悔或展現修學成果，並藉此功德利益眾生。教化則是直接化育眾人，其形成方式是從對佛儀禮轉變為對人儀禮的法會本質變化（佐藤道子，一九九五）。誠然，法會以供佛為目的是不變原則，在法會儀程中加入化導俗眾是劃時代之舉，這意味著佛教直接親近俗眾，積極投入濟度群生。

原本佛教傳入日本就蘊涵強烈的大乘佛教性質，上至君王、下至黎民，悉皆施予普濟。這種特徵自十世紀末、十一世紀初以後更為顯著，法會提高藝能特質，附以教化民眾的要素，佛教逐漸具備吸引俗眾的魅力。「法會大眾化」的推手正是寺院、僧侶等佛教界勢力，他們從律令制的保護及管轄下獲得解放，致力於摸索日本佛教的新方向，最後衍生出可獲得廣泛階層支持的法會型態。

僧侶與寺院受到法會質變所影響，宗教活動普獲社會認同，發展出以民眾為對象宣倡教法的倡導。權門寺院及其末寺所舉行的修正月、修二月中，必然包含護國祈禱，最重要的是上至君王、下至黎民，人人祈願國泰民安。如同寺院提倡王法佛法相依論般，推動民眾教化之際亦標榜護持王權。

本節探討的顯教法會，原本俗眾亦能聞法，故發揮其特質，更可接近俗眾。另一方面，密法修持是在閉鎖空間內私下進行的佛事，俗眾鮮有機會參與。密教僧侶為了強化與天皇貴族的關係，隨著深入王權核心，密教寺院於十二世紀初開始緩緩加入論義等顯教要素，並與民眾世界互為接軌。

二、寺院階層分化與職務分擔

自十世紀後期之後，某些寺院為求救亡圖存而接近國家勢力，逐漸積極接納皇親及貴族子弟。以鑽研學問及修行為訴求的寺院社會，為了配合僧侶的修學能力而建構秩序，但在貴族子弟入寺後，他們亦在寺內備受禮遇。原本寺院社會是出世間，與世俗身分無關的場域，如今寺內卻出現階層分化，漸為世俗社會的寫照。換言之，寺內大致區分為兩類型，亦即以鑽研「學」為本務而精進法會、鑽研法義的學侶，以及重視「行」而從事寺內雜務的堂眾（行人、禪眾）。至於脫離寺院秩序、居於寺院外圍或其他場所者，則稱之為聖（遁世僧）。寺僧身分的分化，促使他們面臨唯有符合標準者方能勝任特定職務。

如前所述，自十世紀中葉之後，天皇身為祭神的主宰者而凸顯其特質，並具有更崇高的清淨性。學侶階層在擔任宮內國家法會或修法之際，同樣對穢厄有所警戒，將死穢視為最大忌諱。在寺內低於學侶位階的堂眾，或與學侶身分懸殊的「聖」，則替代學侶從事與死亡相關的宗教行儀，並將這些活動視為個人生存立足的基礎。

自十一世紀初期，就由遁世僧（聖）在貴人臨終法事之際擔任念佛的善知識之職，禪眾則在墓地直接面對死者並舉行法華懺法，成為學侶避免涉入的特有宗教範疇。學侶負責祈求癒疾，並強烈意識到現世。這種將生死儀禮分業的情況，幾乎同時引發寺院社會出現學侶、堂眾、遁世僧的階層分化。基於淨土信仰十分普及，貴族不僅關心現世安泰與否，更欣求來世能往生善處，堂眾和遁世僧或許可藉此尋求個人活動的新方向，他們的活動終於透過禪律僧而進行組織化。禪律僧在中世後期發展出特有的活動方式，可確定其源於十一世紀初，此為重要課題。禪律僧現身在有別於古代佛教的中世佛教誕生過程中，禪眾和遁世僧的活動，則堪稱是原本就包含於中世顯密佛教的範疇內。

三、神佛習合的新發展

在考量佛教實質變化之際，最重要的莫過於神佛習合出現新進展。創建於奈良時代末期、平安時代初期的神宮寺，是由當地有力人士或民眾建造，地點與神社保有一段距離，兩者屬於不同組織。八幡宮因與佛教關係密切，則成為特例。石清水社於九世紀中葉設有別當、三綱的僧職，稱為石清水八幡宮護國寺。至十一世紀前期，其他神社亦正式採用石清水社的神佛習合形式。包括賀茂社在內、所有隸屬中央的重要神社，則在社殿前舉行經書供養或講經法會，神社內則建有經藏。御經所成立於十一世紀末，亦舉行例行法會，神社成立社僧組織，神官及社僧共同推動神社的營運事業。神社自十二世紀初建有佛塔，神佛習合始有雛形，呈現中世的神社景觀。這些事業是由天皇、攝關、院等王權建構者所推動，並由二十一社中的高階神社發展新型態的神佛習合。

在神前舉行講經論義，成為一種供養神祇的法樂。隨著顯教法會舉行，深入王權核心的密教僧亦推動新型態的神佛習合，自十一世紀前期，真言宗護法僧於夜時在清涼殿二間加持祈禱，每夜從二十一社的諸神中奉請一社神明，將這些與天皇淵源甚深的神祇納入密教儀禮中，再藉由諸神之力祈求護持天皇。值得關注的是，在奉請二十一社神祇之際是唱誦〈本地咒〉（本地佛真言）。將諸社定為本地而形成本地垂迹說，如此思惟方式極有可能出自於密教護法僧。

無論從心理層面或是實際情況，諸神與佛教的關係已遠較古代更為密切。如同本地垂迹的思想發展所顯示般，最重要的是日本神祇漸被納入佛教世界觀。

四、三國世界觀的確立

至十一世紀後期，真言宗僧成尊提出天皇即是天照大神、大日如來的說法。後三條天皇獲得成尊所授的智拳印，故在前往登基典禮途中手結此印，堪稱是以大日如來的身分登臨象徵天皇之位的高御座。

既被視為大日如來，原本積極與天照大神一體化的天皇，亦可被納入佛教世界中。不僅是天皇，而是藉由天皇懿德與天照大神護佑來達成治理社稷萬民的目標。這意味著十一世紀前期確立的神國觀，這種對本國的認知已含融於佛教世界觀中。如此一來，原本僅是包含佛教徒在內的部分人士所認知的三國觀，如今廣受知識分子所接納。

在日本中世時期，神國觀（和漢觀）與三國觀的概念未能並存。三國世界觀於十一世紀後期獲得確立，是具有自尊意識的自國概念，其來源取自於十世紀末、十一世紀前期形成的和漢世界觀與神國觀，而此概念是奠定神國觀的根本思想。故在三國觀中，常有和漢觀及神國觀的影響存在，此後則與三國觀相互結合發展。

至十一世紀初，中世的神祇秩序與神國觀在某種程度上已然確立，藉由獲得佛教的邏輯特質而具有普遍性，並在顯密體制中占有一席之地，此後更發展成屹立不搖的神國思想。這與記紀神話在探討諸神世界時採用佛教思想詮釋，此後轉變及發展為中世日本紀（中世神話）的過程完全相同。

至葡萄牙人航行東瀛為止，日本知識分子在認知世界之際所接納的三國世界觀就此確立。

五、重新建構顯密體制論

誠如黑田俊雄所述，若將與中世國家權力完全結合、並誇示其正統性的意識型態秩序稱之為顯密體制，那麼在探討顯密體制「形成」的歷史之際，最重要的論點應在於以下的發展過程，亦即從佛教立場來含攝在十世紀末、十一世紀前期達到某種程度發展的神國觀，並將顯密體制淬鍊成一種將日本中世國家及王權予以正統化的意識型態。黑田俊雄及其後繼者雖在本地垂迹說與神國思想發展中，將神祇的領域納入探討，卻沒有將此視為形成顯密體制的核心課題。近年，神社史研究未能提出任何批判，就直接根據佛教史的結論來做探討。其最重要的原因，莫過於並未採取十、十一世紀宗教史上發生的具體事件來進行檢討，就輕率認同中世宗教是成立於院政期，並讓這種錯誤認知不斷蔓延。

從古代佛教轉變為中世佛教的過程中，佛教並未達到獨自發展階段，其底蘊在於日本國內受到世界情勢所影響，王權與國制的架構產生變化。具體而言，中世佛教在自行吸收已先行發展的神祇秩序、神國觀、天皇觀，並獲得可能支持新王權及國制的意識型態得以落實之下，方能得以確立其型態。筆者認為這種趨勢絕非受到王權牽引所致，而是佛教為了順應時代所形成的發展軌跡，如此型態顯然迥異於中國佛教的發展方式。

六、日本佛教奠定基礎——代結語

王權是將各寺為求生存所構築的邏輯思惟「王法佛法相依」，做為自身的正統性並加以積極利用，將寺院的心血成果視為己有，藉此鞏固王權的社會基礎，並確立顯密體制的宗教秩序。

在中世佛教成立過程中，佛教開始關心俗眾，形成吸引大眾的新式法會。顯教法會深具吸引力，故能滲透民眾世界，構成日本佛教社會之基礎。有關佛教普及的過程，大致可設定為以下兩項：

原本顯教法會可分為兩種，亦即講經法會（讀經、講說、論義），以及悔過會（修正月、修二月、佛名會等），兩者差異顯著。這兩種法會原本皆在寺院舉行，講經法會有時以神前法樂的形式，在神社的社殿前舉行，悔過會的核心儀式則由僧侶舉行佛懺（懺法），必須奉置本尊，故神社通常不舉行供養法樂。此外，法成寺、六勝寺將講經法會與悔過會視為每年例行活動，其修行型態截然不同。法華八講、大乘會等論義會是以公請方式集結各宗僧侶共同舉行，法會用度則由諸國分擔（國宛）。修正月、修二月堪稱是結合莊園制統治的法會。

在中世時期，無論是轉讀《大般若經》的講經法會，或舉行別稱為修正會的悔過會，皆是保障民眾生活安泰。然而，基於前述的法會性質有別，滲透社會的過程亦有所不同。

自十一世紀初，講經法會在隸屬中央的主要神社社殿前舉行神前法樂，故成為神佛習合的新型態，而此型態成為規範，諸國受領競相效尤，藉由建構神祇秩序而普及全國。最勝講被置於國家法會體系的至高地位，在以國鎮守（一宮）為首的國內重要神社中舉行，並由國、郡、鄉等各鎮守舉行許多講經法會，以宗教型態護持各自信仰圈，就整體而言，是在諸國、甚至日本全域形成鎮護秩序。

另一方面，修正會並非透過受領或神祇秩序的管道，而是以莊園制的統治秩序為基礎滲透社會。莊園領主在當地莊園設置寺庵，派遣僧侶住寺。修正會於年初祈求五穀豐登，並結合農耕儀式，堪稱是領主獎勵農事的一大重要環節。

講經法會與悔過會滲透社會的過程相異，實際上卻能吸引每位民眾，護持其日常生活幸福。中世佛教具有更強烈的大乘佛教性質，並將目標轉移至關懷俗眾，經由鎌倉時期逐漸滲透社會，對於深植於民眾世界的日本佛教，則使其發展基礎更為穩固。在此同時，將鎮護國家及護持王權的祈禱，根據其構造系統運用在各法會中，藉此鞏固中世王權的成立基礎。

自平安時代後期，「鎌倉新佛教」各宗派在擴大宣教之際，是以顯密佛教構築的民眾基礎為根據，此乃重要之事實。起初日蓮宗與禪宗主張不奉神祇，隨著擴大傳法途徑，亦採取妥協立場。如此顯示自鎌倉後期以後，「鎌倉新佛教」各宗派立足於實際達成社會普及化的顯密佛教之上，並藉此擴大傳法途徑。在中世佛教形成過程中萌生的佛教型態，的確促使顯密佛教滲透社會，此後佛教根據這項基礎持續發展。誠然，歷經十世紀後期與十一世紀，方能奠定日本佛教的後續發展基礎。尤其是佛教中蘊涵神祇信仰這部分發揮了極大功效，這是藉由佛教採取神國觀，從中世民眾認知世界的三國觀得以確立此點來看，即可一目瞭然的現象。縱然日本強烈意識到中國社會及中國佛教的存在，促使日本社會及日本佛教獨自邁向其他領域，但其發展起點，或許就在孕育中世社會形成的脈動中。中世社會正是接受大唐帝國滅亡的事實後，形成迥異於古代日本的新型態。

（本章是根據筆者所著《日本中世社会の形成と王権》〔名古屋大学出版会，二〇一〇年〕的探論，並根據佛教史予再做彙整，故盡量減少引用文獻或史料實證，至於詳細內容請參閱拙著）

專欄四

淨土信仰的一大觀點——對於念佛的理解

梯信暁（大阪大谷大學教授）

親鸞本人，唯受善人（法然）教示專一念佛，得阿彌陀佛救度，別無其他。

（《歎異抄》第二條）

「善人」法然教示的念佛，無疑是指稱名念佛「阿彌陀佛」。現今許多日本人已有「念佛即稱名」的固定觀念，此為法然、親鸞的修行境地，現代人多受其思想及教法所影響，如此說法多少是正確觀點。人們將實修念佛視為欣求往生極樂的因行，這種立場是從佛教在印度發展以來形成的普遍概念，念佛的涵義會依照不同時代或地區、個人而產生千差萬別。值得注意的是，早在平安時代貴族社會就已形成「念佛即稱名」的共識。

阿彌陀佛信仰在十世紀流傳於日本貴族社會，比叡山天台宗則在教理上發揮護持信仰的功能。自九世紀以來，比叡山已延續不斷念佛的傳統。所謂不斷念佛是指圓仁傳承唐朝的念佛儀式，並成為每年舉行的例行法會，最初在東塔常行堂修行，此後在西塔建立常行堂。十世紀的高階貴族則深受此法會形式所吸引，在《貞信公記》、《九曆》、《小右記》、《御堂關白記》等著作中，皆有不斷念佛的零星記述。比叡山橫川、大和多武峰、京都法住寺皆與攝關家有所淵源，這些寺院亦建立常行堂。十世紀後期以後，比叡山盛行研究淨土教法，堪稱是與彌陀信仰滲透產生連帶關係的運作型態，教理研究則是順應貴族社會要求而持續進行。

平安時代的比叡山念佛，其主流往往被認為是觀想念佛，原因就在於《往生要集》提出的念佛方式，令人印象太過深刻所致。《往生要集》彙編的實修念佛，是以觀色相的觀想念佛為主，此為該書特徵，若要做為平安時代比叡山淨土教的標準方式，則難以被認同。不斷念佛是指在持續經行的過程中稱念佛號，觀身、口、意三業心相續所行持的懺悔修業。比叡山念佛雖完全包含稱名及觀念，但毋寧說在十世紀的階段更為重視稱名念佛。

慶滋保胤在十世紀末所撰的《日本往生極樂記》中，經常出現念佛一詞。若舉書中可理解其念佛涵義的用例之際，可發現念佛一詞幾乎皆指稱名念佛。論其原因之一，就在於空也提倡的念佛主要是指稱名念佛，對十世紀的貴族社會影響甚鉅。總而言之，當時一般社會、尤其是貴族社會所理解的「念佛」，即是指「稱名念佛」。故在十世紀，比叡山將稱名念佛予以教理化則成為當務之急。良源所撰的《九品往生義》，正是順應此趨勢的首部著作。

《九品往生義》僅在下品人臨終十念的詮解部分，針對「念佛」在教理上的意義提出議論，其內容可見問答如下，是沿襲新羅僧義寂所撰的《無量壽經述義記》之說。

問曰，云何十念？

答曰，若准（《觀無量壽經》）下品下生文者，經十念頃專稱名，為十念也。稱南無阿彌陀佛經此六字頃，名為一念也。

（《大日本佛教全書》二十四，二〇八頁）

新羅於七世紀至八世紀盛行研究淨土教理，元曉、法位、玄一、義寂、憬興等人皆注疏《無量壽經》。六、七世紀的淨宗教法研究於長安發展，並由這些學僧承襲成果，他們的目標在於如何建構救度凡夫的理論，並組織獨具特色的教理。其中最值得矚目的，是針對本願十念、下品十念所提出的見解。探討課題在於《無量壽經》的第十八願文，以及《觀無量壽經》下品段的「十念」，究竟是聖人所發、抑或凡夫所發。這是在新羅時代淨土教典所具備的共通課題，堪稱是新羅淨土教之一大特徵。

元曉認為本願十念是凡聖俱發、下品十念是凡夫所發，皆包含稱名與觀念。法位、玄一大致認同元曉之說，卻表示下品十念以稱名為主。義寂則反駁此說，將本願十念、下品十念皆限為「凡夫所發十遍稱名」之意，主張凡夫的稱名念佛為往生之修因。憬興倡說的主張，亦接近義寂的立場。

新羅時代的淨土教典於八世紀中葉傳入南都後，日本淨土教將之奉為指南並從事教理研究。至十世紀，比叡山承其傳統，在《九品往生義》中援引義寂、憬興之說。良源承襲新羅的淨土教法研究，將下品十念詮釋為十聲稱佛，並向貴族社會傳示，縱使是窮凶極惡之人，若能於臨終口誦「南無阿彌陀佛」，即能往生淨土，如此教法可令貴族得以安慮。活躍於同時代的千觀、禪瑜則續承此說，「念佛即稱名」的觀念就此在十世紀貴族社會中穩定發展。

文獻介紹

井上光貞，《新訂　日本浄土教成立史の研究》，山川出版社，一九七五年，初版一九五六年。

恵谷隆戒，《浄土教の新研究》，山喜房佛書林，一九七六年。

速水侑，《浄土信仰論》，雄山閣，一九七八年。

佐藤哲英，《叡山浄土教の研究》，百華苑，一九七九年。
梯信曉，《奈良・平安期浄土教展開論》，法藏館，二〇〇八年。

第五章

神佛習合的形成

門屋温

磐城明星大學兼任講師

第一節　何謂神佛習合

一、對於神佛習合的誤解

本章探討的主題，是針對古代至中世時期的「神佛習合」。所謂神佛習合，一般是指佛教從中國傳入日本後，與固有宗教神道教相互融合，並無明顯區分神佛信仰的狀況。例如，某戶人家說明家中兼設佛壇與神壇是基於神佛習合的傳統，如此就能理解他們的信仰型態。這種合祀方式亦可稱為「神佛混淆」，當外籍人士指出日本將神佛混為一談，表示「這在歐美簡直無法想像」之時，總令人覺得這畢竟是日本獨特的信仰風格。但就結論來看，這些對神佛習合的普遍認知，很難成為正確觀念。原本在佛教傳入之前，是否真有所謂的神道教存在就已令人存疑，佛教與神道融合的具體概念究竟為何，亦顯得曖昧不明。本章在探討何謂神佛習合之際，亦想關注神佛習合所造成的誤解究竟從何而來，並針對此課題繼續探討。

前段提到對神佛習合的普遍理解方式，其實是受到明治時期神佛分離政策影響而形成的既定觀念。德川幕府瓦解後導致國內紛亂，明治維新政府為了迅速解決此問題，故力圖重建天皇至上的國家體制。如同慶應四年（一八六八）三月十三日太政官布告所示：「此次以王政復古、神武創業之始為本，恢復諸事一新、祭政一致之制」，恰成為新政權的告示宣言。政府在提出「一新」之際，是以神武天皇統治模式的「恢復祭政一致制度」為理念，將國家回歸原初型態。理所當然，實際上絕不可能恢復古代國家體制，神武天皇的施政，不啻是記紀中的虛幻神話而已。日本在政經方面迎頭趕上歐美乃是當前目標，完全不可能重返律令體制，尤其在宗教政策方面，是將此概念推廣實踐，重興古代神祇官制，欲將以宮內祭祀為核心的「神道」，當作支持以天皇為中心的新國家意識型態。

明治維新政府首先提出的具體政策，是慶應四年三月二十八日的〈神佛判然令〉，成為提出神佛分離政策之開端。神武創業之際，佛教當然尚未傳入日本，宮中理應舉行純粹的神道祭祀，人們理應信仰純粹「神道」。但在神道、佛教習合之下，導致長期偏離正軌。〈神佛判然令〉的背後，存在著近世日本國學者所描繪的幻想，認為若能從目前神道發展狀況中完全摒除佛教要素，就能恢復在受佛教影響之前的神道原貌。政府頒布法令的意圖，就在於若能恢復以天皇為中心的政治體制，就應藉此一新（明治維新）為契機，促使神道恢復固有的正常型態。但就當時來看，自中世以來神佛習合的風氣蔓延擴張，導致眾人奉拜之際，無法釐清何者為神、何者為佛。況且在神社奉職的神主認為僧侶深蒙幕府庇護而怠惰放逸，自身卻長年屈居僧人之下未能得志，鬱憤已是久積難平。與其說〈神佛判然令〉是針對佛教方面，毋寧說是點燃神職人員對僧侶的不滿所衍生的怒火，故在全國各地破壞寺院及佛教設施。如同眾所皆知般，當時的各種蠻橫行徑，足以匹敵阿富汗的塔利班大肆破壞佛像的舉動。日本全國的堂塔佛像被恣意破毀，造成珍貴文化資產大量消失或散佚海外。

若說及神佛分離，不禁令人立即聯想到廢佛毀釋。當時佛教遭受古代崇佛、排佛論爭以來的空前危機。無論如何，神佛分離政策所引發的混亂，往往成為令人關注的課題，但最重要的仍是徹底否定了維持千餘年的神佛習合傳統。藉由神佛分離政策，將「神」與「佛」在長久相互影響下形成的關係予以強制切割，並以人為方式製造「神」與「佛」各自獨立的宗教世界。不僅是佛像與佛具，甚至連祭祀神名及其由來，凡與佛教有淵源的事物皆祛除殆盡。況且賦予一項理由，表示目的是為了恢復佛教傳入之前的原貌，卻反而招致錯覺，令人誤以為在國學者幻想下所強制製造的神社與寺院型態，就是神佛習合之前的「神」與「佛」之原相。然而從古代至幕末時期，根本不曾出現如我們今日所見的神佛關係、或神道與佛教關係、神社與寺院關係。「神佛習合」的概念，就是以近代之後的「神」與「佛」完全分離的狀態為前提，蘊涵本應各自存在卻彼此融通的微妙語意。神佛習合的概念易令人產生誤解，認為並非「神」與「佛」的原有型態。「神佛習合」可令人理解到是基於某種特殊情況所造成，亦是日本的獨特現象。

二、神佛習合與亞洲佛教史

最近在高中歷史教科書中反映出近年的研究發展現況，亦大致提及本地垂迹說或神宮寺等課題，其內容與筆者在高中時期的所學內容已大相逕庭。然而，這些術語儘管收錄於教科書中，倘若教師的教學態度不變，學生仍無法獲得正確理解。如前所述，「神」與「佛」的二元對立觀點，實有必要重新探討。雖說難免受到教科書篇幅所限，但將神佛習合現象結合理論探討，亦是妨礙真正理解的原因之一。簡單而言，即使是神佛習合，就現象與理論層面而言仍頗有差異。實際上，建造神宮寺或在神前誦經是一種神佛習合的現象。相對之下，例如本地垂迹說是以語辭述說神佛關係，則是神佛習合理論。大致上理論是後續追加，多為闡述現實發生的現象所構思而成。另一方面，亦有構思理論後對現象造成影響並促成其發展，這種現象與理論的關係並非單純。如同現象導出理論、理論促成現象般，兩者關係堪稱是在相互影響下逐步發展。歷史學者主要將神佛習合研究視為一種現象並致力於說明，思想領域的學者則欲闡明習合理論的發展情形。這兩種領域研究在關注課題或方法論上的相異點，就在於即使探討同一主題，仍衍生出微妙差異。最近雙方終於能相互涉入，在某種程度上形成共同的問題意識。筆者在本章中將盡量關注歷史和思想這兩項領域的研究，並在說明過程中，從多元角度來掌握神佛習合的主題。

本節最後想補充說明一事，就是最近出現從佛教本土化問題來探討神佛習合的趨勢，筆者認為這種趨勢絕非錯誤導向。過去，無論從神道或佛教的研究觀點來探討神佛習合，皆未必給予正面評價。不容否認地，從教學角度來看，兩者似有將神佛習合視為異端的傾向。這種情況可視為若從更宏觀的角度來俯瞰佛教本土化，則將更易於掌握其發展全貌。但若落入單純模式，只認為普遍宗教就是吸收傳統信仰，則將毫無意義可言。若欲從佛教本土化的問題來探討神佛習合，反而不應將神佛習合強迫視為日本的固有現象，而是需要拓廣視野，擴充至全佛教文化圈的問題。

實際上，「神佛習合」並非日本固有現象。若說起「神佛習合」的課題，可令人立即聯想到日本神祇與佛教的關係，並深切確定此為日本獨特的宗教現象。然而，並非僅有日本神祇才有與佛教融合的情況。佛教發祥地的印度自不待言，其他無論是在中國或朝鮮、東南亞，這些佛教傳播地區皆產生「神佛習合」的現象，幾乎毫無例外，堪稱是一種泛亞洲現象。中國固有信仰在受到佛教影響後所產生的宗教，被賦予名稱為「道教」，從此促使道教文化大放異彩。在日本，佛教同樣對固有信仰造成影響而形成「神道」。換言之，「神道」的形成堪稱已是「神佛習合」。佛教在傳播所及之處皆引發「神佛習合」現象，並參與建構猶如萬花筒般豐富多彩的亞洲宗教世界。如此想來，「神佛習合」絕非日本國內的主題而已。豈只一邦之內，在探討亞洲佛教之際，這應是無可避免的重大課題。就此意味來看，在進入本章正題之前，筆者想先確認神佛習合的主題為何。

第二節　發現「神道」

一、佛教傳入日本

神佛習合隨著佛教東傳日本，在理所當然的情況下揭開序幕。

據《日本書紀》記載，欽明天皇十三年（五五二），百濟聖明王獻經像，此為佛教傳入之始。當時最著名的事件，是蘇我氏與物部、中臣二氏之間的「崇佛排佛論爭」。物部、中臣二氏皆任宮廷祭祀，信奉佛教則是攸關自族能否掌權的生死問題。換言之，雖說是崇佛論爭，卻不僅止於宗教對立，而是包含蘇我、物部等氏族之間的權力鬥爭。蘇我氏身為國際協調派，接受當時具有東亞典範的佛教信仰，並鞏固與朝鮮半島及中國的關係，身為守舊派的物部氏，則因掌理宮廷祭祀的職權遭受侵犯而產生危機意識。姑且不論上述的政治背景，宮廷的新興佛教與自古傳承的神祇祭祀之間，無疑在一時之間形成緊張關係。有關崇佛派與排佛派的抗爭問題，本書第一章已有詳述，期盼讀者能閱讀參考。本章雖與第一章內容略有重複，但筆者想再針對神佛關係進行說明。

如今一般不採「神道」，而改用陌生的表現方式「神祀」，這是有其緣故。其實，至少至佛教傳入為止，祭神儀禮幾乎不可能使用「神道」一詞。《日本書紀》中使用「神道」之例，最初可見於用明天皇即位前紀的「天皇信佛法，尊神道」，孝德天皇即位前紀的描述，則是「尊佛法，輕神道」。「神道」一詞僅限用於意指與外來「佛法」互為對比之際的神祀，而神祀則是日本自古以來即有的概念。不難想像在佛教傳入後，本土信仰初次受到這種宗教相對化所影響，故被稱為「神道」。

令人耐人尋味的是，中國出現「道教」的概念，幾乎是與前述情況相同。據傳在五世紀的劉宋時代，「道教」並非一般名詞，而是用於指涉某特定宗教的語彙，亦是在與「佛教」互為對比的情況下採用。用明天皇即位於六世紀後期，兩者的間隔時間並不漫長。雖無法舉證顯示受到中國直接影響，但如同佛教在中國衍生「道教」般，在日本產生「神道」的想法或許亦可接受。

二、「神道」一詞

原本從讀音可知「神道」原非日文，學者早已指出「神道」一詞出於中國傳統儒典《易經》之中。在此附帶說明，根據敏達天皇即位前紀所述：「天皇不信佛法而愛文史」，可知天皇不習佛而好儒典等漢籍。雖是同為來自中土的新知，敏達天皇卻沒有著重佛法信仰，而是更熱切關注經世之學，此部分因偏離本篇主題，暫且不予討論。前節所述的用明、孝德天皇的記載，與敏達天皇的記事表現十分類似，顯示《日本書紀》編者關心的課題，在於當天皇面臨與「佛法」相對的信仰之際，究竟是採取「信」或「不信」的立場。換言之，在記錄天皇信受佛法的連續記載中，當漢語的「神道」在與「佛法」比較或對照之際，則可採用做為祭祀日本神祇之意。

除上述實例之外，《日本書紀》僅在詳註中出現「神道」一例，《古事記》則未提及，朝廷律令等正式文書亦未見此用詞。這應是「神道」一詞僅用於與佛法出現二元對立時的某些限定文獻（如前述的《日本書紀》），以及基於是由漢語漢文體編纂的正史《日本書紀》才予以採用的詞彙。換言之，在以天皇為首的宮廷官吏之間，「神道」幾乎不可能被視為日常用語。以更淺顯的方式來說，「神道」是透過新興傳入日本的佛教而被發現，是為了在漢文文脈中表現日本自古以來的「祭神」行為，故而使用此詞彙。

《日本書紀》的用明天皇、孝德天皇條項中出現的「神道」之例，令人產生一種錯覺，彷彿「神道」一詞在佛教傳入日本時早已存在。在此所謂的「神道」與近代的神道性質迥然相異，然而，光從字面來看是無法洞悉其差異性。在六世紀當時就已稱呼「神道」，今日若仍稱之為「神道」卻不知其中迂迴曲折，則將誤解神道的詞意一成不變，古今皆然。這種情況彷彿就像一根菸管，若以手遮握中間的菸桿部分，會誤以為從菸嘴至菸鍋是完全由金屬打造而成。如同前節所述，神佛習合本非神道的原有樣貌，這種想法導致將中世神道定位為不純粹或取向錯誤，故而盡可能拂拭其信仰方式存在。這種反作用力，造成對於早在神佛習合產生之前的古代「神道」投下一種理想化形象，甚至產生前所未見的「古神道」幻影。但在冷靜思考後，可發現如前文所述，《日本書紀》中的「神道」一詞是指宮廷神祀，僅是如此而已。

另一項值得關注的課題，就是《日本書紀》中無論任何記載，皆反映出八世紀初期的政局或文化狀況，而非全然正確傳達六世紀的實貌。誠然，若與編纂者採取各種潤飾的神代卷相較之下，《日本書紀》的歷代天皇紀篇章應是潤色較少。儘管如此，「歷史在記錄當下方成為歷史」，在六世紀這個時間點，「神道」是否真正被定位為與「佛法」相對的立場，則必須予以慎重考量才是。

第三節　創建神宮寺

一、神身脫離傳說的出現

前節首先針對佛教與本土信仰初次接觸，此後被視為某種對立關係而進行概述。如同前節最初所述，在發現「神道」之際，即可稱為「神佛習合」，但這種形式尚未形成具體現象。那麼，最早出現「神佛習合」現象的情況又是如何？

一般而言，產生神佛習合現象的初例是創建神宮寺。簡單而言，神宮寺是指神社所屬寺院，建於神社內或鄰近處，僧侶為神祇誦經或修持護摩法。至明治維新之前，規模較大的神社多屬神宮社，建有寶塔及經藏、鐘樓等堂宇，但在神佛分離政策下，幾乎被破壞殆盡或遷移他處，如今保留原貌者屈指可數。縱然有部分遺構存留，卻幾乎是社寺分離，形跡杳然，其中更不乏徒留地名者。

神宮寺的創建史可溯至八世紀初的奈良時代，從現存史料中可確認神宮寺的最早建造記載，是《藤原家傳》〈武智麻呂傳〉的靈龜元年（七一五）條：

武智麻呂公曾夢奇人，容貌非常，語曰：「公愛慕佛法，人神共知。若願為吾造寺，則將助汝願成。吾因宿業，為神久矣。今歸佛道，欲修福業，因緣未具，故來告汝」。公疑為氣比神，欲答之而醒覺，乃祈曰：「人神道別，兩界有違。昨夜夢一奇人，莫知何者，若能示顯，必為建寺。」神遂以神通力，將優婆塞久米勝足置於高樹頂，以示驗現。公乃知所言不虛，遂建一寺，今越前國神宮寺是也。

武智麻呂於夢中所見的氣比神願能皈依佛法，故為神祇建造寺院，此為今日越前國神宮寺源流史。延曆七年（七八八）成立的《多度神宮寺伽藍緣起并資財帳》則有如下記述：

以去天平寶字七年（七六三），（中略）神社以東，有井於道場，滿願禪師居住，敬造阿彌陀佛丈六。于時在人，託神云：「我多度神也。吾經久劫，作重罪業，受神道報。今冀永為離神身，欲歸依三寶。」如是托說，雖忍數遍，猶稱託云云，於茲滿願禪師神坐山南邊伐掃，造立小堂及神御像，號稱多度大菩薩。

這座堂宇此後成為伊勢的多度神宮寺。此外，史料亦記載在若狹及常陸、豐前等諸國同樣建有神宮寺。

在這些描述神宮寺的建寺源流史中，最值得矚目的是神祇自言「因宿業而為神」、「作重罪業，受神道報」，成為神祇是「因宿業而受報」，故欲「離神身」而皈依佛法，一般稱此為「神身脫離」傳說。誠然，在佛教傳入之前，實在無法想像神祇會自願脫離神籍，這段傳說無疑是透過佛教所誘發的神祇意識反應。此外，更難以認同這是出自神之本願，佛教先將神祇推入宿業淵藪再予以救拔，這不得不說是一種自導自演的偽善行徑。換言之，日本在接受佛教信仰之初，就將佛教定位為救濟神祇的對象。

二、神身脫離傳說的源流

前述的「神身脫離」傳說，在呈現初步階段的神佛習合方面，可說是較早為人所知，這意味著神佛習合是以日本神祇皈依佛法的形式為開端。然而，津田左右吉早已指出「神身脫離」的傳說其實並非源自日本，而是極有可能隨著中國佛教一同傳入（津田左右吉，一九六四）。津田並未提出具體根據，近年卻透過吉田一彥、北條勝貴等人的研究，終於闡明其典據所在（吉田一彥，一九九六；北條勝貴，二〇〇三）。

根據吉田一彥的研究，南梁《高僧傳》、唐代《續高僧傳》之中，已出現以神身脫離為主題的傳說雛形。例如，六世紀初《梁高僧傳》卷一〈安清（世高）傳〉的內容梗概如下：

> 安世高行至廬山䢼亭廟，神降祝曰：「吾乃汝之同學，性多瞋恚，故墮此神報，身滅恐墮地獄，盼能為吾立塔營法，使生善處。」安世高請其現形，神現大蛇身。安世高遂以供奉廟物而建東寺，有一少年忽現其前，受請咒願。

此外，七世紀的《續高僧傳》卷三十五〈法聰傳〉亦有同類型內容：

> 海鹽縣鄱陽府君神，因常祭會，降祝曰，為我請聽法師講《涅槃經》。道俗奉迎幡花相接，遂往就講。餘數紙在，又降祝曰，蒙法師講說，得稟法言，神道業障多有苦惱，自聽法來，身鱗甲內細蟲啖苦已得輕生。

值得矚目的是，姑且不論故事結構如何，甚至無論是「墮神報」或「神道業障多有苦惱」的表現，皆與前述的「神身脫離」傳說極為相似。換言之，日本最初的神佛習合現象，並非神祇對新傳入的佛教有所反應，而是佛教方面將神祇納入「神身脫離」模式中所形成的模式。

神祇自稱「受神道之報」，這意味著日本神祇最初就被定位在因果報應的輪迴中。例如，大黑天或帝釋天等天部諸神，在地獄、餓鬼、畜生、修羅、人、天六道之中屬於天道，位階尊於人道，卻仍墮輪迴之中。故而認為日本神祇與天部之神同樣處於六道輪迴中。此外，氣比、多度二神與示現蛇身的中國神明情況相同，皆是「因造重罪，招受神道之報」，與人同樣墮入苦趣，希求佛法救度，故向前來講經的高僧訴說其苦惱，立誓皈依佛法祈請救拔。這種架構是源自於佛教將印度婆羅門教與印度教的神明迎請為天部諸尊，自佛教傳入中土後，再加入中國民間諸神，並以「神身脫離說」的形式繼續發展，進而傳入日本後，又以同樣模式發揮作用。

三、神宮寺在社會經濟史上的意義

前文所舉的實例，皆是針對神祇為何盼望造立神宮寺的邏輯式說明，並沒有解說為何出現建造神宮寺的現象。由前述資料可知，神宮寺不僅興建於中央，亦盛行建於越前或伊勢、若狹等地方。為何神宮寺自奈良時代開始在地方迅速發展？誠然，建寺所費不貲，當時唯有管轄土地的豪族，才能在地方提供龐大資金。如同多度神宮寺創建源流史中的滿願禪師般，應由雲遊僧勸化地方豪族而促成建寺。然而，地方豪族大抵掌管土地神的祭祀權，倘若如此，就必須撰造土地神欣喜接受建寺的故事來說服這些氏族。若在建寺之際只

八世紀的神宮寺建寺一覽表

時間	地點
靈龜元年（七一五）	越前國　氣比神宮寺
養老年間（七一七—七二四）	若狹國　若狹比古神願寺
神龜二年（七二五）	豐前國　宇佐八幡神宮寺（彌勒寺）
天平十七年（七四五）	肥前國　松浦神宮彌勒知識寺
天平勝寶年間（七四九—七五七）	常陸國　鹿島神宮寺
天平寶字七年（七六三）	伊勢國　多度神宮寺
約天平神護二年（七六六）左右	伊勢國　伊勢大神宮寺
神護景雲元年（七六七）	豐前國　八幡比賣神宮寺
寶龜年間（七七〇—七八〇）	近江國　陁我大神（三上山）神宮寺
延曆三年（七八四）	下野國　二荒山神宮寺
延曆四年（七八五）	近江國　日吉神宮寺
延曆七年（七八八）之前	大和國　三輪神宮寺

延曆元年至十二年（七八二—七九三）	河內國　神願寺
延曆年間（七八二—八〇六）	豐前國　賀春神宮寺

造立堂塔，則如「徒有佛像，未得精魂」的比喻般，不啻是形同虛設而已。寺院必須藉由常住僧侶及護持信眾來維持營運，故應具備經濟後盾來常時推動佛事。神宮寺又是如何在短期內獲得經濟基礎？

有關於此，應可見於義江彰夫的考證（義江彰夫，一九九六）。義江在說明之際，將神宮寺迅速擴展至地方的理由，歸結為與律令體制下的幣帛給付系統有關所致。大寶元年（七〇一）完成的律令制官僚機構中，最著名的是設置最高位階的太政官與神祇官。這就是所謂的祭政並行體制，由掌理一切祭祀的神祇官，與統理行政的太政官共同建構而成。至於幣帛給付，則是指神祇官統領諸國神社的系統。神祇官在舉行祈年祭等國家祭祀時，需向入京的諸國神官直接給付幣帛，做為獻神供物之用。據義江彰夫所述，當時分配蘊涵了皇祖神天照大神豐沛神力的稻穗。位於地方的有力神社，其神官亦是當地豪族出身，在返國後將稻穗分送各村農民。農民受到稻穗的神力守護，得以秋收豐饒，故藉由供奉初穗料（供養金）的方式以謝神明。換言之，幣帛給付才是暗中支持租稅貢納的意識型態。

的確，假若比照中國官僚制度的架構，一般日本百姓將無法即時理解為何需向官吏貢納租稅的理由，以及官吏為何需向百姓提供服務的模式。日本朝廷為了讓國家強制奪取平民財富的行徑得以正當化，故而利用「彷彿魔法般的基層信仰」，這恰是「具有咒術性質的神祇官制度」。至八世紀後期，隨著生產力愈漸充沛及擴大私有資產後，幣帛給付制度逐漸難以發揮功能，地方神官逐漸不再入京接受幣帛。這種情況，猶如原本向銀行借款者略獲致富後，發現其實可自行比照銀行賺取資財，故提供貸款於他者，從此不再向銀行借貸。若幣帛給付制度面臨瓦解，徵稅系統喪失作用，國家財政將陷入危機。義江彰夫判斷認為，朝廷為求彌補幣帛給付制度，企圖藉由佛教促進國家再度統合，故而導致地方豪族祭祀的神社陸續營建神宮寺。的確，就社會經濟史層面來看，大致上能接受其說。然而，筆者無法認同將佛教迅速滲透地方的原因，解釋為統治階層因借助神威、強取百姓財富而對此萌生罪惡感，為求拔救才皈依否定貪欲的佛教。統治階級倒還不致於悲天憫人到會為此而深感內疚，對於神身脫離的說法，王權及官僚貴族甚至揚言：「列眾神之名，告解諸多罪業，令其皈依佛教、皈依菩薩，為此造立伽藍，即神宮寺。」如此行徑，不免略有一種將神佛視為功利手段之嫌。若針對其罪而提出問題，最重要的是昔日所犯的具體禁忌行為（罪行），藉由導入佛教的因果報應思想，將罪的概念改變成接近「罪業」的原罪意識。朝廷在建造神宮寺的背景因素中，應有這種罪意識的變化存在。

第四節　護法善神的形成

一、勸請鎮守神

繼前述的神宮寺之後，另一種屬於古老型態的神佛習合形式，則是將神祇視為寺院守護神來進行祭祀。這種情況，就是所謂的勸請鎮守神。寺院守護神稱為鎮守神，「勸請」是意指迎請及奉祀神明，護持佛法的神祇則泛稱為「護法善神」。迎請的鎮守神大致分為兩類型，分別是建造新寺之際，將當地祖神（稱為地主神）視為鎮守神而祭祀，以及另行迎請新神祇成為鎮守。前者多為神祇自願成為鎮守，亦可視為神身脫離說的變相形式，後者多屬於外國渡來神，藉由神佛習合而形成前所未有的新神祇。

為了配合本篇進展，首先介紹後者、亦即從外地迎請的鎮守型神祇。其中形式古老、具有盛大規模之例，就是東大寺的鎮守八幡。據《續日本紀》所述，天平勝寶元年（七四九）十二月，孝謙天皇、聖武太上天皇、光明皇太后巡幸之際，正值東大寺鑄成大佛。在舉行供養法會，以及由五千名僧侶禮佛誦經及舞樂表演之後，尊奉八幡大神為一品，比咩神為二品，並由左大臣橘諸兄向八幡大神奏呈禮詔。在此同時，亦賜予宇佐八幡的禰宜尼（巫女）大神朝臣杜女為從四位下，田麻呂為從五位下，堪稱是破格擢陞官位。不僅如此，《續日本紀》描述大神杜女參詣東大寺之際，與天皇同樣乘坐紫輿。杜女僅是地方神社宇佐八幡的巫女，為何能破格受到如此禮遇？為了理解其原委，必須略將時代往前推移。八幡神原是北九州的地方神，相關記載可見於天平七年（七三五），日本朝廷因遣使新羅而遭冷漠以對，故向伊勢神宮與大神社（大和三輪明神），以及筑紫的住吉、八幡、香椎三社奉幣，並向神明申訴「新羅無禮之狀」。對朝廷而言，伊勢、三輪的神祇地位非凡，之所以選擇筑紫三社的原因，仍在於對象是朝鮮半島之故。八幡神是朝鮮半島與中國大陸的跳板，從地政學的發展條件來看，無疑是重鎮之地。然而，筑紫三社僅是地方神明，平安時代以後始有「國家宗廟」之稱。東大寺興建大佛後，八幡神的位階隨之迅速提昇。天平二十年（七四八），授予八幡大神為祝部從八位上大神宅女，亦賜杜女為外從五位下。天平勝寶元年（七四九）十一月一日，又賜朝臣稱謂於大神杜女、田麻呂，使其享有破格待遇。至十一月十九日，神明宣諭「八幡大神即將入京」，朝廷倉促派遣迎神使，下令筑紫至大和之間的諸國禁止殺生，需掃淨道路，籌備迎神之事。更於一個月後，迎請駕臨平城京的八幡大神入東大寺，舉行前述的供養慶典以示歡迎。八幡神就此獲得鎮守東大寺的地位，而東大寺原本是國家佛教系統的核心據點。雖無具體明證顯示八幡神是採取何種方式晉陞階位，但從間接證據來看，八幡宮無疑是對建造大佛提供莫大助援。興建大佛之際，光憑朝廷財力是無法悉數提供銅、金、水銀等龐大物資。另一方面，八幡宮與身為地方豪族的信眾得以確保與中國流通的據點，故可善用地理條件，儲備造佛的所需物資。不難想像，杜女得以八幡宮巫女身分獲得破格榮陞，是基於朝廷對八幡宮助造大佛有功而給予的論功行賞。

附帶一提，上述事蹟尚有後續發展。天平勝寶六年（七五四），大神杜女與田麻呂疑似暗自操使厭魅（詛咒），故被奪還朝臣稱謂，並遭到流放處刑。翌年，八幡大神卻宣諭：「神託不實，非吾真意，先前所求封戶田地，悉返朝廷。」神祇竟有如此直率表白，意思是「先前本神宣諭所言不實，還請多包涵」。神祇竟會為說謊而賠禮，簡直令人匪夷所思。原本就無法從外象來檢視神託的真偽，恐怕此事件是來自內部舉發。這項事件的發生背景，似乎是宇佐八幡結合朝廷權力鬥爭所引發的內部抗爭。大神杜女等人為此失勢，卻因八幡神坦率致歉而奏效，朝廷並未責咎這些神職人員，八幡神仍可保有東大寺鎮守之位。不僅如此，延曆二年（七八三）又降神諭，自稱為「護國靈驗威力神通大自在菩薩」。此後，八幡神獲封為「八幡大菩薩」，恰是體現了符合神佛習合的稱謂模式。

在日本諸神中，八幡神堪稱是呶呶不休的神明。說起日本神祇，多屬於沉默寡言型，一般會在毫無預警下突然作祟，必須詢請其意後方才真正表態。八幡神卻屬於多話類型，甚至出現神諭資料庫般的著作，內容僅針對八幡神的神諭進行總彙整，依照日期排列編成

《八幡宇佐宮御託宣集》。讀者若欲引用八幡神宣諭之際，即可搜尋「根據某年某月某日的神諭」，內容十分具體。若從地理條件來看，八幡神應是最早接觸佛教的神祇。神身脫離傳說亦是如此，原本拙於言辭的日本神祇在與佛教接觸後，則被迫轉型為喜歡表達言論的性格。

至於東大寺八幡的情況，與其說是招請鎮守神，更正確來說應是屬於不請自來類型。這種不顧自身顏面的例子甚為罕見，雖說是招請型神祇，其實幾乎皆是毛遂自薦而來。除了東大寺之外，有關其他招請型的鎮守神，將在後文略做介紹。

二、地主神型的鎮守神

有關地主神型鎮守神的典型之例，是高野山金剛峰寺的鎮守丹生明神與高野明神（狩場明神）。據《金剛峰寺建立修行緣起》所述，其內容梗概如下：

弘仁七年（八一六）孟夏，弘法大師空海經大和國宇知郡，途中遇一獵者，身長八尺許，其膚深赤，外型魁偉，有黑白二犬隨之。獵者云：「吾乃南山犬飼，此山有幽平原，靈瑞至多，和尚來住，願將助成。」旋即消失無蹤。大師心感訝異，留宿紀伊川畔，遇一山民而詢之，謂伊都郡正南有靈地。翌晨山民引大師往，據實相告：「吾是此山王也。則獻之領地，增威福。」大師遂以此為入定處，作草庵。

大師經高野山路邊，適逢丹生大明神神社，女神名曰丹生津姬命。大師宿於社邊，女神遂託巫宣賜，曰：「妾在神道，望威福久也。今菩薩到此，山妾之幸也。弟子昔為人時，有天皇賜地萬許町，今獻家地以表敬信。」

據傳丹生、高野兩明神自此成為金剛峰寺鎮守，受奉祀於高野山伽藍。從丹生明神訴以「妾在神道，望威福久也」的表現中，可發現依稀尚有神明向來訪的高僧祈求擺脫神身的神身離脫說模式。相異點則在於並非單方求救「為本神建寺」，而是附加神明為求皈依，藉由「獻上本神土地，請建寺於此」來護持佛道。日本神祇原本蘊涵「作祟」本性，不僅是凡人行惡或拂逆神意，甚至發生神明因自身好惡而無理取鬧的情況。例如神祇妨礙過路行人，即是典型之一。行人雖未作惡，僅是單純路過該地而遭作祟，這種行徑實是令人難以招架。人們為了破除障礙而向神奉祀貢品，神祇停止作祟並予以守護。丹生明神亦是居路邊水澤之地，曾阻撓行經路人，卻未對來訪的空海作祟，甚至主動表示願意皈依及護持。這段事蹟雖保留了神身脫離說構造，卻可發現人們若能表以奉祀，神祇則會顯現可靠的守護神本質。

與高野山並稱的比叡山，其鎮守日吉神社亦有鎮守神的傳承。日吉神社祭祀的山王權現，分為大比叡明神（大宮權現）與小比叡明神（二宮權現）。據《延曆寺護國緣起》等史料所述，小比叡明神於開天闢地的遠古時代即鎮守於此，後因大和的三輪明神於天智天皇在位時降臨此地，故出讓主神之位。三輪明神成為大比叡明神，小比叡明神則自稱「地主明神」。傳教大師最澄開創比叡山之際，大比叡明神示現並立誓護持天台山及鎮護國家，成為比叡山延曆寺鎮守，由此形成地主神與鎮守神的雙重構造。從大比叡神與小比叡神的關係來看，可知具有大威神德的新神祇來臨之際，本地神祇拱手出讓主神之位，自身則成為陪神或地主神。這種情況就如同新藥問世後，病人若認為療效更佳，則改變購買習慣。即使是神明，世間多認為新來者較為靈驗，此乃人之常情。多神教予人方便之處，就在於姑且不放棄過去奉拜的神祇並維持敬奉，但可試向新神祈求。結果對佛教採取同樣模式，原屬外來的當地主神將神位讓予新佛，自身成為鎮守護法。從中國引入的神身脫離說，與既有的地主神信仰相融合，形成地主神型鎮守社。丹生明神與山王權現的共通點，在於空海、最澄皆未選擇都城繁華處，而試圖在遠離塵囂的深山建寺，如此不免與山神有所交涉。兩者的卓越之處，在於當時並未就此採用從奈良時代發展的神身脫離說，而是對神祇表以敬意，迎為寺院鎮守。產生如此變化的背景因素，應在於八幡神的存在。最澄為了達謝神明得以圓滿渡唐，在宇佐八幡神宮宣講《法華經》，空海則在東寺迎請八幡神成為鎮守。曾為東大寺鎮守的八幡神，在獲得日本全國佛教護法神的地位後，極有可能成為地主神產生鎮守化趨勢的參考雛形。

三、招請型的鎮守神

另一方面，招請型鎮守神的典型之例是來自對岸國家，園城寺（三井寺）的鎮守新羅明神即為代表之一。據《園城寺龍華會緣起》、《古今著聞集》所述：

> 智證大師（圓珍）自唐歸朝之時，船中現一老翁，云：「吾乃新羅明神。欲來護持和尚佛法。」大師還歸後，又現身云：「此國（日本）有一勝地，吾先行取地，申於朝廷，建寺興佛。吾將為護法神，永加護持。」圓城寺為祭祀天武天皇所建，大師重興法道，於北院供奉新羅明神為鎮守。

此例同樣是與其說出於招請，毋寧說是不請自來。然而，既將外國渡來神奉為鎮守，姑且將之視同為「招請」。有關新羅明神的真實身分出現幾種說法，例如是朝鮮半島的渡來人後裔在當地供奉的神祇，或圓珍在留學當地所遇到的朝鮮半島移民所奉祀的神明，或在日本創造之神，但真相如何已無從知曉。無論神的本質為何，新羅明神欲成為佛教護法神的傳說，無疑是撰造於圓珍重建園城寺之後。

為求護持佛法而東渡日本的渡來神模式，不僅是新羅明神一例而已。慈覺大師圓仁自唐返國之際，船中亦有赤衣貴人現身，自稱「大唐國赤山明神，泰山府君」，接受迎請至比叡山西坂本，成為天台宗守護神。在真言宗方面，據傳亦有醍醐寺的清瀧權現，於弘法大師空海自唐返國之時同船而歸，表示是為護持真言而降臨醍醐之地。據傳清瀧權現原有「青龍」之稱，空海於長安青龍寺師從惠果習法之際，此神原為惠果的護法神，因隨空海渡日，其神名添以「氵（水部）」，故稱為「清瀧」權現。由此可知當時出現外來神的類型，為求護持佛法而隨入唐留學僧一同東渡扶桑。

地主神型與招請型的神祇同屬於護法善神，性格上卻頗有相異之處。地主神顯然是屬於神身脫離說的延伸類型，被定位在佛教應如何理解及採納神祇的戰略位置上。相對於此，招請型神祇在日僧入唐求法的背景下，為了護持自唐土請歸的新興佛教，故將中國及朝鮮半島的渡來神視為鎮守奉祀。在此情況下，新羅明神與清瀧權現雖被稱為神明，其特性卻更近於佛。或許正因如此，就如同比叡山之例般，除了祭祀地主神的大、小比叡明神，亦祭祀受招請的赤山明神，兩者互為和諧並存。新羅明神、赤山明神、清瀧權現等遠渡重洋而來的護法善神，堪稱是神佛習合之下新育生的神祇。

第五節　本地垂迹說的形成

一、本地垂迹說的起源

本章後半探討的本地垂迹說，堪稱是神佛習合論的核心主題。簡單而言，本地垂迹說是指佛菩薩為度眾生而化現為日本神祇。「本地」是指本來實有之意，「垂迹」的日文讀做「迹（あと）を垂（た）れる」，意指如足跡般現其姿行。

本地垂迹說的淵源，仍源自於佛教內部的邏輯模式。佛陀本是超越時空的永恆存在，但在現實中，釋迦入寂後肉身壞滅。倘若釋迦即是佛陀，就必須闡述為何有此矛盾產生，故衍生出一種概念，亦即久遠實成的佛陀為能救度眾生，在世間化現為歷史人物「釋迦」。這就是所謂的抽象與具體、理念與實體的二元論構想，其邏輯模式與基督教的三位一體論相同，皆在於答覆以下課題，就是該如何以普遍存在來說明身為史實人物的教主。將佛陀視為「本」，釋迦視為「迹」的邏輯，多以《法華經》〈如來壽量品〉為論據，亦有學者對此提出異論。原因在於《法華經》確實闡述釋迦與佛陀的關係，卻不曾提及「本地」或「垂迹」一詞，故雖贊同《法華經》是本地垂迹的思想淵源，卻無法認同就是直接援引的典據。最直接的參考典據是僧肇《注維摩詰經》，其序文述及：「非本無以垂跡，非跡無以顯本，本跡雖殊而不思議一也。」藉此闡述本與跡的關係。約成立於五世紀初的《注維摩詰經》，若從據傳為聖德太子所撰《維摩經義疏》是參考此書來看，即使《維摩經義疏》並非聖德太子真撰，卻極有可能在奈良時代初期就已傳入日本。天台智者大師智顗在《法華文句》等著作中，屢次援引《注維摩詰經》的此句經文。故自最澄以後，本迹理論成為在比叡山天台教學中反覆宣講的論點，由此可推知對本地垂迹說的形成發揮了決定性作用，或許比叡山才是真正發揮孕育本地垂迹說的最大功能。

那麼在說明神佛關係之際，究竟是從何時開始以本地垂迹理論做為依據？雖有最澄信奉日吉神與八幡神的相關記述，至今仍無法確切掌握他是否從本地垂迹的角度來理解神祇信仰。直至最澄弟子義真的時代，開始強調日吉山王信仰。佐藤真人推測認為這是基於教團在最澄示寂後瀕臨分裂危機，為求凝聚向心力而利用日吉神的神威（佐藤真人，二〇〇八）。至義真弟子的時代，將神祇視為「垂迹」的意識更為明顯，惠亮（八〇二—六〇）的上表文即是例證。《三代實錄》貞觀元年（八五九）八月二十八條，記述十禪師傳燈大法師惠亮上表請奏，請求朝廷准予延曆寺設置兩名年分度者。此二學僧分別是賀茂神、春日神的度者。有關於此，引用惠亮表文如下：

惠亮言，皇覺導物。且實且權，大士垂迹，或王或神，故聖王治國，必賴神明之冥助。神道剪累，只憑調御之慧刃。伏惟，金輪陛下，乘六牙而降神跡，逮九歲而登九五，受佛付囑，轉大法輪。

惠亮述及大士（菩薩）垂迹為王或神，可知認同神祇為菩薩垂迹。東大寺建造大佛之際，宇佐八幡的神宮寺彌勒寺獲准設置年分度者，此為敕准為神設置年分度者之初例。這種情況就如前所述般，不難想像是利用宇佐八幡的神威而獲取權利，此後更形成凡是以奉神為目的而出家得度，將較易獲得朝廷認可。惠亮的表文中雖未出現「本地」一詞，內容卻以本地垂迹思想為基礎。這是惠亮以十禪師的尊貴地位代表延曆寺上表，而非個人見解，可視為比叡山的天台宗教團內在當時已達成某種程度的共識。

《三代實錄》仁和三年（八八七）三月十四日條，記載了智證大師圓珍的上表文，內容為奏請在延曆寺追加大、小比叡二神的兩名年分度者。其目的為「當寺法主大比叡、小比叡兩明神，陰陽不測，造化無為，弘誓亞佛，護國為心」，將二神定位為從佛的立場。圓珍在表文中明確表達對惠亮的不滿，指出惠亮上表爭取的年分度者其實並非為日吉神，而是為賀茂神及春日神所設。圓珍認為比叡山鎮守的日吉神之地位相當於日本全國的總護持，如此才是最適切的護國明神。這其中所包含的關注點，在於神祇已非為了脫離神身而尋求拔苦，而是成為一種「亞佛（從佛）」的存在。

據吉田一彥所述，最早出現「垂迹」的史料，可溯至東南院文書中的延曆十七年（七九八）記載，「本地」一詞則更晚，始現於十一世紀中葉以後。在此之前雖有「本地」概念，卻使用「本覺」、「本體」、「本緣」等，似乎並無固定用語。如此在探討「本地垂迹」時，更深具啟發性。換言之，問題源自於應如何對神下定義。神究竟為何，堪稱是佛教傳入日本後極為重要的課題。故先從「跡」來依序探討，並以「跡」的神祇為起點，繼續向量延伸至「本」的佛。如同《注維摩詰經》中僅以「本」字表現即可，但為了與「垂迹」一詞對應，故採「本地」二字較為恰切。在此情況下，當時或許曾探索「本覺」、「本緣」等用語的涵義是否恰切。若從更極端的表現方式來說，其重點就在於神的「垂迹」，至於「本地」為何種佛則是次要問題。

二、本地垂迹說的成形

如前所述，似乎直到院政期，方才確立將佛與神視為本地與垂迹的關係。採用「似乎」一詞的原因，是基於這項課題尚未明確。上島享指出九世紀末至十一世紀末的宗教秩序曾出現鉅變（上島享，二〇〇三）。據其研究分析，將承平、天慶之亂視為一項劃分期，朝廷除了宮廷祭祀，亦向諸國的重要神社授予神階及奉幣，並始創臨時祭和天皇巡幸等活動，藉此積極推動祭神儀式。這是一條天皇在位時期所成立的二十一社奉幣，成為長保元年（九九九）的新制（太政官符），並將神社與佛寺列為首要，此為確立本地垂迹說的一大要素。這就是所謂將宗教視為揭櫫政治理念的首要宣言，御成敗式目甚至沿襲此傳承。此後，佛教盛行最勝講及法華八講，透過導師向天皇等聽眾宣法，法會漸從對佛儀式轉變為對人儀式。地方諸國紛紛製作國內神名帳，重編自古以來的神祇秩序。宗教秩序進行各種變革，將神社殿前舉行轉讀《大般若經》或法華八講等法會予以常態化，法會初始勸請諸天善神之際，亦誦讀神名帳，並招請日本神祇。換言之，如此更催化了寺院與神社境內在此時形成的神佛習合現象。

這種神事、佛事渾然交融，迅速縮短兩者距離的情況，導致神祇不再只是漠然成為「垂迹」而已。在摸索「本覺」、「本緣」之意的過程中，漸能具體列出諸佛菩薩之名。大江匡房（一〇四一—一一一一）為院政期最具代表性的知識分子之一，他以撰寫多部諸神的本地紀錄而為人所知。據其著作《續本朝往生傳》的真緣上人傳所述，「生身之佛即是八幡大菩薩也。謂其本覺，西方無量壽如來是也」，將八幡神的本地視為阿彌陀佛。在《江談抄》熊野三所本緣事之條，則記載「太神宮是救世觀音御變身」，將天照大神的本地視為觀世音菩薩。有關伊勢神宮祭神天照大神的本地，如同相傳撰於十一世紀後期的《大神宮諸雜事記》所述的「日輪是大日如來，本地是毘盧舍那佛」般，以本地為大日如來的說法最為人所知。然而天照大神的本地佛，最初卻是以十一面觀音或如意輪觀音等觀音菩薩為代表，且有多種說法存在。這是藉由兩部神道的教說，將伊勢內、外二宮分別比擬為胎、金兩部的大日如來，大日說就此廣為人知。在大江匡房的時代，僅針對個別神祇的本地來推斷究竟為何佛，但如同仿效兩部神道論般，將世界觀構想成含攝諸神在內的宇宙論，則可說是觀念尚未成熟。

從院政期至鎌倉期，本地垂迹說逐漸擴展，此時亦是摸索理論根據的時期。如前所述，本地垂迹說是通用性甚強的二元論，幾乎可說是萬用理論。例如在中國撰述的《清淨法行經》中，釋迦在佛法東漸之前，先派遣迦葉、光淨、月光三菩薩入華，三位菩薩分別成為老子、孔子、顏回而化導漢地民眾。這亦可視為一種本地垂迹說，由此可知這種說法已運用於中國。在日本方面，例如聖德太子、慈惠大師良源被視為如來或菩薩化身的說法亦非罕見，這種化身思想堪稱是廣義的本地垂迹說。就此意味來看，應說本地垂迹說的涵蓋範圍甚廣，雖可適用於世俗的傳說層次，但若在佛教教團內以本地垂迹說為基礎來說明神佛關係，畢竟仍應具備相關的參考典據，藉由引經據典來進行議論乃是理所當然之事。《悲華經》就常被視為參考典據，經中有偈曰：「我滅度後，於末法中，現大明神，廣度眾生。」換言之，偈文預示釋迦寂滅後，大明神將於末法時期現世以拔濟群生。當然這並非出自釋迦之言，而是根據《大乘悲分陀利經》等經典偽撰而成，正因鮮少有將神視為垂迹的經典依據，故此經被視如珍寶，在中世的神祇相關著作中屢被引用。如同偽撰偈文所示，不容否認的，本地垂迹說在擴展背景中蘊涵著末法思想。從偈文之意，便可窺知在末法之世是由神代替佛來救度眾生（三崎良周，一九九二）。

本地垂迹說的理論架構，幾乎在鎌倉初期就已完成。雖說是理論卻並非縝密，只要完成基本架構，再將屬於「垂迹」的諸神套入模式，就能即時出現條件相符的「本地」，日本神祇才能與本地佛互為對應。《神道事典》（弘文堂刊）的「本地垂迹說」之項，列有日本諸國的主要神社祭神與本地佛的對照一覽表（佐藤真人製表），若見書中引用的典據史料，可發現主要集中於十二至十四世紀。本地垂迹說在院政期穩定發展，至鎌倉時代以後，本地佛方與日本國內諸神相互對應，並能確定地位，其神諭被撰成紀錄或以傳說形式表現。這意味著某神為某佛的垂迹示現，這種兩者的相關說明已普遍化至廣為人知。此外，探討神的真身已不再是特別受到關注的課題。

本地垂迹一覽表

社名	本地佛	史料〈世紀〉
熱田	（一）金剛界大日 （二）大日如來	（一）溪嵐拾葉集〈14〉 （二）神道集〈14〉
出雲	勢至菩薩	諸神本懷集〈14〉
伊勢神宮	（一）盧舍那佛 （二）救世觀音 （三）觀音菩薩	（一）大神宮諸雜事記〈11〉 （二）江談抄〈12〉 （三）古事談〈13〉
內宮 外宮	胎藏界大日如來 金剛界大日如來	野守鏡〈13〉
石上	十一面觀音 文殊菩薩 不動明王	二十二社并本地〈14〉
嚴島	（一）觀音菩薩 （二）大日如來	長寬二年平清盛願文〈12〉 承安四年建春門院願文〈13〉

稻荷	上社	（一）地藏菩薩／觀音菩薩 （二）千手觀音	（一）類聚既驗抄〈16〉 （二）神道集〈14〉
	中社	（一）毘沙門天／千手觀音 （二）地藏菩薩	
	下社	（一）（二）如意輪觀音	
梅宮		觀音菩薩	類聚既驗抄〈16〉
	一殿	如意輪觀音	二十二社并本地〈14〉
	二殿	聖觀音	
	三殿	不空羂索觀音	
	四殿	信相菩薩	
大神		（一）大日如來 （二）聖觀音	（一）三輪大明神緣起〈13〉 （二）二十二社并本地〈14〉
大和	一宮	彌勒菩薩	二十二社并本地〈14〉
	二宮	藥師如來	
	三宮	聖觀音	
鹿島		十一面觀音	神道集〈14〉 諸神本懷集〈14〉

春日	第一段	不空羂索觀音／釋迦如來	春日大明神本地注進〈12〉
	第二段	藥師如來／彌勒菩薩	春日社私記〈13〉
	第三段	地藏菩薩	
	第四段	十一面觀音／大日如來	
	若宮	文殊菩薩／十一面觀音	
香取		十一面觀音	觀福寺十一面觀音像銘〈13〉 神道集〈14〉
賀茂		正觀音	古事談〈13〉
	上社	觀音菩薩	類聚既驗抄〈16〉
	下社	釋迦如來	二十二社并本地〈14〉
北野		十一面觀音	天神記〈12〉
貴布禰		不動明王	二十二社并本地〈14〉
熊野三山	證誠殿	阿彌陀如來	長秋記〈12〉
	西宮	千手觀音	
	中宮	藥師如來	
	若宮王子	十一面觀音	

禪師宮 聖宮 兒宮 子守宮	地藏菩薩 龍樹菩薩 如意輪觀音 正觀音	
高野丹生	大日如來	正應六年太政官牒（高野山文書）〈13〉
住吉	高貴德王大菩薩	古今著聞集〈13〉
一神 二神 三神 四神	藥師如來 阿彌陀如來 大日如來 聖觀音	二十二社并本地〈14〉
諏訪 上社 下社	 普賢菩薩 千手觀音	溪嵐拾葉集〈14〉
多賀	無量壽如來	多賀大社神名記〈18〉
龍田	（一）釋迦三尊 （二）如意輪觀音／十一面觀音	（一）二十二社并本地〈14〉 （二）龍田大明神御事〈15〉

神	本地	出典
立山	阿彌陀如來	神道集〈14〉
竹生嶋	釋迦如來	溪嵐拾葉集〈14〉
丹生川上	藥師如來	二十二社并本地〈14〉
白山	十一面觀音	白山之記〈12〉
箱根　法體	文殊菩薩	諸神本懷集〈14〉
俗體	彌勒菩薩	
女體	觀音菩薩	
八幡	（一）無量壽如來 （二）阿彌陀三尊	（一）續本朝往生傳〈12〉 （二）筥崎宮記〈12〉
八幡	阿彌陀如來	諸神本懷集〈14〉
大帶姬	觀音菩薩	
姬大神	勢至菩薩	
若宮四所	十一面觀音	
若姬	勢至菩薩	
宇禮	文殊菩薩	
必禮	普賢菩薩	

日吉	大宮	釋迦如來	梁塵祕抄〈12〉
	二宮	藥師如來	寶物集〈12〉
	聖真子	阿彌陀如來	山家要略記〈14〉
	八王子	千手觀音	
	客人	十一面觀音	
	十禪師	地藏菩薩	
	三宮	普賢菩薩	
	日前國懸	釋迦如來 彌勒菩薩	紀伊國大傳法院陳狀案（根來要書）〈12〉
平野	一殿	大日如來	二十二社并本地〈14〉
	二殿	聖觀音	
	三殿	地藏菩薩	
	四殿	不動明王	
廣瀨		（一）聖觀音 （二）十一面觀音	（一）二十二社并本地〈14〉 （二）河相宮緣起〈16〉
廣田		阿彌陀如來	伊呂波字類抄〈12〉

一殿 二殿 三殿 四殿 五殿	聖觀音 阿彌陀如來 高貴德王大菩薩 阿彌陀如來 藥師如來	二十二社并本地〈14〉
富士淺間	（一）阿彌陀三尊或阿彌陀、藥師、大日（？） （二）胎藏八葉院九尊	（一）富士參詣曼荼羅（富士山本宮淺間神社本）〈15〉 （二）富士參詣曼荼羅（竹內本）〈15〉
日光二荒山 男山 女山	千手觀音 阿彌陀如來	神道集〈14〉
宇都宮二荒山 男山 女山	馬頭觀音 阿彌陀如來	神道集〈14〉
松尾	（一）毘婆尸佛 （二）釋迦如來	（一）本朝神仙傳〈12〉 （二）二十二社并本地〈14〉
三嶋	藥師如來	諸神本懷集〈14〉

宗像	田心姫 湍津姫 市杵嶋姫	大日如來 釋迦如來 藥師如來	宗像大菩薩御緣起〈14〉
祇園	牛頭天王 八王子 頗梨采女	藥師如來 文殊菩薩 十一面觀音	治承三年觀海奉加狀（卅五文集）〈12〉
彌彥		阿彌陀如來	神道集〈14〉

註：1.神社名、祭神名大致依照中世的一般表記。

2.僅提示具代表性的本地佛，若有特殊異論則予以省略。

3.史料〈 〉內的數字，是成立年代的最低年限，並以世紀表示。

4.本地佛若有異說之際，則以（一）、（二）表示，對應史料亦以號碼標明。

5.單一神社的所有本地佛與各祭神的個別本地佛之間，以虛線加以分隔並列。

（製表：佐藤真人）

第六節　本地垂迹說的發展

本節將探討本地垂迹說的後續發展。

從鎌倉至室町時代是神道論百花齊綻的時期，例如兩部神道、山王神道、伊勢神道、吉田神道等。僧侶及神官紛紛挑戰將神道予以理論化或體系化，不惜窮盡心力編纂相關著作。當然每部著述皆與佛教理論或世界觀多少有關，堪稱是達到自古以來神佛習合的極致點。

一、中世神道論的成立

將神道予以理論化與體系化的過程中，其中一項重點就是嘗試將神祇進行分類。最初期的兩部神道書《中臣祓訓解》之中，將神分為本覺、不覺、始覺三種等級。本覺是指伊勢太神宮（天照大神），為「本來清淨之理性，常住不變之妙體」。不覺是屬於出雲荒振神（素戔嗚尊）類型的神祇，被歸納為「無明惡鬼之類」，始覺是石清水廣田的類型，「依佛說經教，從無明沉眠中醒覺，歸於本覺之理」。從本覺、不覺、始覺的用語，可知是以神祇接近佛覺的程度做為分類標準。本覺神即是佛，始覺神是將成佛，不覺神是無法成佛。這種三分法在神名上雖有不同，基本上是由此後發展的神道論所繼承。例如，日本南北朝時期的天台僧慈遍即為中世神道家之代表，在其著作《豐葦原神風和記》之中，將神祇分為法性神、有覺神、實迷神三種類型，其述如下：

其一為法性神，與法身如來同體，伊勢神宮之內證，故此神非本地垂迹。其二為有覺神，謂權現，隱佛菩薩本地，以神示現。其三為實迷神，謂邪神，無施惠，惱愚者，假宣神諭。

值得關注的是，伊勢的天照大神既身為佛，故無法以本地、垂迹的二元對立邏輯來說明。中世神道論的最重要主題，幾乎皆是探討應如何對伊勢神宮的祭神天照大神下定義。在本地垂迹說逐漸普遍化，將本地佛與諸神對應的過程中，天照大神被定位為超越本地垂迹說的範疇，成為至高無上之存在。

另一方面，亦有將神分為權社（權化）與實社（實類）的二分法。所謂的權社與「權現」（化現）相同，佛是垂迹人世之神，實社是指沒有垂迹的邪神。十四世紀初期，淨土真宗僧侶存覺在著作《諸神本懷集》之中，述及「權社為往古如來，深位菩薩，為利益眾生，假神形化現」，對於實社的說法則是「為生靈死靈等神，非如來垂迹，崇於人畜之類，令其煩惱，為安撫而崇為神」。這種情況看似從三分法反推回二分法，其實對於標榜專修彌陀與不拜神祇的淨土真宗而言，畢竟無法認同天照大神具有絕對超然的地位，二分法應是排除本覺神的分類方式。《諸神本懷集》的邏輯說法是權社諸神各具本地，本地的佛菩薩皆勸化念佛，若能皈依阿彌陀佛，即使不拜神祇亦不受責罰。另一方面，實社的神祇本質是不盡情理的作祟之神，故被貶抑為邪神地位。從不拜神祇的立場來看，將諸神視為實社亦可，但承認權社應是對現實的一種妥協。

二、「反本地垂迹說」的幻想

探討中世神道史之際，有時會採用「反本地垂迹說」一詞。這主要是伊勢神道的神道論中，可發現將神視為本地、佛視為垂迹之說。這項說法被定位為神道針對過去以佛為本地、以神為垂迹之說所提出的反轉攻勢，故有反本地垂迹說之稱。如同筆者屢次重申般，近代神道觀建構在某種幻想上，相信日本在佛教傳入前曾有純粹神道存在，故形成一種認知，認為中世神道屈居佛教之下是何其不幸。在中世神道論之中，兩部神道、山王神道的主宰者是僧侶，相對之下，伊勢神道、吉田神道的主倡者皆是神官。從矢志擺脫佛教化的情況來看，這些舉動被視為神道為求挽回頹勢所推行的「收復失土運動」，故而獲得高度評價。「反本地垂迹說」一詞，在做為理論基礎方面易於理解，至今仍有不少人採用，而此論述本身是奠定在國學者主張的排他式神道觀之上。伊勢神宮外宮的神官在鎌倉時代撰寫的神道論，後世稱之為「神道五部書」並推崇為聖典，但這僅是近世學者在重新評價後予以聖典化而已。故以「神道五部書」為依據來主張神道立場的逆襲構想，乃是近世國學者與戰前神道學者之所為，不免說是一種落伍觀念。近年來，中世神道研究持續發展，在中世的整體思想中重新思考神道課題的研究趨勢不斷擴大，在此情況下，「反本地垂迹說」的概念因視野窄化而飽受批判，確實漸少受到引用。

那麼，神本佛迹論的具體思想又是如何？伊勢神道書《造伊勢二所太神宮寶基本記》之中，在倭姬命的神諭方面，因神代末期天下民心垢穢，故有「代皇天（神）西天真人以苦心誨喻，教令修善，隨器授法以來，太神歸本居，止託宣」，此後改由佛取代天照大神而為人說法，天照大神從此不再宣諭。南北朝時期撰成的《神祇祕鈔》則針對「以神為本地，以佛為垂迹，其義如何」的疑問，引述《法華經》本迹二門之說而答覆，更闡述：「所謂妙法，此神御體，諸佛已證，法性一理。眾生本源，為顯己心妙法，為增諸佛神通智力，吾神應化垂迹，出西天，給化導」，述說神佛一體，神為了增添諸佛神通力而「垂迹」，在天竺化身為釋迦入世。值得關注的是，以上內容確實是敘述神本佛迹說，卻絕非針對一般神佛。在此所謂的「神」，顯然是指天照大神。換言之，在此發展的「神本佛迹」說並非指一般諸神，而是徹底針對天照大神。更何況此說法並非主張天照大神的神階高於佛，而是為了強調兩者一體所推衍的邏輯。慈遍說明天照大神被定位為超越本地垂迹說之外，這亦指天照大神是凌駕此說的特殊存在，而非否定本地垂迹說。慈遍深受伊勢神道的神道論所影響乃是不爭之事實，若在中世神道論的整體流脈中重新掌握其思想，則「反本地垂迹」的觀點不啻是空泛之論而已。

本地垂迹說的立論依據《注維摩詰經》述及：「非本無以垂跡，非跡無以顯本，本跡雖殊而不思議一也」，原本指出本迹為表裡一體，並非認同其優劣。本地垂迹說在闡述神佛關係之際出現如此發展，其背景因素應是受到天台本覺思想的影響。本書的其他章節已詳述天台本覺思想，筆者在此暫為省略。簡言之，其思想在於有漏人身即是佛身，現世穢土即是淨土，是徹底肯定現實的思想。若適用於本地垂迹說，則神即是佛。若再深入思考，「神即是佛」已可，毋須刻意逆轉，否則毫無助益可言。然而，若將非屬本地的外來佛視為垂迹，則稍嫌不合情理，例如探討「阿彌陀佛的本地是熊野權現」的說法是否成立，即能明白此理。前述《神祇祕鈔》之中，亦有天照大神成為釋迦垂迹於世的說法。結果將神視為本地，完全是神道論的邏輯推演方式，近乎是一種話術技巧，其實基本上並沒有說明「某佛的本地是某神」。如此思考後，可發現「反本地垂迹說」正是後世學者為了將佛教與神道的關係逆轉，故而蓄意產生的錯誤解讀。自始至終，神道就不曾展開反擊。

三、本地垂迹說的終結

此後本地垂迹說被視為一種現象，在明治時代的神佛分離政策下，一直延用至神社撤離本地佛，「權現」與「大菩薩」的神號廢除為止。另一方面，本地垂迹說的理論未有進展，實際上是由吉田兼俱（一四三五—一五一一）為此理論發展劃上休止符。兼俱在著作《諸社根元記》中有如下敘述：

> 佛教以佛為本地，以神為垂迹。神道為本地即垂迹，垂迹即本地。以天照大神為本地，伊勢神宮為垂迹。以伊弉冊為本地，熊野權現為垂迹。

吉田兼俱提出「本地即垂迹，垂迹即本地」，藉此祛除本地垂迹說，進而開展「神本神迹」的自我主張。如同眾所周知，吉田兼俱自行建構的神道理論體系「唯一神道」，在其代表著作《唯一神道名法要集》的篇首，將神道分為三類，個別命名為本迹緣起神道、兩部習合神道、元本宗源神道。本迹緣起神道是指在各社實際執行的神道，具體而言，是為了祭神與本地的佛菩薩所舉行的神事、佛事祭儀。兩部習合神道就是胎金兩部與伊勢內、外二宮的習合，並將諸尊對應諸神的神道，就是以傳教、弘法兩大師為代表，傳述有關諸師撰著的神道典籍。換言之，可將本地垂迹說的現象層面稱為本迹緣起神道，而理論層面則稱為兩部習合神道。相對於此，吉田兼俱將個人構想的神道稱為元本宗源神道。誠如其名，兼俱的理念在於回歸元初根本。兼俱的卓絕之處，在於藉《唯一神道名法要集》等著作積極構築個人理論，並建構可實踐其理論的神殿空間，在此殿堂中完整籌備實修儀禮。吉田兼俱建構的神道十分完備，形成獨有的完整體系。就理論層面來看，如同「神本神迹」說所示，其思想志在徹底擺脫佛教，在儀禮層面上則從密教儀法中脫胎換骨，創造新儀禮系統取代既有體系。如此一來，日本首度出現不以本地垂迹說為基礎的神道思想。吉田兼俱身為中世神道論的最後舵手，故被視為近世神道發展之先驅。

四、對神佛習合論的展望

以上是筆者承襲過去研究史，並附帶提及現今研究狀況，藉此概觀神佛習合的發展歷程。

然而，目前神佛習合研究面臨另一轉機。現今神佛習合論的研究基礎，是根據辻善之助發表的論文〈本地垂迹說の起緣について〉（一九〇六），但其實距今已有一百多年。此後神佛習合論在佛教史或神道史的研究範疇上，仍被視為外圍領域或跨領域，能正視其課題的研究寥寥可數。在此二、三十年間的歷史、文學、思想、美術等各研究領域中，漸將神佛習合視為主題探討，出版許多相關書籍（櫻井好朗，一九八五；日本佛教研究會，一九九五；奈良國立博物館，二〇〇七等）。在此情況下，辻善之助描繪的神佛習合史論述亦被迫重新檢討。若以日本固有「神」與外來「佛」的二元對立為前提，將神佛習合視為神祇接受佛教的過程來做探討，這種論述只能促使神佛的理論關係偏向單純化。隨著社會、文化等多元樣貌所展現的神佛習合型態更為明確化，將無法再以如此淺薄的觀點來說明，為了能以更大規模的論述來重新探討神佛習合，故而展開各種探索方式。

例如，佐藤弘夫指出「神」對「佛」的論述，在做為神佛習合論的前提要件下，其實是一種虛構型態。佐藤提出的構想，是捨棄讓「神」與「佛」成為日本宗教之代表，並從綜觀整體的角度，來掌握包括神、佛在內的各種神祇混存的宗教世界（佐藤弘夫，二〇〇七）。馬庫斯．提文（Marcus Teeuwen）等海外研究者則採取大膽嘗試，提出「本地垂迹典範」的概念，將本地垂迹理論從單純說明神佛關係的架構中解放，並試圖利用此概念做為闡明中世整體文化發展的示例（Teeuwen & Rambelli，二〇〇三）。或許如同這些學者所言，今後的神佛習合論將更向外擴展其概念。

專欄五

舍利信仰

布萊恩・魯伯特（Brian O. Ruppert，伊利諾大學副教授）

歷史文脈及其意義

舍利為佛教用語，一般是指梵文舍利子或設利羅（Śarīra）的略語，亦可以「馱都」（梵文是 dhātu）來表現。嚴格而言，「śarīra」是「身體」之意，但做為探討用語時是指佛或菩薩、羅漢等經由荼毘後的屍骸，「dhātu」則指此後的骨灰或遺骨，兩者有所差異。據《大般涅槃經》卷下（《大正藏》第一冊，第七號）所述，釋迦寂滅後舉行荼毘，此時北印八國的君王紛紛爭奪殘餘的舍利，紛爭危機一觸即發。據傳香姓婆羅門為了避免引發戰爭，將佛舍利分成八分。唐代的《法苑珠林》卷四十（《大正藏》第五十三冊，第二一二二號），記載舍利分為骨、髮、肉三類，有時亦包含稱為「法身舍利」的經典在內。

釋迦、羅漢、菩薩既是有情眾生，肉身亦是無常，故在荼毘後，遺骨並非死之表象，而被認為超越死亡。彼得・布朗（Peter Brown）指出基督教的聖人遺骨信仰，是將遺骨視為「特別死者」而予以安置（*The Cult of the Saints*），釋迦等人的舍利同樣成為信仰對象。佛教更活用「福田」這種農業式的隱喻表現，成為信徒累積善業的方式。此外，從本生故事的佛教說話領域中，可窺知釋迦在前世行菩薩道的相關言論，與舍利信仰有密切關係。換言之，菩薩的「捨身」對信徒而言是布施對象，遺骨本身是示現菩薩恩惠的舍利，故成為布施對象。例如，《金光明最勝王經》第二十六品（《大正藏》第十六冊，第六六五號）記載摩訶薩埵王子（菩薩）在「捨身」之後，其舍利被安奉於七寶塔內。舍利更能被運送至他方，對於佛教在亞洲傳播的課題上顯得意義非凡。對佛教徒而言，聖地巡禮在累積善業的理想善行方面深具意義，因信徒迫切渴望至梵土巡禮，故以釋迦為主的印度聖人舍利成為迎請的信仰對象。

舍利的傳播方式變遷與數量增加

在大乘佛教中特別重視「法身舍利」，將經典視為舍利而供養或安置、奉埋。例如，據《法華經》（《大正藏》第九冊，第二六二號）所述，即使未奉身骨舍利，但若能宣說、讀誦此經，則應為其立塔（第十品）。又如《法華經》經釋或文句之類，尤其述說法身舍利的《法華經》信仰。換言之，釋迦言說的經典被視為法身舍利而深受崇重，逐漸奉置於佛塔等處。

《浴佛功德經》（《大正藏》第十六冊，第六九八號）提到舍利分為身骨舍利與法頌舍利。「法頌舍利」是傳述釋迦緣起（因果）觀的偈頌：「諸法從緣起，如來說是因，彼法因緣盡，是大沙門說。」並以在六、七世紀之前流傳於梵土而為人所知。有說法指出約於此時，在大乘佛教（密教）陀羅尼經的領域中，已有將陀羅尼視為舍利供奉的情況，這種教法是從印度經由中國、朝鮮半島而傳入日本。

在東亞地區，逐漸出現許多將高僧遺骨分置於數座佛塔供奉的情況。日本在中世時期舉行舍利講（舍利會）之際，並不限於釋迦舍利，而是將行基等高僧遺骨奉為舍利供養。尤其是天台、真言、禪、律宗與奈良佛教各宗派，皆多次舉行舍利會。

舍利與王權

舍利與王權的關係，是始於阿育王（Aśoka rāja）時代或略早之前。古印度將君王遺骨供奉於塔視為常習，據傳釋迦曾囑託將自身遺骨安置於塔下。換言之，佛教可說是幾乎完全繼承古印度君王的喪儀。《阿育王傳》（《大正藏》第五十冊，第二〇四二號）記載阿育王建有八萬四千座舍利塔，實際上今日仍現存數座。阿育王建造舍利塔的形象令人印象深刻，故在亞洲佛教文化圈廣泛流傳，中國隋朝的皇帝亦在許多寺院獻造舍利塔，有關中、印兩國舍利與王權的關係，日本方面應有所明瞭。在唐代初、中期，朝廷與藏傳密教情況相似，皆極為重視舍利修法。在此同時，亦有勸說供養佛舍利或列隊奉迎的舍利信仰，由此可窺知舍利與王權息息相關。儒士韓愈目睹一般大眾迎接佛牙舍利的狂熱情景，對舍利供養或捨身供養等偏激行徑痛加撻伐，甚至不惜撰寫〈論佛骨表〉（八一九）。〈論佛骨表〉應是表露儒者的普遍想法，對於舍利信仰與王權的密切關係感到不以為然。

古代日本亦有阿育王塔的相關記述，十世紀後期至十三世紀，朝廷在五十餘座大社奉造舍利塔，以做為取代大嘗會的儀禮。更由真言宗空海、天台宗圓仁等高僧，每年在宮內舉行後七日御修法，由此可知顯密佛教的舍利信仰與中世王權相互連結，顯示日本的舍利信仰在及早階段就與皇室權威或神祇維持密切關聯。至南北朝時期，顯密佛教以密教思想為根基，舍利不僅是如意寶珠，據稱亦是三種神器之一的勾玉，這應是舍利與王權邁向日本化發展的象徵。

文獻介紹

阿部泰郎，〈宝珠と王権——中世王権と密教儀礼〉（《岩波講座　東洋思想　第十六卷　日本思想二》），岩波書店，一九八九年。

布萊恩・魯伯特（Brian D. Ruppert），〈舎利信仰と贈与・集積・情報の日本中世史〉（今井雅晴編，《中世仏教の展開とその基盤》），大藏出版，二〇〇二年。

第六章

院政期的佛教發展

三橋正

明星大學副教授

第一節　院政的形成與佛教

一、佛教史上的院政期

在長達四百年的平安時代，佛教顯著邁向日本化，不僅從外來宗教變質為日本形式，更滲透國內各層面。如同談到「國風文化」就無法忽略佛教般，與日本徹底同化。佛教的同化現象不限於貴族階級，而是在各階層進展，並呈現多元化發展，佛教恰成為創造日本社會及文化的壞土。為了正確掌握日本佛教的樣貌，若只追求探索事件或人物、記載事項並不充分。此外，佛教與各宗派關係密切，這些要素一併包含在內，故應闡明日本在接受佛教信仰後所形成的複雜社會及精神結構。本章探討的「院政期」是古代與中世的轉捩點，這段時期是平安時代的各種要素得以穩定發展，就此形成中世以後的社會結構。若從美術層面來看，例如奧州的藤原文化或平氏所建的嚴島神社等，佛教文化歷經日本化的過程後，更臻於成熟而普及國內。換言之，彙整院政期的佛教發展，可綜觀佛教在平安時代歷經日本化的最終發展樣貌，同時對於孕育出鎌倉新佛教的壞土有所了解，進而獲得線索，可闡明古今相通的日本佛教本質。

過去日本未曾經歷革命或朝代更迭、他國侵征，更沒有執政者大肆廢佛，佛教幾乎是順應社會趨勢而變遷。尤其是平安時代時局安定，貴族居於主導政治及文化地位，促使佛教日本化及內在化，過去的佛教史觀多採取從國家佛教演變成中世民眾佛教的模式，對於貴族佛教的評價並未充分。然而，掌握國家權力核心的人物推動佛教事業及信仰，其影響力無遠弗屆。為了理解中世以後的佛教發展，分析及評價這些現象則成為必要課題。在探討院政期的佛教之餘，必須先行彙整院政開創者的佛教信仰，以及權力與佛教之間有何關聯的課題。

所謂院政，是指屬於天皇直系血親、在退位成為上皇（院）後得以擺脫在位時的各種制約，並以超然的自由立場干預朝政的政治型態。在日本政治史上，院政是指白河（院政一〇八六―一一二九）、鳥羽（院政一一二九―五六）、後白河（院政一一五八―九二）的三代院政，一般是從攝關期延至鎌倉時代。在文化、思想史方面，則加上後鳥羽（院政一一九八―一二二一）時期。至承久之亂為止，共維持一百五十年間的院政期，這段時期包含源平之亂在內，故被視為社會變動期。然而，這未必與佛教史的實際發展情況一致。例如，若探討院政期佛教史的開端，即使法勝寺被視為白河院政的象徵，卻是早在白河天皇在位時就已著手興建。此外，從政治史的立場來看，鎌倉時代的起點界定方式眾說紛紜，而若從佛教藝術或建築的角度來看，平氏焚毀南都（一一八〇）後的復興運動則被視為中世的起點。另一方面，若將法然（源空）在東大寺講說淨土三部經的建久元年（一一九〇），視為日本淨土宗開宗之始，則是屬於後白河院政期的事蹟。的確在院政期，曾出現上皇（院）前往熊野參拜的現象，此為象徵性的宗教儀式「熊野詣」。至後鳥羽上皇之際，參詣次數之頻繁已達高峰，後因承久之亂（一二二一）而完全終止。但就佛教的意義層面來看，後鳥羽上皇的熊野參詣已與先皇的情況截然不同，無法僅憑戰亂因素就判定院政期已面臨終結。

如前所述，在佛教史上極難確定院政期，本章是以執政者與佛教的關係為基準，主要是針對從藤原道長掌理朝政，至後白河院政期的平氏滅亡的這段時期。至於將藤原道長執政期做為時代劃分的原因，就在於他促使攝關期的佛教文化達於巔峰，以及其政治風格造就院政誕生。此外，將後白河院政劃分為前、後兩階段的原因，則是基於上皇（院）與佛教的關係，因受平氏執政與政權瓦解所影響，故而導致性質相異所致。

二、從藤原道長至後三條天皇

若欲探討院政如何形成，首先必須提到活躍於一百年前的藤原道長（九六六—一〇二七）。《榮花物語》所描繪的道長在攝關期享盡榮華，集大權於一身，卻於寬弘四年（一〇〇七）開始參詣金峰山，建造法性寺五大堂、淨妙寺等寺院。後於寬仁三年（一〇一九）出家，翌年在與平安京東端的上東門院（土御門殿）毗鄰之處，創建史無前例、供奉九尊彌陀（九體阿彌陀堂）的無量壽院，此後更增設諸堂完成大伽藍。治安二年（一〇二二）建成金堂，供奉像高三丈二尺的大日如來像並奉為中尊。在以「法成寺」為寺號供養之際，不僅舉行盛大法會，身為道長外孫的後一條天皇、東宮敦良親王（此後的後朱雀天皇）亦親臨盛會。此後，佛師定朝因於法成寺造立佛像有功，成為首位獲得法橋地位者，這些事蹟皆成為時代變遷的象徵。翌年（治安三年），藤原道長參詣高野山，此後促成發展為靈場。道長將攝政之位讓由賴通繼承，本身遁入空門後，卻繼續掌握政權，始創日本獨一無二的「入道」身分。萬壽四年（一〇二七）十二月四日，在自建的法成寺阿彌陀堂舉行理想的臨終儀式，並在堂內與世長辭。藤原道長的行蹟成為象徵院政發展的諸現象之淵源，後世的白河天皇（上皇）無論在建造法勝寺等大伽藍之際的營建方法、舉行佛教儀事及熊野詣，或甚至在個人出家後同樣以「治天之君」的身分，成為獲得無上權力的法皇，皆是參照道長的模式（三橋正，二〇〇〇）。

成立院政的另一要素，則是女院。女院主要是天皇之母在出家後的特別身分，道長之姊詮子（九六二—一〇〇一）於正曆二年（九九一）出家，稱為東三條院，此為女院之始。東三條院詮子為一條天皇之母，曾協助道長取得政權，在道長信奉佛教後亦給予影響（山本信吉，二〇〇三）。

其次是藤原道長的長女彰子（九八八—一〇七四），於萬壽三年（一〇二六）三十九歲出家，得上東門院之稱號並成為女院。翌年，上東門院彰子在法成寺阿彌陀堂東南方建立尼戒壇，因女性推動佛教事業而備受矚目。彰子身為後一條天皇（一〇一六—三六在位）、後朱雀天皇（一〇三六—四五在位）之母，故為國母身分。後繼的後冷泉天皇（一〇四五—六八在位），其母嬉子為彰子之妹，後冷泉因為彰子之甥，備享尊榮長達半世紀之久。彰子於其父道長建造法成寺的同年、亦即治安二年（一〇二二），在仁和寺建造觀音院並進行供養，成為佛教史上的重要事件。道長逝後，彰子於長元三年（一〇三〇）在法成寺建造東北院，翌年九月參詣石清水八幡宮、住吉神社、四天王寺等，成為攝關家榮達之象徵（《小右記》、《左經記》、《榮花物語》）。尤其是靈場（聖地）參詣，其規模之盛大，足以匹敵國營事業。彰子偕同其弟關白賴通、內大臣教通等人，於筵席中舉行和歌吟詠等活動。長元四年（一〇三一）閏十月，覺超贊同將圓仁所抄的《法華經》予以保存，並將自身「如法」抄寫的《法華經》安奉於金銀鑄成的銅箱內。大正十二年（一九二三）年八月，曾在比叡山橫川的如法塔遺跡中發現此經箱，並指定為國寶。當時所示的女院所書〈假名願文〉（收於《如法經濫觴類聚記》），應是最早以假名繕寫的願文，堪稱是跳脫儒者將漢文書寫願文視為常習的階段。一條天皇的中宮彰子組成文學沙龍，《源氏物語》的作者紫式部則以女房身分奉侍，故彰子的側近漸能以日語解讀佛教，

平等院阿彌陀堂（黃麗婷攝）

形成以假名向佛祈願的習慣。約於此時創立的「伊呂波歌」，其成立背景應是源於女性貴族及僧侶在文學沙龍中的佛法交流（三橋正，二〇〇八）。

當時佛教文化的象徵，是藤原賴通於永承七年（一〇五二）在宇治建造的平等院，最初性質是屬於別業（別墅）的私人別院。藤原氏的氏寺是興福寺，其他如藤原忠平所建的法性寺、兼家所建的法興院、道長所建的法成寺等，皆是隨著時代變遷而增加必須管理或維持營運的寺剎，平等院則被定位為次要寺院。宇治有金色院，為後冷泉天皇的中宮、亦即藤原賴通之女寬子於康和四年（一一〇二）所建，其遺寶奉埋於地藏院。後述的奧州藤原清衡所建的中尊寺金色堂，應是以金色院為藍本（藤本孝一，二〇〇九）。這種在宇治發展的隱棲

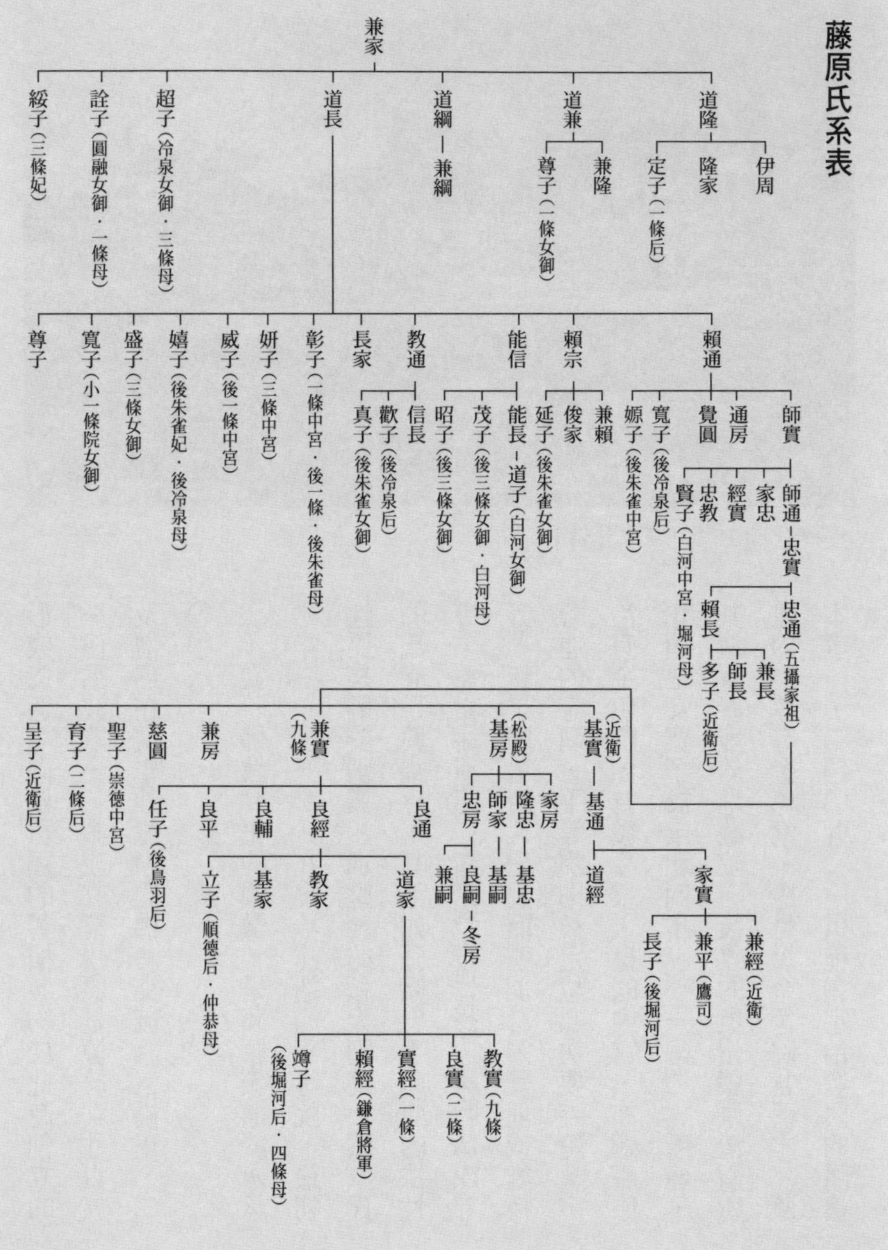
藤原氏系表
兼家
道隆
伊周
隆家
定子（一條后）
道兼
兼隆
尊子（一條女御）
道綱—兼綱
道長
超子（冷泉女御・三條母）
詮子（圓融女御・一條母）
綏子（三條妃）
賴通
師實
通房
覺圓
寬子（後冷泉后）
嫄子（後朱雀中宮）
師通—忠實
家忠
經實
忠教
賢子（白河中宮・堀河母）
忠通（五攝家祖）
賴長
兼長
師長
多子（近衛后）
賴宗
兼賴
俊家
延子（後朱雀女御）
能信
能長—道子（白河女御）
茂子（後三條女御・白河母）
昭子（後三條女御）
教通
信長
歡子（後冷泉后）
真子（後朱雀女御）
長家
彰子（一條中宮・後一條・後朱雀母）
妍子（三條中宮）
威子（後一條中宮）
嬉子（後朱雀妃・後冷泉母）
盛子（三條女御）
寬子（小一條院女御）
尊子
（近衛）基實—基通
道經
家實
兼經（近衛）
兼平（鷹司）
長子（後堀河后）
（松殿）基房
家房
隆忠—基忠
師家—基嗣
忠房
良嗣—冬房
兼嗣
（九條）兼實
良通
良經
道家
教實（九條）
良實（二條）
實經（一條）
賴經（鎌倉將軍）
竴子（後堀河后・四條母）
教家
基家
立子（順德后・仲恭母）
良輔
良平
任子（後鳥羽后）
兼房
慈圓
聖子（崇德中宮）
育子（二條后）
呈子（近衛后）

式佛教信仰方式，在《源氏物語》的「宇治十帖」中亦有描繪。

平等院的核心建築是阿彌陀堂（鳳凰堂），其供養方式是依照天喜元年（一〇五三）三月的國家最高法會御齋會，同年十月，上東門院彰子亦前往參詣。此後陸續築造堂舍，舉行一切經會、蓮華會等法會，後冷泉天皇於治曆三年（一〇六七）巡幸參詣。藤原道長逝後，攝關家是以賴通為核心人物，發展極為榮盛，其兄弟手足多因血緣關係而得以親近天皇。藤原氏族的造寺及舉行佛教儀事，與興福寺、法成寺的增建堂舍或焚毀後的重建事業同樣，具有公家性質的意義。女院在檯面上不問政事，卻以國母身分保有至尊地位，在出家後盛大舉行佛事，成為當朝的時代先端。

這種情況在後三條天皇（一〇六八—七二在位）即位後，才讓搶盡天皇風采的攝關家權勢有所轉變。後三條天皇原為後朱雀天皇次子，其母為禎子內親王（陽明門院），立為東宮長達二十三年，治曆四年（一〇六八）以三十五歲之齡登位。天皇在成年親政後推行一項著名政策，就是於延久元年（一〇六九）發布莊園整理令，設置記錄莊園券契所（記錄所），針對不具外戚關係的攝關家所屬莊園提出限制。同年十二月，三條天皇僅在位四年八個月即讓位成為上皇，翌年五月因病猝逝，故無法得知其執行院政的意向，但促成他讓位的背景因素，毋寧說是在於佛教信仰。三條天皇於讓位兩個月後，與其母陽明門院（禎子內親王）巡幸住吉社、四天王寺、石清水八幡宮，並在薨逝前一個月出家為僧

（法名為金剛行）。無論是遠詣寺社或出家，女院或攝關家皆可自由決定，但以天皇身分則無法遂願。後三條天皇對攝關家心懷抗衡意識的跡象，亦反映在延久二年（一〇七〇）十二月所建的圓宗寺。當時是供養金堂及講堂、法華堂，翌年更建造常行堂、灌頂堂、經堂等。圓宗寺是後三條天皇發願建造的御願寺，是所謂「四圓寺」之一，卻與先皇所建的三座寺院劃清界線。而此三寺分別是圓融天皇所建圓融寺、一條天皇所建圓教寺、後朱雀天皇所建圓乘寺。這些寺院規模相當於仁和寺的一座分院，僅提供各願主（天皇）舉行追善法會，至圓乘寺的階段，因後朱雀天皇生前未能建成，至薨逝十年後，方於天喜三年（一〇五五）竣工並施行供養。惟有攝關家興建法成寺與平等院的期間，才顯示天皇喪失威權。相對於此，圓宗寺伽藍是以安奉「二丈金色摩訶毘盧舍那如來」等尊像的金堂為核心建築，被視為「鎮護國家」之寺，並開創象徵國家佛事的法華會（最勝會）。圓宗寺故而成為法勝寺的先驅，但若考慮到攝關家所建的法成寺金堂內，供奉的中尊是規模高達三丈二尺的大日如來，那麼天皇家必須等至白河天皇即位後，方能真正確立足以凌駕攝關家的權威。

第二節　白河天皇親政與法勝寺

一、君主的氏寺——法勝寺

白河天皇（一〇五三—一一二九）在位十四年後，於應德三年（一〇八六）讓位，依序成為堀河、鳥羽、崇德三天皇的監護者，並就此創立院政。根據探討統治體制或政治結構的相關研究指出，院政確立於白河院政後期、亦即鳥羽天皇因堀河天皇薨逝，而於嘉承二年（一一〇七）即位之後。然而，這與院政制度及組織整頓並無關聯，鳥羽天皇自即位以來高踞權力頂峰長達半世紀，這才是重要課題。他在親政時期就已推展重要宗教活動，對佛教產生莫大影響。

延久四年（一〇七二），白河天皇以二十歲之齡登基，同時策立當時年僅兩歲的異母弟實仁親王為皇太弟，卻不承認其弟為父皇後三條天皇的嫡系，原因就在於白河天皇堅持鞏固個人的皇統血脈。縱然如此，白河天皇沿襲後三條天皇的政策，對攝關家的強權採取壓制之策，並透過完成大極殿（延久四年四月），讓天皇權威重新獲得朝野認可。三條天皇駕崩的翌年、亦即承保元年（一〇七四）二月，高齡八十三歲的藤原賴通在平等院撤手人寰，僅八個月後，八十七歲的上東門院彰子逝於法成寺阿彌陀堂。翌年九月，八十歲的關白教通亦離世，由其子師實繼任關白，時年三十四歲。茁長成年後的天皇在條件具足的情況下，獲得可發展個人路線的完美舞台。未久，白河天皇即針對神社巡幸而提出新方針，執意於每年三月至石清水，四月至賀茂參詣（《扶桑略記》承保三年三月四日、四月二十三日條）。攝關家（關白師實）的賀茂詣就此出現變化，白河天皇向朝野顯示天皇舉行的儀式（朝儀）已居優勢。

藤原師實所獻的白河殿建有御願寺，稱為法勝寺，並為「六勝寺」之首。法勝寺與「四圓寺」的所在地洛西（仁和寺周邊地區）保有一段距離，選擇與攝關家淵源甚深的別業（別墅），上東門院彰子曾於此賞花，寺號則採用「勝」字，取代了嫡系天皇堅持採用的「圓」字。由此可窺知白河天皇對於道長建造法成寺所象徵的攝關家榮景，懷有一種抗衡意識。至於選擇白河地區的理由，一說是此地為東國入京的交通要衝（西口順子，二〇〇四）。

就寺院規模及儀禮來看，白河天皇對攝關家的競爭心顯而易見。承曆元年（一〇七七）法勝寺舉行的建寺供養，是由白河天皇與陽明門院禎子內親王、中宮藤原賢子、關白師實，以及顯貴士紳偕同出席的盛大儀典（《扶桑略記》、《承曆元年法勝寺供養記》、《諸寺供養類記》等）。在此之前，金堂、五大堂、阿彌陀堂、法華堂、大門、迴廊、鐘

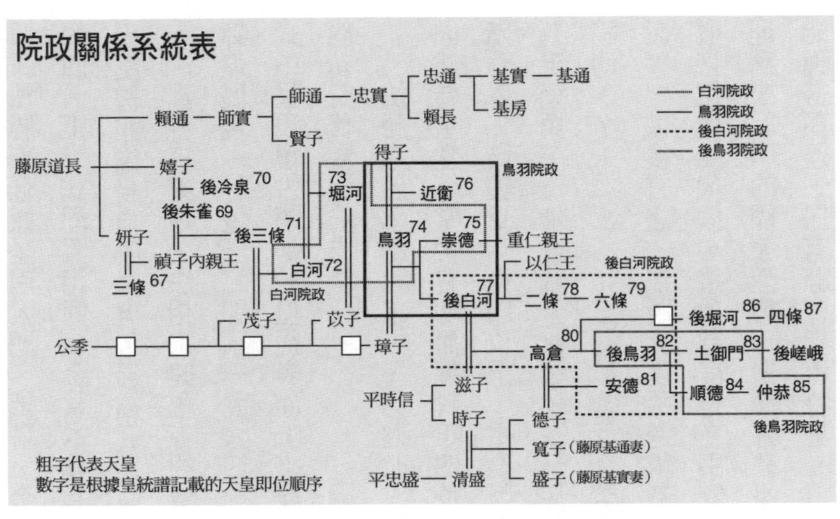

樓、經藏、僧房等大伽藍悉皆完成，七間四面的金堂為核心建構，堂內供奉多尊佛像，中尊金色毘盧遮那如來（大日如來）像高三丈二尺，與治安二年（一〇二二）道長所建的法成寺內供養佛像的法量相同，其規模已超越了後三條天皇所建圓宗寺的「二丈金色摩訶毘盧舍那如來」。換言之，法勝寺在最初設計之際，就籌畫建造足以匹敵法成寺伽藍的規模。

白河天皇進而興建一座凌駕法成寺的不朽建築，就是在日本堪稱史無前例的八角九重塔。永保元年（一〇八一）建置心礎，兩年後天皇巡幸之際，在藥師堂及八角堂亦盛大舉行供養。八角九重塔建於池中島，不僅居伽藍的中央位置，又因塔高二十七丈，聳立於平安京東側，故其高度為洛中之首。此塔威容壯麗，符於「國王氏寺」（《愚管抄》）之稱，成為天皇權威之象徵。

法勝寺伽藍是南大門、佛塔、金堂、講堂呈南北一直線並列，乍見之下，與飛鳥時代的四天王寺式配置相同。金堂本尊為毘盧舍那如來，與奈良時代的東大寺大佛相同。白河天皇曾布施封戶一千五百戶做為供養，在寺司及供僧方面，則任命天台宗延曆寺、園城寺、真言宗東寺、法相宗興福寺的僧侶負責，寺內隨處可見以古代國家形式為基礎的權威輝煌展現（林屋辰三郎，一九六四）。的確不容否認，可從伽藍配置或慶祝落成的供養儀式中呈現復古趨勢，但從表面上來觀察寺院營造或宗教設施的營運型態，即可知是採用順應新時代潮流的方法。

法勝寺於承曆元年（一〇七七）舉行供養，賞賜造寺有功者，首推播磨守高階為家，因建造金堂等堂舍有功而獲封正四位，並被賦予重任，處理寺務的右中弁藤原通俊，其官階晉陞二階獲封為從四位上，主要封賞對象皆是支持白河天皇親政的諸國受領或近臣。身為定朝弟子、被尊為三條佛師之祖的長勢（一〇一〇—九一），以及被視為院派之祖的院助（？—一一〇八）等人亦受賞賜，分別獲得法印、法橋的僧階（《法勝寺金堂造營記》）。換言之，法勝寺是透過稱為「成功」的賣官制度，由承擔修造者出資營建之後換取官銜做為代償，這項制度是在平安後期由國家相關系統所推動。這是以「王朝國家」的理念來說明的國家型態，對於佛教事業則不限於俗眾，若能參與策畫及擔任主要任務者即能獲得顯達，保有社會經濟特權。這是源自於藤原道長在自邸舉行法華三十講，並透過築造法成寺等建寺事業所發展的方式，白河天皇不僅積極採用此法，完成彰顯自我威權的寺院，並適用於其他國營寺院，以及此後由院（上皇、女院）推展的佛教事業。進而藉此激發眾人競爭心、促使院在其佛法信仰下造就的龐大佛事獲得支持，形成政治權力與寺院建造、營運互為一體的權力構造。

法勝寺伽藍呈現新時代的要素，即使是金堂的中尊毘盧舍那佛，亦唯有尊奉密教教主大日如來，堂內供滿密教佛像，與佛塔皆能體現充滿新奇感的兩界曼荼羅世界（清水擴，一九九二）。法勝寺與法成寺相同，皆建有五大堂、阿彌陀堂、法華堂、藥師堂等，以充滿多元佛教信仰的各種殿堂所統合而成。

法勝寺伽藍中最令人矚目的是幾乎不設僧坊，沒有設置符合這座大寺規模的僧人居所（山岸常人，二〇〇四），這與寺內並無「法勝寺僧」存在有關。此寺與東大寺、興福寺、延曆寺、園城寺等權門寺院的風格大異其趣。法勝寺僅有少數僧侶及擔任寺務的俗眾負責寺院營運，唯有每年舉行數次法會之際，方有各大寺的最高階僧侶，以及上皇以外的貴庶階級群集參詣。換言之，法勝寺是執行殊勝無比的佛事聖地，故不設常住僧團。

有關法勝寺的法會部分，首先舉出在慶祝落成法會的翌年（承曆二年，一〇七八）始修的大乘會。大乘會將講堂視為會場，為期五日講說五部大乘經，白河上皇於讓位後亦駕臨法會，眾多公卿聚集共修。其儀式過程猶如朝儀，由上卿或弁官執行，包括講師等在內的僧名定，則在內裏陣座（眾卿列座評議之處）進行宣講。大乘會與後三條天皇始修的圓宗寺法華會、最勝會，合稱為北京三會，對擔任講師的天台僧而言，這些法會成為晉陞僧階的重要階段。這種情形如同南都僧，認為擔任南都三會（御齋會、興福寺維摩會、藥師寺最勝會）的講師是成為僧綱的前提，但有不少天台僧未經三會講師的階段就成為僧綱。

承曆二年正月，在法勝寺金堂與阿彌陀堂舉行始修之儀的修正會，並有咒師及散樂、雜藝等藝能表演，以及供奉牛王寶印的盛儀。院政期的修正會則是由院親臨會場，諸卿隨同參與，這項正月活動是以宣揚上皇地位至尊的院政世界為目的，與宮內齋會形成對比。同時舉行由朝廷推行的仁王會、千僧御讀經等佛教儀禮。據《延喜式》規定，仁王會是天皇即位後唯一一次舉行的臨時儀式，從攝關期末期每年春、秋舉行，已成為定例。白河上皇比照宮中儀式，同樣在院御所舉行修正會，康和五年（一一〇三）始於法勝寺開示百座仁王講。千僧御讀經是由諸僧誦經的護國佛儀，為天皇及國家祈求禳災解厄。白河天皇讓位後，至堀河天皇（一〇八六—一一〇七在位）時期，幾乎每年在太極殿舉行法會。堀河天皇薨逝後，隨著院政正式發展，天仁元年（一一〇八）起將會場改為法勝寺金堂，並尊白河法皇為願主，成為由院別當舉行的「院沙汰（由院定奪）」。鳥羽天皇（一一〇七—一一二三在位）於天永二年（一一一一）首度以天皇為願主而進行「公家沙汰」，並由上卿、弁官等公卿執行儀式，此後院仍積極參與佛事。法勝寺做為奉行上皇御意的佛事空間，就此取代太極殿的地位（海老名尚，一九九三；遠藤基郎，二〇〇八；山岸常人，二〇〇四）。遵從上皇御意而舉行的佛事被視為國家活動來推行，這對於從天皇傳統中獲得解放的上皇，從此享有更多執政自由的院政形成，發揮了莫大功效。

誠然，法勝寺是院的信仰場域，舉行許多佛事。天永二年，法勝寺三十講始修於阿彌陀堂，從此成為定例。保安元年（一一二〇）將舉行日期訂於五月，卻與同月在宮中舉行的最勝講日期重疊，不僅對任職僧及負責講會執行的貴族憑添壓力，更彰顯天皇與院權威趨於分散的局面。法勝寺與其他御願寺同樣發揮了為皇族追善的場域功能，例如自元永元年（一一一八）起展開白河法皇之母藤原茂子的國忌（忌日法會），以及在白河法皇薨逝後，舉行盂蘭盆會和國忌儀式的御八講。

法勝寺是超越舊時律令政治機構與攝關家的天皇家寺，是由凌駕公私立場的天皇所推展的各種事業。隨著院政正式運作，院以「治天之君」確立地位，法勝寺的上述特質傾向更為強化，恰成為象徵院政發展的國家宗教儀禮場域。

二、白河院政期

應德三年（一〇八六）十一月二十六日，白河天皇讓位於年僅八歲的次子善仁親王（堀河天皇），這應是考量皇太子實仁親王已於前一年十一月早逝，以及試圖防範自身的異母弟輔仁親王（當時已十四歲）被立為太子所致。善仁親王在成為東宮當日即登臨大位，為何有如此異舉，至今仍未有定論。白河天皇若欲凌駕道長及攝關家勢力，以天皇身分實在難以遂願，故需藉由「院」的身分來達成目的。故從院的三大行為跡象顯示，有此異舉顯然主要在於宗教上的需求。

第一，是白河上皇與鳥羽上皇的開拓事業。

白河上皇是以鄰接法勝寺的型態陸續建寺，至後鳥羽院政期以前，已建造寺名包含「勝」字的六座御願寺，總稱為「六勝寺」。其中，尊勝寺、最勝寺、圓勝寺分別依照堀河天皇、鳥羽天皇、待賢門院（藤原璋子）的御願所建，但實際為白河上皇所營建。其他尚有上皇御所的白河南殿（泉殿）、白河北殿，永久二年（一一一四）於南殿建造規模龐大的九體阿彌陀堂（此後的蓮花藏院）。洛東的白河地區則以嶄新面目示人，甚至呈現寺町景觀。上述三寺與法勝寺相較之下規模較小，白河上皇因有管轄之權，故成為名義上的願主。換言之，三寺是讓以院為尊的「天皇家」得以實體化的場域。如同這些營建事業是由諸國受領所承擔的「成功」制度來推動般，上皇的個人意志不僅超越國家制約，亦將建寺視為國家事業予以落實。這種情況，恰似重現藤原道長將攝政讓於其子賴通，本身則在出家後繼續延攬實權，盡享榮顯。白河上皇既擁凌駕一切的權力，遂以「治天之君」獨攬大權，促使院政成立。

另一方面，與白河地區同樣進行的是鳥羽殿營造工程。鳥羽地區位於平安京以南的桂川與賀茂川交界之處，屬於低濕地，亦是水陸交通要衝，當地建有貴族別墅。據《扶桑略記》應德三年十月二十日條記述，白河天皇在位時所建的鳥羽殿，在其讓位兩個月前，初次以「後院」（天皇的預備御所）的表現方式出現於記載中。鳥羽殿四周有貴族土地配置，形成如「遷都」般的景象。建造御所的讚岐守高階泰仲，與獻呈山莊的備後守藤原季綱皆被賦予重任，獲得畿內及七道諸國所得徵稅而築造庭園，堪稱是極盡「風流之美」。寬治元年（一〇八七）二月，白河上皇於鳥羽南殿完工時的御幸慶事，亦由公卿及殿上人身著正裝，舉行乘馬隨行的盛儀。此後，分別於寬治二年完成北殿、四年完成馬場殿、六年完成泉殿，營造工程暫告一段落，此後至鳥羽院政期，造殿工程仍持續進行。從當初白河上皇構想在讓

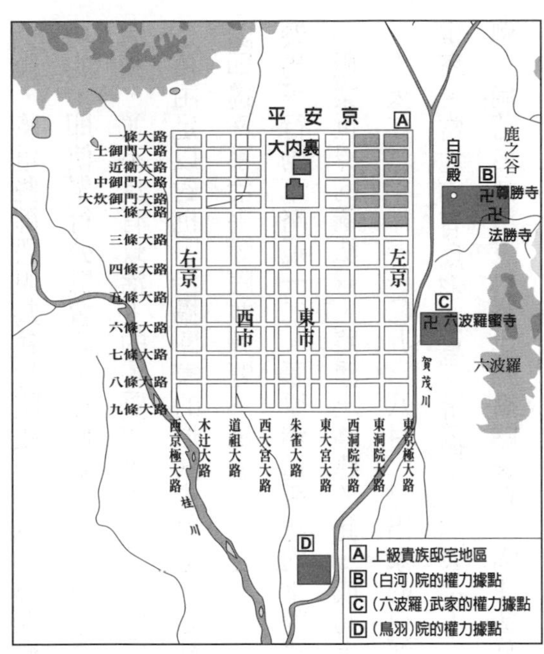

平安末期的平安京

位後，將這些御殿視為執行院政的場域，鳥羽殿就以後院為出發點，首先發揮了遊興場域功能，即使舉行公卿會議，亦僅限於天皇巡幸上皇御所，或院的巡幸及賀儀、佛事等相關活動，並不具有政治上的特質（美川圭，二〇〇一）。這毋寧說是從離宮的特性來考量，是藉由足以對抗宇治攝關家的形式來營造。這種情況可從白河上皇在築造鳥羽南殿之後，隨即巡幸宇治平等院並御覽「風流水石之地」，以及仿效攝關家的例行活動在馬場殿舉行賽馬等行動來略窺一二。藤原賴通所建的平等院，被其視為臨終之地，其樣貌彷彿是奉持「極樂世界的儀法」，將淨土移建於此，成為上皇同樣最為在意的處所。

天仁二年（一一〇九）八月，已出家的白河法皇決定將鳥羽泉殿定為墓所，並興建三重塔。當地亦有鳥羽法皇、近衛天皇的墓塔，成為最早以個人血統營建「皇室」陵墓之例。倘若白河法皇有意比照攝關家在木幡建造墓地般籌建個人陵墓，當然會意識到藤原道長在木幡建造的淨妙寺。攝關家藤原氏所建構的權力中心宇治與木幡互為結合下所發揮的功能，或許白河法皇亦試圖導入鳥羽地區。白河法皇於保延二年（一一三六）薨逝後，鳥羽上皇在建造勝光明院之際，完全採用平等院的模式，其構想應在白河法皇時期就已決定方向。

法成寺、宇治平等院、木幡，皆由藤原道長及其子賴通繼承藤原氏的悠久傳統，但在白河法皇時期的白河、鳥羽地區早已凌駕其規模。

第二，以熊野詣為代表的遠行參詣（靈場參詣）。自藤原道長之後，貴族之間以攝關為代表而盛行至遠地參詣寺社，天皇因無法遠行巡幸，心中懷有與世隔絕之感，故至後三條上皇在位時期方能展開新局面。寬治二年（一〇八八）二月，白河上皇讓位未及兩年，即遠赴高野山參詣，後於寬治四年正月參詣熊野、五年二月再詣高野山、六年七月參詣金峰山，如此連續巡幸遠地未曾間斷。有關法皇巡幸熊野之例，尚有延喜七年（九〇七）的宇多法皇，長保元年（九九九）花山法皇亦有籌畫，卻因一條天皇勸諫而終止。即使身為上皇，遠行巡禮寺社亦非易事。換言之，縱使迫切渴望，但以天皇之身仍難以如願。白河天皇亦在成為上皇後，方能向攝關家誇示一己權威。

鳥羽天皇即位後，白河上皇於永久四年（一一一六）幾乎每年必至熊野參詣，出家成為法皇後，仍往高野及熊野巡幸，在此期間逐漸疏於前往金峰山，或許是因該地仍無法擺脫藤原道長及攝關家儀式所形成的刻板印象所致。相形之下，熊野的地理位置更為遙遠，或許道長勢力尚未所及，故成為法皇最喜好的地點。

法皇參詣之際，兼而施行一切經供養與《大般若經》供養，或舉行造立堂舍供養等盛大法會。尤其是建造佛塔，成為白河法皇推動宗教事業之象徵，著名的建塔地點如康和三年（一一〇一）七月二十三日於祇園、同五年十月三日於日吉、永久五年（一一一七）十一月六日於熊野、天治二年（一一二五）十一月二十三日於熊野（一尺六寸的七寶塔）、大治二年（一一二七）十一月四日於高野山（二塔），以及同三年七月二十日於賀茂御祖社（上社）等。不難想像的是，可知不僅是白河、鳥羽地區，各地宗教設施的景觀亦遽然改變（宮地直一，一九五四；新城常三，一九六四；宮家準，一九九二）。

第三，出家。

在平安時代前期，淳和上皇、仁明天皇所帶動的「臨終出家」風習，隨著淨土教發展而成為信仰上的習俗，並能穩定發展，攝關期的貴族幾乎皆祈願出家為僧，以求來世獲得安泰（三橋正，二〇〇〇）。藤原道長亦信奉淨土教，於寬仁三年（一〇一九）病篤之際出家，此後長達八年以「入道殿」身分恣意擅權，並於將逝前，在其建造的法成寺阿彌陀堂舉行理想的臨終儀式。其子賴通則於延久四年（一〇七二）出家，並於兩年後的承寶元年（一〇七四）在宇治（平等院）辭世。萬壽三年（一〇二六）出家的上東門院（彰子），亦於此年薨於法成寺阿彌陀堂。賴通之子師實曾出任關白，於康和三年正月二十九日出家，兩週後以「入道殿」身分「入滅」。這些僅是其中數項例證，由此可知平安貴族極為重視應如何迎接「死亡」的方式。

自村上天皇之後，朝廷開始防範天皇於在位時出家。一條天皇於寬弘八年（一〇一一）六月二十二日薨逝，在危篤之際方才讓位，並於剃度出家。後一條天皇賓天之際，朝廷更隱瞞其在清涼殿出家及崩殂的消息，暗中將象徵神璽的寶劍運送至太子殿內。後三條上皇因讓位於白河天皇，故能在臨終前出家，堀河天皇則於嘉承二年（一一〇七）七月十九日薨逝，雖可受戒卻無法出家。對於身處如此時代的白河天皇而言，即使貴為天子，卻因無法出家而抱憾離世，光是想像就令人不寒而慄。白河上皇於永長元年（一〇九六）八月九日出家，原因為兩日前痛失至愛之女（郁芳門院媞子內親王）所致，其出家的思想背景，在於將「出家」視為「前往來世的渡橋」的佛教來世觀。

天皇讓位成為上皇，再出家為法皇，成為史無前例、超越國家身分的「治天之君」，獲得完全的信仰自由。換言之，相對於藤原道長參詣金峰山、高野山系統，院政期的宗教儀禮是以熊野巡幸為代表，延續道長所創的「入道」，形成坐擁政治實權的「法皇」。

但若從白河上皇出家是基於信仰的觀點來看，仍有令人難解之處。最初上皇是由醍醐法眼勝覺為其剃度，日後卻只私下獲得隆明傳授戒法（《中右記》永長元年十月十七日條），並未正式受戒（《中右記》大治四年七月十五日條裏書），並無戒名（法名）（神宮文庫本〈舊宮崎文庫本〉《百練抄》九日條）。亦有說法指出，白河法皇因憂懼三宮（異母弟，後三條天皇之三子輔仁親王）繼位，為了在必要之時重新踐祚，故不取法名（《台記》康治元年〔一一四二〕五月十六日條）。白河法皇終其一生，皆為如何維護自身皇統安定而煞費苦心，在其子堀河天皇薨逝後，不僅推舉其孫鳥羽天皇即位，更於保安四年（一一二三）迫使鳥羽讓位於崇德天皇。崇德之母藤原璋子（待賢門院）雖身為鳥羽天皇的中宮，其實深受白河法皇寵幸。白河法皇推舉實際為親身骨肉的曾孫崇德天皇即位，不僅完全達成獨占皇統之目的，更以未受戒為由，完全不受任何宗派（佛教教團）繫縛，不僅凌駕攝關家權勢，或許是企圖擺脫僧侶身分秩序、成為至高無上之存在。

第三節　白河、鳥羽院政期的佛教界與僧侶

一、法親王

白河法皇雖入僧籍卻不受佛法教義所約束，更讓多位皇子出家，導致寺院僧籍體系顯著轉變。白河法皇的子嗣甚多，共有六名剃度出家，分別進入仁和寺及園城寺。其中，仁和寺僧覺行、覺法、聖惠是以僧伽身分獲封親王，故為法親王。白河法皇之三子覺行於康和元年（一〇九九）獲封為親王，此為法親王之始。覺行之師性信，亦稱為「法親王」（《扶桑略記》永保二年十一月二十七日條）。性信（一〇〇五－八五）為三條天皇之子，未出家前的封號為師明親王，寬仁二年（一〇一八）入仁和寺，因受其兄敦明親王（小一條院）遭廢黜東宮所牽連，而採遁世出家之途。治曆三年（一〇六七），性信受陽明門院（後三條天皇之母，性信之異母妹）所請而為東宮（日後登基為後三條天皇）設壇祈禱，此後為朝廷修持護國密法，更舉行後三條、白河親政期的公家（天皇）御修法多達二十次以上，故於永保三年（一〇八三）受封為「二品」，成為名符其實的法親王。性信是仁和寺第二代門主，初時被稱為「御室」，世間則稱之為「大御室」（橫山和宏，二

〇〇二）。至於繼承性信的門跡（由皇族或公卿擔任住持的特定寺院）者，則是稱為「中御室」的覺行法親王（一〇七五―一一〇五），曾任圓宗寺、法勝寺、尊勝寺檢校。此後，仁和寺御室以「治天之君」的院或天皇皇嗣身分，成為凌駕既有僧籍體系的法親王，被稱為「惣法務」，高居統領各僧綱所的法務之上，成為護持院政權的宗教權門。尤其在真言宗內部，構築一種上部統治構造，有別於東寺及其末寺的固有統治機構，這種結構是與以御室為至尊的王權密切結合而成。御室隨著院政勢力鞏固而愈形重要，尤其在發生莊園立券（設立莊園之際，由官廳授予的批准文書）糾紛或與各權門爭訟之際，即可發揮權威功效。這種僧侶特權身分與教團統制的特殊結構，其形成的背景因素在於後三條天皇、白河天皇聘用皇族出身的真言僧為護持僧，使其舉行國家層級的密法修持或法會，更命其投入營造寺院等護國佛事，代償則是給予特殊禮遇做為褒揚，此後得以榮陞顯達，這種處理方式已成慣例。

這種情況與當時「家」的形成密不可分。如同官司請負制在穩定發展下，特定官司能依照家學或家業獨占官職般，無論在院政期的任何領域，皆採取以家為單位的行動模式。藤原道長以後的攝關家確立，以及凌駕其勢的白河上皇一族形成，皆出現一種家的意識，在宗教活動方面，亦有託付家族成員推動的傾向。換言之，僧侶在為皇族祈求安泰，或執行宗教（密教）護持之際，個人需具備一家之長、亦即院的皇統血脈者方能勝任。

二、貴種入寺與門跡

平安中期之後，素有「貴種」之稱的皇親貴戚入寺習佛的情況更為顯著。他們有別於一般受戒慣例，享有各種晉陞特權，在遵循「無度緣宣旨」之下，可不需度緣（度牒）而臨時受戒，更不需比照各寺阿闍梨的名額限定，即可以個人身分成為「一身阿闍梨」，甚至不必經由律師認同，即能出任僧都或直接就任法眼一職（岡野浩二，二〇〇九）。如此一來，造成國寺管轄方式及僧綱、座主、別當等僧職、甚至教團秩序產生極大變化。

例如，在藤原氏的氏寺興福寺，關白藤原師實之子覺信是最初的貴種入寺僧。覺信繼承一乘院成為院主，其異母弟尋範則將大乘院的院主之職傳於藤原忠通之子信圓（兼任一乘院），一乘院與大乘院皆稱為門跡，其地位居院家之上。此外，興福寺別當之職幾乎皆由入寺的攝關家子弟獨占，其下形成五師、三綱的寺務組織，在興福寺奉敕舉行的維摩會，其性質亦隨之改變。維摩會是透過諸宗學僧講經論義、鑽研佛學的場域，亦採用國家僧侶在擔任批判釋義的豎義後所獲得的講師身分，更於翌年出任御齋會、藥師寺最勝會講師（三會講師），繼而晉陞為僧綱。自院政期以後，豎義或講師皆優先分配給年輕的權門貴冑（貴種）或良家出身的修學僧。對他們而言，這些僧職只為晉陞而存，被視為徒具形式的儀式。這種不經講師即可擢陞僧綱的「閑道陞晉」漸形慣例，令出身卑微的學僧難以出人頭地，導致世俗權威亦可適用於寺院（堀池春峰，二〇〇四）。

其他大寺同樣出現寺院世俗化的情形，北京三會（法勝寺的大乘會與圓宗寺的法華會、最勝會）被視為天台宗內最能榮登顯達的途徑，但仍有許多天台僧未經三會講師就出任僧綱。其背景因素在於朝廷已認同某些特定寺院可自行授予僧綱之位，或經上師「傳讓」，並由出身權門貴冑（貴種）及良家子弟獲得僧位或僧階。尤其是密教寺院，這種情況多與密法修持或血脈傳承互為連結。其中，前述的仁和寺法親王則凌駕僧綱之位，接受僧綱所的威儀師、從儀師擔任隨侍。

具有實質影響力的寺院是以權門貴冑居首，形成由學侶、堂方等大眾奉事的階級社會。另一方面，志在修行求道的僧侶，則因厭棄這種與世俗身分秩序互為連結運作的「僧官身分」，故以遁世僧之姿積極傳法。他們的活動據點稱為「別所」，位於延曆寺的黑谷及大原、金剛峰寺的東、中、新、千手谷、東大寺的光明山寺、興福寺的小田原別所等處。除了大別所聚集多達千餘人的聖（遁世僧）之外，各地尚有僅由數人維持營運的小別所，教化活動興盛，舉行各種講經或寫經、造佛等活動，與鄰近居民廣結善緣（高木豐，一九七三）。

院政期的日本看似構築了以法皇為至尊的佛教國家，但在各寺院及別所亦出現接受捐贈莊園的實例，顯然有自立門戶的傾向。寺內持續進行組織化及專門化，各方勢力在結合朝廷勢力所獲得的權益下展開活動。在中世逐漸展現權門特質的大寺院，是由獨立僧團成立的大眾團體「惣寺」來進行決策，因其深具影響力，故能取代沿襲古代官寺系統的政所組織（稻葉伸道，一九九七）。學者評定這是將佛教重視以平等為教旨、將眾人評議予以原則化的佛教既有「僧伽」精神加以具體化的結果（永村真，一九八九）。此外，大眾藉由「門流」這種密教法脈的師資相承關係，與世俗化的院家形成密切結合（黑田俊雄，一九七五；衣川仁，二〇〇七）。其中，民眾為了強烈表達自我訴求，遂以「強訴」（尤指平安中期以後的僧兵、神人以神佛譴罰為藉口，積極訴諸武力，要脅朝廷聽任行事）為手段，向朝廷提出無理要求。發生強訴的首例，是永保二年（一〇八二）熊野民眾恭抬新奈智的神輿入京。更有興福寺僧眾迎請春日社神木、比叡山僧眾恭抬祇園社及日吉社的神輿，以「搖御輿」的方式屢次發起強訴抗爭。白河法皇曾感嘆生平不如意之事有三，除了「賀茂川之水、雙六之賽（賀茂川屢次氾濫成災、玩雙六遊戲而擲骰失利）」之外，就屬「山法師（比叡山的山僧抗爭）」最為棘手。南都北嶺（奈良興福寺與比叡山延曆寺）的僧侶或神人（隸屬神社的武裝團體）的霸道行徑，已令人無法漠視，縱使院擁有大權足以制壓攝關家，亦無法對這些徒眾斷然採取處置。原因就在於院對僧侶或神人所信奉的神佛，以及教團教主所具的神通力，懷著崇敬及畏怖所致。院政期強調的「王法佛法相即相依」，導致世俗權力難免仰賴佛教方面的宗教專家所建構的教團及僧侶，倘若忽視此點，將無法理解狀況發展的來龍去脈。院所推展的佛事已超越國家層級，規模宏偉而新奇，雖說可促使新國家制度與社會系統形成，造成出家及佛教界組織產生變革，卻無法掌控佛教界的整體發展。

三、鳥羽院政期的活躍名僧

筆者在此以白河、鳥羽院政期最具代表性的僧侶為中心，從他們的傳法活動來探討當時佛教的多元性。

覺法法親王（一〇九一—一一五三）是白河天皇的四子，其母為右大臣源顯房之女師子。覺法於康和五年（一一〇三）自高松殿遷入仁和寺，翌年（長治元年，一一〇四）尊異母兄覺行法親王為戒師，以十四歲之齡出家。天仁二年（一一〇九）於仁和寺觀音院接受寬助的兩部傳法灌頂，成為一身阿闍梨，並由權僧正範俊（鳥羽僧正）傳授密法。天永三年（一一一二）受封為親王而成為法親王，天治二年（一一二五）就任仁和寺檢校，並兼任院及女院的御院寺（以圓宗寺為首，其他如法勝寺等）長吏及檢校之職。覺法法親王以大阿闍梨身分，為院及女院、中宮修持五壇法之中壇、亦即以不動明王為主尊的修法，極具靈驗成效，尤善於修持密法中的孔雀經法。保延五年（一一三九），又於藤原得子（美福門院）生產之際，為其修持孔雀經法，得子故能安然產下皇子（後為近衛天皇）。覺法法親王因此獲得朝廷褒賞，此後因造立多座堂塔而晉陞階位。大治二年（一一二七），覺法以僧籍獲封二品（出任仙院白河御塔的供養導師），又以皇族出身的至尊僧伽身分，成為仁和寺第四代御室，地位極盡顯達。其門弟有覺成、覺性、寬實等人，被奉為密教「仁和御流」之祖。覺法法親王受其父白河法皇所影響，常入高野山閉關修行，自久安三年（一一四七）起連續四年間五度隱居，撰有《御室御所高野山御參籠日記》詳細記載修法生活，不僅整頓個人棲居的勝蓮花院，更為皇族舉行大型法會、造立堂塔或捐贈莊園等。對於高野山金剛峰寺、大傳法院，甚至是聖方（隱遁於高野山的修行者，高野聖）皆給予惠澤，故有「高野御室」之稱（山陰加春夫，二〇〇六）。

覺鑁（一〇九五—一一四三），是仁和寺領的肥前國藤津莊之追捕使伊佐平次兼元的三子，幼時發心學道，天仁元年（一一〇八）師從於仁和寺寬助，在南都學習法相宗等教法，天永元年（一一一〇）十六歲出家。除寬助之外，亦向高野山明寂、三井寺覺猷、醍醐寺賢海修習密法。當時高野山已中斷舉行傳法會，覺鑁矢志恢復提供眾僧議論場域的傳承，積極活動以求外援，終於獲得鳥羽上皇護持。大治五年（一一三〇）獲賜紀伊國名手莊，創立傳法院，翌年（天承元年）又於高野山創設大傳法院，三年後成為座主，更奉院旨兼任金剛峰寺座主。覺鑁年僅四十歲即成為座主，遭致金剛峰寺僧人排擠，遂於保延元年（一一三五）辭去二職，將座主之位讓由法兄真譽接任，自身在密嚴院閉關修持無言行。六年後，密嚴院所領的紀伊國相賀莊引發糾紛，金剛峰寺僧人以此為藉口強闖密嚴院，覺鑁與七百名徒眾一同退避根來。康治元年（一一四二），又遭逢大傳法院所領的紀伊國石手莊因太政官使、國目代、地方官僚等強行闖入的事件。覺鑁為經營莊園而窮盡心血，翌年將莊園內的圓明寺（根來寺）奉為鳥羽上皇御願寺，順利完成落成慶典供養，卻於此年十二月十二日因病示寂，享壽四十九歲。據傳覺鑁在圓明寺西廂辭世之際，是面朝密嚴淨土並手結法印、口誦明咒而示寂。其生涯短促，傳法活動多與覺法法親王弘法的時期一致，撰有《密嚴諸祕釋》、《父母孝養集》等著述甚豐，對後世影響甚鉅。覺鑁的思想回歸於真言宗祖師空海，以密教振興佛法為目標，從本覺思想式的立場對兩部密教進行改革，強烈關注正像末三時的時機說（末法思想），主張將密教修行易行化，以方便救濟眾生。此外，覺鑁在其著作《五輪九字明祕密釋》述說往生大日如來淨土的密嚴淨土，主張從密教立場詮釋淨土教，並以此為基礎實修念佛。此後，覺鑁成為新義真言宗（今真言宗豐山派與智山派）的開祖，在教團組織化、教義獨創性的層面上，其傳法活動堪稱是鎌倉新佛教的「祖師」級前導者，故而備受矚目（櫛田良洪，一九七五；速水侑，二〇〇五；苫米地誠，二〇〇六）。

實範（？—一一四四）是參議藤原顯實之子，曾入興福寺學修法相旨要，亦向醍醐寺嚴覺、高野山教真修學密法，並師從比叡山橫川的明賢修習天台法要。他曾於興福寺別所的所在地中川地區開創成身院，並從事弘化事業，以求再興戒律。保安三年（一一二二），撰寫《東大寺戒壇院受戒式》（亦稱《實範式》）闡述戒律旨要，更致力於重興荒廢的唐招提寺。實範從少壯至耆暮，常往還於光明山寺、圓城寺、淨瑠璃寺、岩船寺等山岳寺院之間，明顯蘊涵了祈禱者、修驗者特質。長承三年（一一三四）十月，實範成為前關白藤原忠實之妻源師子的出家戒師，後於天養元年（一一四四）六月，舉行內大臣藤原賴長的本尊佛如意輪觀音的開眼供養，有「中川聖人」、「少將聖人」、「中川中將聖人」之稱，同年九月示寂於光明山寺房。據藤原賴長日記《台記》所述，當時顯現梵樂等異象，人們皆稱實範已往生極樂。實範顯密兼修，撰有《觀無量壽經科文》、《往生論五念門行式》、《般舟三昧經觀念阿彌陀佛》、《眉間白毫集》、《臨終要文》等，另有弟子明惠、行尊、藏俊等人。凝然在著作《淨土法門源流章》（應長元年〔一三一一〕撰成）中，稱實範為淨土六祖之一，故以淨土教學僧而為人所知（佐藤哲英，一九七二）。

良忍（一〇七三？—一一三二）是尾張國知多郡富田領主之子，十二歲登比叡山，師從檀那院良賀而出家，於東塔阿彌陀房學修覺運所傳的天台教學，十五歲受戒於園城寺禪仁，二十一歲獲得仁和寺永意傳法灌頂，成為比叡山常行堂眾之一。此後，良忍棲隱於大原別所，修持聲明及梵唄之法，天仁二年（一一〇九）建造來迎院、淨蓮華院，以開創大原魚山流聲明一派，而有中興聲明之譽。另一方面，良忍以修驗者、勸進聖的身分推行佛事，初修燃臂持誦《法華經》、《華嚴經》的苦行，此後以念佛及行持《阿彌陀經》欣求往生極樂世界的方式化導眾民。良忍形象因此理想化，在其示寂後立即被奉為融通念佛的始祖。融通念佛思想在鎌倉時代發展完成並開始流傳，據正和三年（一三一四）繪製的《融通念佛緣起繪卷》所示，良忍於永久五年（一一一七）在夢中得阿彌陀佛示偈：「一人一切人，一切人一人，一行一切行，一切行一行。」就此成為發揚融通念佛的起點。換言之，無分貴賤與否，一人念佛與眾人念佛是融通合一，以全體功德保證悉皆往生，由此可窺知是藉由念佛者名冊的紀錄來化導念佛。這種念佛思想獲得普遍贊同，朝廷遂於天治元年（一一二四）敕令良忍在內裏舉行融通念佛會，並以鳥羽上皇、待賢門院（藤原璋子）為首，且由眾多貴族共襄盛舉。翌年，良忍於鞍馬寺閉關修行之際，獲得毘沙門天護持融通念佛的告諭，據傳在遍參各地之時亦有祥瑞異象示現。此外，良忍建立攝津平野修樂寺等道場，這些伽藍成為現今大念佛寺的基礎。長承元年二月一日，良忍於大原來迎院示寂，享壽六十歲。據傳當時異香撲鼻，紫雲繚繞，梵音傳響，示現阿彌陀佛來迎之瑞象（融通念佛宗教學研究所，一九八一）。

行尊（一〇五五—一一三五）為參議源甚平之子，小一條院（三條天皇之子敦明親王）之孫，其母為權中納言藤原良賴之女，胞姐為後三條天皇的女御基子，胞弟則有季宗、行宗二人。行尊於十二歲入園城寺，師從平等院的明行（敦昌親王）修習台密，自十六歲起，主要在熊野、大峰（金峰山以南）屢次入山苦行，至二十五歲時，接受天台宗僧賴豪傳授阿闍梨灌頂。行尊素以加持祈禱靈驗著稱，曾身為鳥羽天皇的護持僧，並出任權少僧都，永久四年（一一一六）兼任園城寺長吏、權僧正、熊野三山檢校。此後，更兼任法勝寺權別當、四天王寺別當，至崇德天皇在位之時，則出任天台座主（依慣例在上任後立即請退），天治二年（一一二五）成為法務大僧正。行尊在確立修驗道發展上貢獻卓著，並根據曾為修驗道行者的經驗，擔任鳥羽上皇、待賢門院巡幸熊野的嚮導。據《寺門高僧記》卷四〈行尊〉收錄的〈觀音靈所三十三所巡禮記〉所述，行尊是巡拜西國三十三處觀音的創始者，但此說法不足為信（速水侑，一九七〇）。這項傳承的形成背景，應是受到行尊的靈場巡禮信仰所影響。保安三年（一一二二），朝廷敕准得以重建園城寺金堂，行尊終能一償夙願，開始著手營建。至長承三年（一一三四），金堂方才竣工並舉行落成大典，行尊被奉為園城寺中興之祖。半年後（保延元年二月五日），行尊在眾弟子看護下面向阿彌陀佛，一手持五色線繩，一手持五鈷杵，在念佛中溘然長逝（《長秋記》）。行尊善奏琵琶、通書道，亦好和歌，是院政期的著名雅士。尤其少時即將和歌視為苦行生活的良伴，長年詠歌不輟，情感真摯，被視為歌僧西行之先驅。家集《行尊（大僧正）集》是由兩類型構成，亦即在熊野、大峰閉關修行時的詠歌式日記（傳本），以及日後的修行詠歌集選粹（異本）。敕撰集收錄了行尊作品四十八首，其在大峰度冬時所詠的「我見山櫻憐，艱苦自飄逸，同為修行道，唯花知吾意」（《金葉和歌集》五一二），亦被選入藤原定家纂輯的《百人一首》之中。行尊曾出席和歌的賽歌會，並擔任裁判，一般稱之為「平等院僧正」（近藤潤一，一九七八）。

以上因礙於篇幅，僅列舉五位高僧的事蹟，藉由弘法活動，可推知院政期佛教繽紛發展的樣貌。在院政期，即使是寺院社會，亦確立以身分決定未來尊榮與否，況且與院的權力關係多元化，僧侶個別兼修以密教為核心的諸學教理及山林修行，發揮獨特性質。別所成為重要活動據點，高階僧侶在當時的影響力不容小覷。此外，當時因積極崇奉淨土教，故能推展教理詮釋及實修法門，成為一大特色。在掌握院政期為何盛行撰述往生傳的歷史背景之餘，亦可理解此時正是以法然（源空）為首推動的鎌倉新佛教要素之萌芽期（附帶說明，大江匡房《續本朝往生傳》、三善為康《拾遺往生傳》及《後拾遺往生傳》、蓮禪《三外往生傳》、藤原宗友《本朝新修往生傳》，這五部著作約於半世紀間完成，收錄多達三百餘名往生者的傳記）。

第四節　院政期佛教的特質

一、以數量取勝的信仰方式與地方傳播

在白河、鳥羽院政期享有盛名的僧侶，不僅欠缺入唐（或入宋）經驗，對中國等異國佛教發展亦不甚關心。這種情況從成尋於延久四年（一〇七二）入宋及返國後撰寫《參天台五台山記》以來，未曾出現任何知名渡宋僧一事，即可顯而易見。自後白河院政期之後，日本僧侶才漸又關注中、印兩國的佛教發展。

就此意味來看，院政期佛教可說是在國內圓熟發展，達到日本佛教之巔峰。這種情況是以院為核心而陸續營建六勝寺等大型寺院，故多強調院的獨裁面向。但若改變角度來看，則天皇於退位後成為上皇（甚至出家為法皇），則可享受信仰自由，如此反而形成各階層皆出現信仰自由的現象。無論從社會構造或佛教教團的立場來看，隨著古代律令國家瓦解，權力更趨多元化，各領域及各階層皆享有以鞏固利益為優先的權威，並成為多重階層的共存構造。

當各階層在可表達信仰自由的前提下，開始推展多元化宗教活動之際，此時以數量表

現信仰的情況逐漸普遍化。攝關期末期的貴族佛教信仰中，以數量為訴求的功德主義愈益顯著，至院政期，這種傾向更為明顯。從前述有關白河法皇推動佛事的分析中，可明顯發現在其一生中所籌辦的宗教活動，數量極其龐大，並有逐年增加趨勢。據《中右記》所述，白河法皇於大治四年（一一二九）七月六日薨於三條西殿西廂，同月十五日條則記載法皇殯葬事宜，並針對「本院年來御善根」，列有「繪像五千四百七十餘體」、「生丈佛五體（丈六百廿七體）」、「半丈六十六體」、「等身三千一百五十體」、「三尺以下二千九百卅餘體」、「堂宇、塔二十一基，小塔四十四萬六千六百卅餘基」、「金泥一切經書寫」等，更記載「此外祕法修善千萬壇，不知其數。此二三年殺生禁斷諸國也，施大善根也」。

此時的密教發展，適逢貴族社會推崇莊嚴、新奇的修法（如多壇法等密法），故而備受矚目（速水侑，一九七五）。誦經亦以「千僧御讀經」、「百萬卷御讀經」等形式修行，不僅是院或攝關家，就連當地有力人士亦競相抄寫一切經。這些宗教儀禮皆強調數量豐富，即使聚集個人修持的融通念佛，其思想底蘊依舊是重視數量。辻善之助將這種以數量取勝的信仰，批判為「墮落」且「工於心計」的產物（辻善之助，一九四四）。但這種數量信仰對於當時的佛教儀禮或建築、美術發達貢獻良多，就此層面上應積極給予正面評價。

自藤原道長以來，興建大寺形成短暫風潮，佛像造型受此影響產生極大變化。當時甚為活躍的佛師定朝創立定朝式佛像，不僅反映貴族喜好的和風樣式，更創造寄木造技法雕刻，促使大型佛像大量生產。當時規模最為宏麗、堪稱是寺院建築里程碑的，正是平清盛為後白河法皇所建的三十三間堂（蓮華王院）。現存三十三間堂是文永三年（一二六六）重建的伽藍，據傳保留長寬二年（一一六四）的固有樣式。若溯其創建源流，原本是平清盛之父忠盛為鳥羽上皇所建造敬獻的得長壽院，其形式為三十三間堂，並做為供奉千尊觀音像的殿堂。這恰是當時武士在成為受領並取得權勢後，為了投其主君（院）所好而興建的寺剎。

另一方面，中央政府大量建寺造佛，促使佛教文化及美術更易於傳播。

奧州藤原氏推展的平泉文化，是始於初代當主藤原清衡所建的中尊寺。創建時間為長治二年（一一〇五），大治元年（一一二六）舉行慶祝中尊寺建成的供養慶典，據當時供養願文所述，該寺僅有三間四面的檜皮屋宇殿堂一座，以及三重塔三座、二層瓦頂經藏一座、兩層鐘樓一座。但據《吾妻鏡》的文治五年（一一八九）九月十七條記載，則有寺塔六十餘座、禪坊三百餘間。現存殿堂僅有天治元年（一一二四）建成的金色堂，上下四壁及內殿（內陣）皆施以金箔及螺鈿、蒔繪，呈現當時最精妙的工藝裝飾，三座須彌壇上，分別供奉定朝式的金色阿彌陀三尊、六地藏、多聞天、增長天，壇下則有清衡、基衡、

毛越寺中「大金堂圓隆寺跡」的遺構（秦就攝）

秀衡祖孫三代的遺骸，以呈木乃伊化，並存有泰衡的首級。此外，尚有清衡發願奉獻的紺紙金銀泥一切經部分（十五卷）、秀衡發願的紺紙金泥一切經二千七百二十四卷等，皆是當時具代表性的莊嚴經。第二代當主基衡所建的毛越寺，是模擬平安京的六勝寺建築風格，並由圓隆寺、嘉祥寺、觀自在王院所構成，目前已發掘地基及淨土宗式樣的庭園遺跡。第三代當主秀衡創建的無量光院（新御堂），在近年發掘下得知是以宇治平等院為藍本所擴大的式樣。

久安二年（一一四六）平清盛擔任安芸守，強化了平氏與宮島當地的嚴島神社（伊都伎嶋社）之間的繫絆。長寬二年（一一六四）九月，平清盛為祈求平氏族裔興盛，故向嚴島神社的本地佛十一面觀音敬獻裝飾經。這部經典即是著名的《平家納經》，是由平氏一門分擔謄寫《法華經》（二十八卷），以及《無量義經》、《觀普賢經》、《般若心經》、《阿彌陀經》共四卷，以及平清盛親書〈願文〉（一卷），整體為三十三卷，分別採用極為巧緻的表紙、抄經用紙、題箋、卷軸等，收於經箱及唐櫃之中。仁安二年（一一六七），平清盛繕寫奉納經典的最終卷《般若心經》之後，遠赴嚴島將寫經敬奉於神前。在此同時，社殿改建工程亦在進行，翌年，藉助神主佐伯景弘的私人勢力擴充社殿結構，將過去一貫使用的板片改為檜皮材質的殿宇，就此完成社殿。現今的嚴島神社是重建形式，但據傳以本殿及幣殿、拜殿、祓殿為首、攝社客神社及迴廊皆維持當時規模。嚴島神社保存豐富的平氏相關收藏，代表如彩繪檜扇及鎧甲、太刀等。

其他尚有大分縣的富貴寺大堂，以及福島縣的白水阿彌陀堂等建築，定朝式佛像散見於日本各地，顯示院政期的佛教文化是全國一致性發展。

二、與各宗教的關係

院政期的陰陽道亦在密教影響下擴大儀式規模，例如，保元三年（一一五八）建造高倉殿做為藤原賴通之後的攝關家邸宅，當時擔任陰陽頭的賀茂在憲僅在八月二日當天之內，就舉行七十二星鎮等鎮祭，更一次完成大將軍祭、王相祭、土公祭、火災祭、井靈祭（《兵範記》）。此外，賀茂在憲屢次舉行度數祓（又稱百度祓、千度祓等），或歷時數日的泰山府君祭，以及一次祭祀諸多鬼神的三萬六千神祭。

陰陽師原屬於律令制下的中務省陰陽寮，負責公家的占術（占筮相地）技能。但自攝關期起，制定曆法的曆博士或觀察天象的天文博士，以及曾任職於陰陽寮者，亦通稱為陰陽師。在此背景下，陰陽師有時被視為占卜天文曆象或咒術祭祀的專家。

在祈禱的靈驗程度方面，朝廷當然對密教寄予更高期待，陰陽道祭祀多以配合密法修持的方式輔助進行，次數及種類亦多。儘管如此，在不惜為宗教儀典耗費鉅資的風潮下，自院政期以後，朝廷將陰陽師視為善用咒術的宗教家，需求愈增，民間則出現法師陰陽師的活動，以僧侶形象施行陰陽咒術。宮廷的陰陽道漸由安倍、賀茂兩氏主導，朝向家學化發展。在雙方競爭中，逐漸形成陰陽道技術專屬化的趨勢。尤其是安倍氏善於主持泰山府君祭，此祭儀具有延命神效，故產生強烈獨占的企圖。安倍泰親（一一一〇—八三）曾向藤原（九條）兼實舉證歷歷，指出某些人士未能窮究陰陽道，卻以專家自詡，恣意張揚，最終不免將招致天譴，藉此宣傳自身家學不遺餘力（《玉葉》嘉應元年，一一六九年四月十日條）。

在此情況下，世間形成了將安倍氏的先祖安倍晴明（九二一—一〇〇五）塑造成超凡術士的傳說。例如，晴明從天文異象中察知花山天皇即將讓位的跡象（《大鏡》），或藤原道長於法成寺舉行供養之際，為其占卜卻發現遭人下咒（《古事談》），相關的占卜靈驗逸事甚多。《古事談》卷六〈亭宅諸道〉「晴明知花山天皇生前之事（四五二）」，則記載安倍晴明慧眼看穿花山天皇前世曾是大峰行者，因屍骸落入谷底，骷髏挾於岩縫間，故今生患有頭痛之疾。故事的發展前提則是描述晴明的前世為俗人，曾於那智歷經千日瀑布修行，亦是大峰行者。《今昔物語集》卷二十四「安倍晴明隨忠行習道語（十六）」之中，描述某位來自播磨國的老法師陰陽師，帶著兩名式神欲來試探晴明的功力，結果卻甘拜下風。《源平盛衰記》則記載晴明曾召喚十二神將，做為式神之用。這些故事皆提示安倍晴明雖虔心修持佛法，善使咒術方面卻勝於佛教（僧侶），故事背景顯示出陰陽師與密教僧（及宿曜師）在禳災治疾（或預測災厄）的共同信仰基礎上，彼此是處於競爭立場。這堪稱是主張陰陽道行法勝於密法修行之下，塑造出超級巨星安倍晴明的形象（村山修一，一九八一；齋藤英喜，二〇〇四；繁田信一，二〇〇六）。

氏神信仰最拘泥於血緣身分，成為信仰之基礎，並受到數量主義信仰及信仰趨於專門化所影響。若檢證自古至攝關期的貴族對神祇的信仰方式，可發現在其生涯中僅參拜個人所屬神社，其數極為有限。他們被賦予義務，必須在奉祀個人氏神或舉行朝儀的氏祭（公祭）之際供奉幣帛。若遭逢如穢事（觸穢）等無法以奉幣來清淨的情況，則舉行「由祓」

向神祇請罪（三橋正，二〇〇〇）。

至院政期始有年始詣（初詣）、百度詣形成普及化，這在攝關期是前所未見。年始詣最早見於源經信的日記《帥記》記載，時間為永保元年（一〇八一）正月九日條，以及藤原宗忠日記《中右記》寬治二年（一〇八八）正月十日條。不僅是氏神，亦加入崇敬的神社，開始關注吉日或吉方位，並於出發前舉行祭儀，由陰陽師誦讀中臣祓（大祓詞）。百度詣初見於《永昌記》嘉承元年（一一〇六）十二月十日條等，《山槐記》治承二年（一一七八）八月十八日條記載「賀茂千度詣」，九月十三日條則記載每日諸社奉幣（伊勢內外宮、石清水、賀茂上下、平野、春日、日吉、祇園）。換言之，神祇信仰從過去集中於氏祭的階段，發展為享有更多自由、可向個人所奉之神祈願的神社信仰。這是受到攝關期以後定型化發展的靈場參詣（尤其是參詣觀音靈場）所影響，數量信仰亦對佛事造成影響（三橋正，二〇〇〇）。

貴族公卿選擇所奉之神的原因，應是受到佛教信仰中可決定個人所屬本尊或持佛的影響。前文指出平清盛一門將嚴島神社奉為氏神，但其祖脈桓武平氏即使並非嫡系，原本仍應尊奉平氏祭神的平野社為氏社。壽永二年（一一八三）七月八日，源（木曾）義仲入京之前，十名平氏公卿向比叡山連署提呈文書，請求「以延曆寺為平氏氏寺，日吉社為氏社」。其目的在於連結比叡山僧眾勢力，政治意味濃厚，故遭守舊人士強烈譴責（《吉記》壽永二年七月十二日條）。平清盛一門隨著時局波動而見異思遷，輕易改變信仰對象，這象徵著平氏已遭時代吞噬。至於與平氏相抗衡的清和源氏，則從源賴義、義家時期即對石清水八幡崇敬。在氏族瓦解、家型態成立的時代，可由此窺知選擇氏神的情況相當普及，這亦顯示院政期的宗教特質是從傳統束縛中解放，並可自由選擇信仰對象。

隨著神社信仰成立，神社不斷整頓神職制度，各社設置常駐（常住）神主並積極接受個人祈願，透過神職常住而使各神社的發言更具影響力。例如，攝關期的貴族根據《延喜式》規定，針對因接近神明而遭作祟所引發的穢厄問題而進行判斷。至院政期則一併重視神社的因應之道，並遵從神職意見。最終以類似今日問卷調查的形式，彙集各神社的處理方式並撰成《諸社禁忌》（三橋正，二〇一〇）。況且在神祇信仰層面上，亦需宗教專家輔助，故在社會上形成被迫仰賴這些專家的默許共識。

攝關期的貴族是以分擔個別宗教功能的形式，端視情況而分別採取神祇（神道）或佛教、陰陽道信仰。就此意味來看，當時已大致形成與現代日本人共同的信仰架構，並以此為基礎而發展院政期宗教。

三、希求來世的信仰——「死後出家」的成立

在希求來世的信仰中，佛教扮演極多元化的角色。當時世間對密法修持迫切所需，其

需求量之龐大，遠非陰陽道祭祀所能比擬（速水侑，一九七五），密教發展出足以與陰陽道占術相抗衡的宿曜道（山下克明，一九九六），更在僧侶的山岳修行中加入神祇信仰要素，故而發展修驗道（宮家準，一九八五）。然而佛教在信仰上被賦予重要定位，是陰陽道或神祇信仰所無法勝任的特點，就是佛教在希求來世信仰方面所發揮的功能。不僅是喪儀，甚至舉行四十九日或忌日法會等，凡與來世相關的祈願皆瀰漫著佛教色彩。更重要的是，當時貴族幾乎皆將個人來世寄託於佛教，在離世數日前或數小時前成為「僧侶」的「臨終出家」則是一種普遍化現象。這種信仰是將出家視為「往生冥界的渡橋」，如前所述，這種現象是始於平安時代前期的天皇，成為藤原道長或上皇（院）出家因由的底蘊。源信《往生要集》成為貴族社會希求來世信仰的必讀要典，廣為受讀，書中描述的臨終行儀被奉為圭臬。平安貴族享受的榮華富貴，與佛教寄託來生的信仰絕無矛盾之處，日本佛教就是在兩者結合之中持續發展。

「臨終出家」是指生前盡享俗世逸樂，在將逝之前祈求來世獲得富貴保障，此時若錯失出家良機，則將無法遂願離世。能否獲得「通往來世的護照」，猶如一場賭注。院政期出現了日本特有的現象，亦即對貴胄格外禮遇，受此影響之下，故能認同逝者亦可出家的習俗。具體之例是藤原（九條）兼實在日記《玉葉》中，記載其子良通於文治四年（一一八八）二月二十日英年早逝，在確定良通斷氣後，決定讓他於入殮時出家。日本佛教中最具特色的「葬式佛教」，其授予死者戒名的「死後戒名」習俗，是始於平安末期的貴族社會，並在「臨終出家」發展為「死後出家」的過程中形成（三橋正，二〇〇〇）。

在攝關、院政期的貴族社會中，根據不同目的而採取多元宗教的日本式信仰結構，堪稱是日本宗教史後續發展的礎石。尤其值得一提的，應是佛教無獨有偶的發展模式，亦即希求來世信仰的普及、固定化，形成所謂的「死後出家」的佛教儀禮，而此方式在教義上絕對無法成立。然而，將來生寄託於佛教的信仰，不僅逐漸形骸化、非教義化，許多僧侶為來世而自行選擇出家遁世，實踐理想的臨終行儀，並對淨土教思想深入理解，進而化導大眾，最終形成在教義上更為深入、洗鍊的「鎌倉新佛教」。在此背景下，院政期是以自由信仰的個人意願表露為根柢，兼修諸多宗教行儀，社會則出現了對於個別信仰中的某些特定宗教家更為依賴的情況。換言之，在基於個別目的而採取多元宗教的信仰結構上，出現了獨立宗教家與他者積極爭取信徒的現象。

四、宗教思想的發展——邁向「新佛教」形成的過程

院政期確立的自由參詣寺社風潮，不僅針對數名神佛互為比較，並依照信仰目的而分別祭祀不同型態的神佛。更將這些神佛的庇佑功能，或祭祀方式的基本神格（靈驗感應）視為重要問題。

《古事談》（第五、神社佛寺）的「勢多尼夜夢賀茂明神好彌陀念佛」之中，曾記載勢多尼上（神祇伯源顯重之母）常虔心參詣賀茂社，她於社內守靈之際，夜夢大明神請其不斷念佛。對於神佛並祀的民眾而言，神佛習合信仰乃是理所當然，而當時社會將夢境視為現實（或更甚於現實），在此情況下，眾人已能普遍理解神祇認同在神前讀經（念佛）之舉。這則故事描述了勢多尼上在不斷念佛後，夜裡夢見蓮花綻放，賀茂別雷社（上社）的社司賀茂成重則說明：「此為念佛人往生之佐證。」不禁令人聯想到，參詣者所認知的賀茂神是「好佛（念佛）且信佛」的性格特質，是在神主公認下加以宣傳。在《古事談》記述的本地傳說中，某位虔誠的參詣者（信眾）欲知自身的本地佛，在立誓請示後，於守靈中獲得感應是聖觀音，故造立安奉等身像，從此得以平步青雲。從院政期開始真正發展的本地垂迹論，並非以理論方式形成，而是由僧侶或參詣神社的一般民眾積極運作下發展而成。故而出現即使祭神相同，卻因神社不同而本地佛相異，或是即使針對同一神社的本地佛，亦產生不同見解的情況。

在院政期創造許多大量接納參詣者的神社及寺院（靈場）緣起故事，例如，《信貴山緣起繪卷》、《粉河寺緣起繪卷》、《北野天神緣起繪卷》等作品。這些繪卷不同於奉朝廷敕命所撰造的古代緣起（流記資財帳），而是以個別強調充滿特色的靈驗事蹟或庇佑功能為目的，是在自願繪製的情況下完成，深具敦促眾人入信的勸化意義。寺社源起多以提高權威為目的，故假託具有豐功偉業的歷史人物所創造。假託著名文士之例，如《長谷寺緣起》為菅原道真所撰、《清水寺緣起》為藤原明衡所撰。但最值得關注的課題，則是假託「聖德太子撰」的偽書發展。

《四天王寺緣起》亦是假託聖德太子所撰，據此書寫本後跋記載，是由慈運於寬弘四年（一〇〇七）八月一日在金堂六重小塔中發現，但從內容顯示，實際為天德四年（九六〇）三月十七日發生火災後的假託之作。此書第一部分為建寺緣起，第二部分為用品物資，記錄方式承襲於奈良時代的緣起資財帳，第三部分是讖文，其旨為「吾（太子）入滅後，將多生人間，以興佛法」。這些內容出現於聖德太子《未來記》的最初段落，成書年代已無法確定，但對院政期以後影響深遠則是不容輕忽（和田英松，一九三三；小野一之，一九九一）。《古事談》則記載天喜二年（一〇五四）九月二十日，於聖德太子陵墓（磯長陵）附近發現碑文刻有《未來記》，其文中記載「吾（聖德太子）」自中國衡山至日本廣宣佛道，今年（辛巳，即推古天皇二十九年〔六二一〕，翌年二月太子薨）定河內國石川郡磯長里的福地為墓所，並預言「吾入滅後，至四百三十餘歲，此文將重現於世，國主大臣發心造寺立塔，以求佛法興盛」。這極有可能是四天王寺欲將當地做為奉祀聖德太子的新靈場，為了興建伽藍而策畫虛構的事蹟。安貞元年（一二二七）、天福元年（一二三三）陸續有碑文出土，每逢發現這些史蹟，參詣人數即有增多趨勢（《明月記》安貞元年四月十二日、天福元年十一月二十二日條）。

《未來記》撰成於攝關期末期至院政期，有別於過去的緣起文，撰造者託名於作者，藉由「吾」的方式來描述自身的宗教信條，此點成為一大特徵。這類書籍，被定位為「宗教偽書」。最具代表性的先例為《御遺告》，被擬為空海所撰，約成立於十世紀中葉之前，其他尚有根據《御遺告》所撰成的《金剛峰寺根本緣起》（御手印緣起）。這些著作主要是針對真言宗教團內部而撰，為讓高野山的定位得以明確化，以及宣揚內部更為團結，書中記載的入定之說成為空海（弘法大師）信仰的神髓，對於後世教團以外的信眾亦給予莫大影響。在天台宗內部，亦有將教義或思想假託於某些前賢的佛教著述。例如據傳為源信撰的《觀心略要集》，其實應是安樂院惠快的師僧於承曆元年（一〇七七）所撰（西村冏紹、末木文美士，一九九二），據傳為最澄撰的《末法燈明記》曾因法然（源空）、榮西初次援引其說，故知此書成立於院政期（井上光貞，一九七三）。從院政期的口傳法門、本覺思想的發展來看，不難想像尚有許多「宗教偽書」問世。這些著作的撰寫意圖紛紜，卻與聖德太子《未來記》具有共通點，就是皆由作者假託他人，藉此提高自信心來闡揚宗教信條，對後世造成深遠影響（末木文美士，一九九八；佐藤弘夫，二〇〇二）。

佛教偽書的典型是偽經，因仿真經而成，無法確認成立年代。日本撰造偽經（日本撰述偽經）的研究起步甚遲，較早成立的應是院政期的《佛說延命地藏菩薩經》、《大梵如意兜跋藏王咒經》（真鍋廣濟，一九四一；三崎良周，一九九二）。偽經至今仍以「折本」形式流傳甚廣，並深植於信仰中，若將偽經的課題一併探討，則應超越教學領域，從民間信仰發展的角度來予以理解（服部法照，一九九二；水上文義，二〇〇八）。至於密教方面，自攝關期之後陸續產生新式修法（別尊法），甚至出現教典或儀軌中前所未聞的新奇造像（速水侑，一九七五），此後產生「如法佛眼法」般冠有「如法」的修持方式。這是無分台密或東密的共通現象，皆始於白河院政期（三崎良周，一九八八）。「如法」是指隨順佛陀教法或契於規儀，實際上是依照當時貴族社會所需，經由嚴飾化的「新作」。為了與其他宗派或勢力抗衡，在開發獨特、奇異的修法競逐中，應是冠以「如法」權威，以順應眾人所需。

在佛法教學方面，學者指出過去僅有天台宗的本覺思想、鎌倉新佛教思想最受重視，南都教學在院政期之後，與中國佛理教學劃清界線，就此發展新日本佛教趨勢（鎌田茂雄，一九七一）。院政期並未進行教義上的教相判釋（上島享，二〇〇一），亦無整合佛教的傾向，僅止於探究個別教學領域而已。

有關陰陽道的著述方面，賀茂家榮（一〇六六—一一三六）在著作《陰陽雜書》中記述日本的獨特規範或宿曜道的相關記載，例如「六月祓」、「御髮上事」、「二十一社次第」、「男山八幡物忌令」、「六條八幡宮」、「稻荷物忌令」、「祇園物忌令」、

「都賀神方」等，其內容發展迥異於中國的陰陽五行說（中村璋八，一九八四）。在神道方面，亦有大祓詞注釋《中臣祓訓解》、《中臣祓記解》，皆為兩部神道書，據傳為空海所撰（岡田莊司，一九八三），或針對以自身所奉神明為中心的記紀神話另做解讀。慈圓在《愚管抄》中曾述及，由藤原氏主導的攝關體制乃是根據該氏族與祖神（天照大神與天兒屋根命）的冥界約定而來。在《日本書紀》卷二〈神代下〉「天孫降臨」一書（第二）之中亦有相關內容，但其正統性仍有待商榷，慈圓卻將這部分更加歪曲事實（藤森馨，二〇〇五）。在伊勢神宮周邊地區（尤其是外宮）亦出現伊勢神道，這是一種以重新定義後的祭神及歷史為基礎來做闡述的神道論，發展出所謂的「神道五部書」（三橋正，二〇〇三）。

「宗教偽書」的撰造，與發展獨特宗教理論是表裡一致，成為衡量宗教質變的重要指標。如此不限於單一宗教或教團的普遍現象在院政期形成，並造就了日本特有宗教理論的時代。

院政期在既定秩序瓦解及社會混亂下，較於前代更求諸於個人力量，是可依照個人意願恣意選擇主人或組織團體的時代。至於宗教方面則如前所述，信仰出現個人化傾向，形成新宗教團體的勢力關係。在此情況下，宗教家處於必須說明個人宗教（其存在意義為何）的立場。換言之，日本宗教史上始有宗教家在面臨自立後，必須與他者競爭，積極爭取信眾的情況。就此意味來說，可將院政期視為「宗教意識型態」形成的時代。藉由信眾與宗教家積極交流，陸續產生新理論或儀禮、甚至新奇殊異的禮拜對象。在佛教領域中人們深切關心來世（淨土）的課題，堪稱是以明確方式推動宗教運動。「鎌倉新佛教」在思想史上的意義，應根據宗教事蹟而重新定義。

專欄六

兩界曼荼羅的形式變化

冨島義幸（滋賀縣立大學教授）

今日若談起兩界曼荼羅，一般令人聯想到空海請歸的現圖曼荼羅，其構成以密乘教義為基礎，形式是必然且固定不變。然而，在現實建築中出現的兩界曼荼羅卻脫離經典或儀軌，可說是轉變為日本式的樣貌。

胎藏界、金剛界的兩界曼荼羅中心部分，皆是由五佛（大日如來與四佛）所構成。換言之，胎藏界是胎藏界大日如來與寶幢如來、開敷華王如來、無量壽如來、天鼓雷音如來，金剛界是金剛界大日如來與阿閦佛、寶生佛、阿彌陀佛、不空成就佛。在平安時代，為安奉兩界曼荼羅五佛而建造多座密教佛塔，例如，關白藤原忠通於天承二年（一一三二）在法成寺重建東、西五重塔，塔內供奉的五佛與兩界曼荼羅有所差異。

據《平知信記》所述，東塔供奉四尊各朝四方的胎藏界大日如來，四隅配置藥師佛、釋迦牟尼佛、阿彌陀佛、彌勒菩薩。西塔亦供奉四尊金剛界大日如來，同樣各朝四方，四隅與東塔同樣配置四佛（如圖所示）。東塔的胎藏界大日如來，與西塔的金剛界大日如來成為對稱結構，其目的顯然在於建構兩界曼荼羅。然而，雙塔內的四佛並非密教曼荼羅尊佛，而是從奈良時代開始供於塔內的顯教四方淨土變四佛，以及兩界大日如來皆設置為四尊，這堪稱是兩大特點。

首先，第一項特點列舉《平知信記》的說法，指出雙塔的佛像與曼荼羅尊佛有所對應，亦即西塔的藥師佛與阿閦佛、東塔的藥師佛與寶幢如來、西塔的彌勒菩薩與寶生佛、東塔的彌勒菩薩與開敷華王如來，西塔的釋迦牟尼佛與不空成就佛為同體。塔內四佛是顯教西方淨土變的四佛，亦是密教的兩界曼荼羅四佛。在平安後期的雕刻作品中，可發現多件這種五佛形式，吉野山大日寺五智如來像即是典型之例。首先，阿彌陀佛所結的印契並非兩界曼荼羅的阿彌陀佛定印，而是當時廣泛信奉的來迎印。其他造像亦非曼荼羅四佛，而是從奈良時代開始流傳的顯教佛印契。換言之，將右手施無畏印與左手施與願印的阿閦佛擬為藥師佛（左手藥壺已失）、結同樣印契的不空成就佛擬為釋迦牟尼佛、左手結觸地印的寶生佛擬為彌勒菩薩。佛像胎內分別以墨筆書寫釋迦的「釋」、阿彌陀佛的「彌」、藥師佛的「やくし（藥師）」，皆以顯教尊號稱之。

值得關注的是，在四方淨土變之中南方是釋迦牟尼佛，北方是彌勒菩薩，相對之下，若在具有兩界曼荼羅的四佛特性之際，南方則是彌勒菩薩，北方是釋迦牟尼佛，方位完全相反。這是建構在兩界曼荼羅四佛之上，再以顯密同體論為基礎所配置而成的四方淨土變

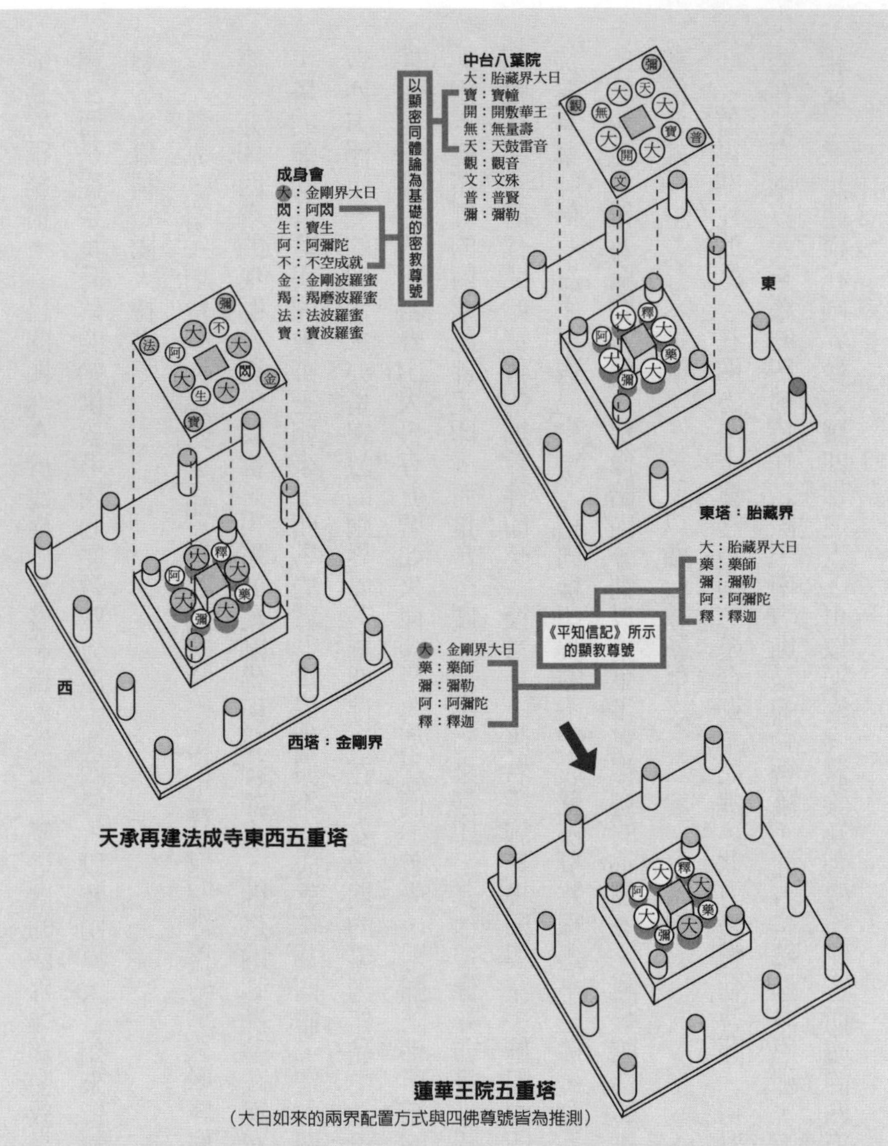

天承年間於法成寺重建的東、西五重塔，轉變成蓮華王院五重塔的形式（製圖：冨島義幸）

四佛。換言之，五佛雖以兩界曼荼羅為基礎，卻結合四方淨土變而形成顯密融合的五佛，由此可發現嶄新的佛教世界觀。

至於第二項特點的四體大日如來，因塔心柱貫穿第一層塔正中央，無法比照曼荼羅於中心位置造設大日如來，並以《金剛頂經義訣》等密教儀軌的「四面毘盧遮那」為基礎，在塔心柱四方設置大日如來。這種四面置有大日如來的型態，最初見於永保三年（一〇八三）由白河上皇在京內白河地區所建的法勝寺八角九重塔。除了塔內供奉四尊金剛界的大日如來及四佛之外，另與供奉胎藏界五佛的金堂一併構成兩界曼荼羅的形式。據傳該塔高達八十一公尺，其規模之龐大、創建史無前例的八角九重建築式樣，並以新奇手法在四面設置大日如來，藉此向京畿都市空間誇示中世的皇家權力是以兩界曼荼羅的佛教理念為根柢。最初法勝寺是仿效藤原道長的法成寺，自興建八角九重塔之後，攝關家追隨皇家的發展趨勢，又建造四面置有大日如來的東、西五重塔。此後四面大日如來更為發展，後白河法皇於治承元年（一一七七）所建的蓮華王院五重塔之中，分別供奉胎藏界、金剛界大日如來各兩尊，因同時供奉兩界大日如來，故在單塔中形成兩界曼荼羅。雖未發現四佛的相關記錄，但可推測皆有可能成為兩界四佛中任一方的藥師佛、釋迦牟尼佛、阿彌陀佛、彌勒菩薩。兩界曼荼羅已轉變為與空海請歸的樣貌截然不同的形式。

中世時期的眾人在內心描繪的佛教世界觀，誠如《梁塵祕抄》所唱誦般，是由大日如來與顯教四佛所構成：

佛化千般，誠如一佛。藥師、彌陀、釋迦、彌勒，皆大日如來是也。

兩界曼荼羅的密教世界觀，並非藉由從唐朝請歸的尊佛造像形式滲透日本，而是取自某種信仰或新興信仰，形成重層、融合的世界，如此堪稱是密教蘊涵的包容力。曼荼羅世界是採取以諸神世界或天皇為中心的世俗世界，再漸形發展為顯密神佛，更涵融聖俗兼具的浩瀚宇宙。

文獻介紹

冨島義幸，《密教空間史論》，法藏館，二〇〇七年。

冨島義幸，〈顕密融合の両界曼荼羅五仏について〉（《ミュ ジアム》六一五），二〇〇八年。

特論

女性與佛教

勝浦令子

東京女子大學教授

第一節　尼與尼寺的系譜

一、「女性與佛教」研究的軌跡

有關日本女性與佛教的歷史研究方面，是以昭和二十年（一九四五）以前的研究為先驅（西岡虎之助，一九二七；荒木良仙，一九二九；遠藤元男，一九四一），尚有一九七〇年代的女性往生思想研究（笠原一男，一九七五），或奈良時代尼師研究（須田春子，一九七八）等，整體上是從昭和五十五年（一九八〇）前後開始迅速發展。這些研究的形成背景，是源於昭和五十九年（一九八四）至平成五年（一九九三）所舉行的「研究會——日本女性與佛教」。

過去佛教史尤為重視教團史，並以寺院或宗派為單位，將教團政治或經濟變化、比丘活動列為探討重點。雖說從教理及教學研究的角度來探討女性論，卻沒有充分檢討歷史學所重視的實際信仰及變遷發展。在此時期，不僅重新檢討相關主題的先行研究，對於探討日本人信心及信仰的歷史課題，亦提供新研究視角，故而備受矚目。前述的「研究會——日本女性與佛教」的研究成果彙編為《シリーズ・女性と仏教》全四卷，如同各卷主題

「尼與尼寺」、「救贖與教化」、「信心與供養」、「巫與女神」所示般，這些研究課題並非局限於狹隘的「女性與佛教」，或僅探討佛教應如何對待女性，反而是針對各時代女性應如何看待、接受佛教，以及女性推動宗教活動對日本人的信心及信仰發展史產生何種影響（大隅和雄、西口順子編，一九八九）。

不僅是日本史、佛教史、宗教史、女性史、美術史等史學研究領域，更含括日本文學、文化人類學等多元學術領域，這些主題研究亦蔚為風潮。故從教理及教學研究立場，重新就此課題來探討佛教如何定位女性（日本佛教學會，一九九一）。此後編成史學研究專著或入門書，在彙整佛教史或女性史的過程中特別舉出探討，甚至發展為重要主題。

至於海外學者的研究成果亦備受關注，美國數度舉行日本女性與佛教的國際研討會，例如，英語版的國際共同研究成果（B. Ruch Editor，二〇〇二），或以英語版公開的最新研究成果「日本女性與佛教」（OSUMI Kazuno Editor，二〇〇九）。

女性與佛教的論點日趨多元化，卻因礙於篇幅，本書特論將從史學的立場，以概觀方式主要介紹古代的比丘尼及尼寺存在型態、佛教女性觀的接受型態、女性的信心特質，並針對古代至中世的歷史變遷進行綜觀分析。

二、佛教教團中的比丘尼地位

據傳印度的佛教教團在創設之際，身為釋迦姨母及養母的憍曇彌（大愛道）曾懇請出家，初時釋迦以唯有男眾方能出家為由，拒絕女眾入教團。經阿難（佛陀十大弟子之一）從旁遊說後，釋迦才以女眾需遵守「八敬法」的八項嚴格戒律做為附帶條件，准許憍曇彌加入教團。比丘尼既是女眾，即使面對比自己修行更淺或年輩更低的比丘，仍需常時服從，戒規更較比丘多達兩倍，並由比丘負責管理。除了與比丘、沙彌相對應的比丘尼、沙彌尼之外，更有訓練十八至二十歲未受具足戒的尼眾，或為了確認已婚婦女是否懷孕而設置式叉摩那做為過渡階段。尼眾在教團中地位低微，在遵守戒律或修行階次方面，亦與僧眾差異甚遠。僅就此點來看，僧尼地位並非對等，並由上座部佛教繼承此項傳統。

東亞地區主要流傳北傳系統的大乘佛教，原則上亦出現僧尼差別待遇的情況。中國的出家人是以「僧尼」方式並重，比丘尼在教團中被定位為不可或缺。佛教約於西元元年前後傳入中國，比丘尼戒本的傳入時期則甚晚，故至四世紀中葉，晉朝的淨檢尼（生卒年未詳）方被視為中國史上最初且名符其實的比丘尼。至五世紀的南朝劉宋時期，經由來自東南亞師子國（今斯里蘭卡）的數名比丘尼協助下，出現獲受三師七證、成為正式受戒的比丘尼。從《比丘尼傳》之中，可確認尤其在五、六世紀，當佛教在中國社會穩定發展下，除了有擅長教學的尼師之外，尚有多數比丘尼在教團內發展，並享有崇高社會地位。劉宋時期的教團深受皇帝護持而發展，在僧尼統轄機構方面，並非僅由比丘監管僧尼二眾，亦有可供尼師自行監管的機構。中國比丘尼的社會地位崇高，教學活動普獲贊同，當高句麗、百濟、新羅的朝鮮三國、甚至日本（倭國）透過國家公傳管道而正式接受中國佛教之際，中國尼師的行儀對各國比丘尼皆產生莫大影響（勝浦令子，二〇〇〇b、二〇〇〇c、二〇〇四a）。

三、佛教傳入期的比丘尼與尼寺

六世紀前期，百濟的聖王（明王、聖明王）基於政治考量，透過外交途徑將佛教傳入倭國，當時正值日本欽明天皇在位時期。《日本書紀》記載百濟輪流派遣比丘或五經博士渡日，卻沒有比丘尼隨同渡來的相關記載。在十一世紀後期的《對馬貢銀記》中，卻記載相傳於欽明天皇時期，曾有來自對馬的尼師以吳音傳授佛法，從此經論漸用吳音，故有對馬音之稱。文中強調佛教傳入期的比丘尼在誦經及信受佛法方面所給予的影響，其背景因素就在於當時的東亞尼師曾活躍於弘化事業。實際上至六世紀後期，《日本書紀》記錄百濟王（威德王）於敏達六年（五七七）獻經論，派遣律師、禪師、比丘尼、咒禁師、造佛工、造寺工共六人來日，特別記載尼師亦在其中。比丘尼是指正式受戒的尼僧，應為百濟或中國南朝出身。

《日本書紀》記載倭國最早的出家人為女性，最初前往百濟留學者亦是比丘尼。敏達十三年（五八四），包括渡來人司馬達等之女嶋（善信尼）在內的三名女子，在蘇我馬子延請之下，接受高句麗裔的還俗僧惠便指導佛法，並於櫻井道場（此後的豐浦尼寺）修行。此後，三名比丘尼在廢佛政策下蒙受法難，於海石榴市遭受笞刑，後因蘇我馬子為病所惱，向天皇請求盼能禮拜尼師以求療疾，最終獲得允准，故而得以重新宣揚佛法。崇峻元年（五八八），善信尼等人以學問尼身分留學百濟，受戒為正式比丘尼，自崇峻三年（五九〇）返國後化導多位尼師。

有關倭國比丘尼較先出現的理由，有一說是日本人基於獨特的神祇觀念，將佛奉為異國神明，認為尼師則是傳述神諭的媒介巫女、尤其指家巫（家族巫師）（櫻井德太郎，一九七七）。她們並非「如法」的出家眾，而是被奉為具有神通的修行者。另有說法指出，六世紀的百濟渡來僧在傳授佛法知識後，促使佛教在日本穩定發展，卻不具備培育僧尼的主導功能，故從信奉佛教的現實層面來看亦非「如法」（曾根正人，二〇〇七）。

新羅亦有在佛教傳入最初期即有女性出家的傳承記載。據《三國遺事》所述，毛祿之妹史氏皈依於高句麗僧我道法師而成為尼師，並於三川岐創建永興寺。就此點來看，倭國與新羅背景相同，應考量女性出家與巫覡的關係。然而，倭國在六世紀後期的發展階段，仍需由女性祭祀異國神祇，故將尼師單純視為巫女而使女性出家。

的確，當時的倭國不可能充分理解或吸收在中國、朝鮮三國已長期認知並接受的佛法教義或組織、儀禮。在此情況下，應考量佛教傳布者與信仰者在認知上的歧異。當初倭國對佛教抱以期待的，確實是僧尼的咒術能力及其附帶的佛法知識或技術。

然而，倭國無論是對僧或尼，皆冀求他們帶來佛教咒術式的現世利益，亦即以讀經或講經的佛教專業素養來發揮咒術能力，並藉此發揮咒術般的能力。故只針對女性結合巫師功能的簡化方式，這正是問題所在。實際上，蘇我馬子在尋求護持僧之際，並未特別針對女性，而是僅在日本定居的高句麗還俗僧，以及出身優渥、兼具學養的渡來系尼師，並意識到在確保及培育僧尼之際應兼顧兩者。

不僅有蘇我馬子為求病癒而禮拜尼師的傳說記載，至七世紀中葉，亦出現興福寺維摩會的起源傳承，身為渡來人後裔的尼師法明，為病中的藤原鎌足講說《維摩經》〈問疾品〉而使其病癒。這些傳說的形成背景，應是根據最早始於中國道馨尼於四世紀後期的講經記載，而將「比丘尼講經」與治療疾病相互結合。這種方式有別於道教的療疾方法，是以宣講經典這種完全以佛教為前提的宗教行為，必須具備學習講經方式的「修行」。就此點來看，比丘尼的功能亦與巫師相異。

如前所述，不僅是基於倭國較晚信受佛教，以及根據特殊的神祇觀念來探討尼師的產生因素，當東亞尼師透過誦讀經典或教學研究而獲得穩固的宗教專家地位之際，在此時代潮流下，對於倭國能事先接受此趨勢，造就出女性出家成為比丘尼的現象，應予以格外重視（勝浦令子，二〇〇〇b、二〇〇〇c、二〇〇四a）。

四、飛鳥時代的比丘尼與尼寺

日本於七世紀前期正式接受佛教信仰，寺院主要建於京畿，僧尼逐漸增多。據《日本書紀》推古三十二年（六二四）條記載，當時調查寺院數目為四十六座，比丘八百一十六名，比丘尼五百六十九名，合計一三八五名。其中包括許多尼寺，例如曾有善信尼住寺傳說的豐浦寺、坂田寺、《上宮聖德法王帝說》記載與聖德太子淵源甚深的中宮寺，以及池後寺、葛木寺、橘寺。

〈元興寺伽藍緣起并流記資財帳〉之中，描述百濟的情況是「法師寺尼寺之間，鐘聲互聞，其間無難事，半月々々日中之前，往還處作也」。至七世紀後期的白鳳期，從堂芝廢寺（據推測百濟王氏所建的百濟寺，應是此寺前身）相距約四百公尺處，發掘撰有「百尼寺」的墨書土師器杯等物，此處現為大阪市天王寺區細工谷遺址。百濟王氏的氏寺是以百濟僧寺與尼寺的結構型態為藍本，或許是並建僧尼二寺。

日本尼寺多與僧寺比鄰，代表如飛鳥寺與豐浦寺、法隆寺與中宮寺。白鳳期不僅在京畿之內，全國大興建寺，地方豪族階層所建的尼寺亦非罕見。例如，據《續日本紀》大寶二年（七〇二）記載，可知與筑紫觀世音寺並建的筑紫尼寺所領屬的寺封，從《尾張國風土記》逸文中，可發現天武天皇時期的尾張國葉栗郡建有尼寺。這種僧尼二寺並建的型態，是由後述的行基教團於八世紀所建的僧院或尼院、國分寺僧寺與尼寺、東大寺與法華寺、西大寺與西隆寺繼續傳承。

自五、六世紀起，中國皇帝及貴族在宮廷或私邸延請高僧而成為「家僧」。日本天皇及貴族亦在信仰佛教之初，即向僧侶徵詢政治或宗教問題，甚至聘其化育子嗣，或為求療疾而請其講經說法，並透過各種請求管道，招請僧尼「入宮」或「居家」而成為「家僧」。不僅是百濟、高句麗，甚至來自新羅、唐土的外國僧尼或具留學經驗的比丘，皆以「家僧」身分從事活動。前述的藤原鎌足為求病癒而招請百濟尼至私邸宣講《維摩經》，這亦屬於「家僧」之例（勝浦令子，一九九七a）。

五、奈良時代的比丘尼

八世紀的僧尼繼續遵循傳統，在寺院活動之餘，亦出入皇親貴戚的「宮廷」或「邸宅」，有些則寄居於此。例如，從平城京左京三條二坊出土的〈長屋王家木簡〉中，可窺知眾多僧尼出入長屋王府邸，多數尼師獲得穀米供給，尤其是以身分高貴的尼公為主，比丘尼平時則在邸內從事傳法活動。《萬葉集》卷三記載的理願尼來自於新羅，在大伴氏邸寄居活動長達二十餘年，天平七年（七三五）示寂於邸內。

在此時期，許多官尼與官僧同參法會或擔任公務，為了成為國家公認的正式官尼，必須擅長以音讀或訓讀方式來誦經及陀羅尼，其中又以必修經典《最勝王經》、《法華經》為首要，以及必須具備發音清朗或善於書道的才賦。官尼於出家前接受僧尼指導而積累修行，再經考試評估學修能力。從正倉院文書中，可發現許多尼師的修道表現往往比男性僧侶更受稱揚之例。

在宮廷佛教方面，比丘尼與比丘同樣擔任公事。例如，從出土的天平時代（約七三〇）〈二條大路木簡〉之中，發現宮廷官司組織編制下各司所分配的僧尼歷名木簡，這些僧尼分別隸屬於大弁司、器司、堂司、飯司、海藻司。值得矚目的是，僅有尼師被分配在統管各司組織的大弁司，並由尼師監管所屬僧尼。

根據記載，天平寶字八年（七六四）十二月，稱德天皇於宮內舉行內裏悔過佛事之際，是以證演尼師為主事者，並讀誦《佛名經》等經典。在平安時代，此佛事原是由比丘舉行的佛名會所演變而來。值得關注的是，至八世紀則改由尼師主導這種改變型態後的佛事。日本尼師活躍於宮廷的情況，應是受到中國唐代尼師以「內道場禪師」身分積極活動所影響。

許多尼師因成為光明皇后（光明子）、孝謙（稱德）天皇的側近而十分活躍，亦有後宮的宮人出家為尼。例如，光明皇后之母橘三千代曾擔任內命婦，為了祈求元明天皇病癒而出家，板野命婦（粟直若子）或孝謙天皇側近的女孺（下級女官）和氣廣虫（法均尼），皆屬宮人出家之例。亦有宮人比照尼師身分接受佛教設施管理，例如天平寶字六年（七六二），出現由隸屬後宮十二司的書司兼任處理佛典的「內典司」。

此外，出身於京畿的豪族、有力農民階層、班田農民階層、都市居民、官吏階層的婦女，其出家活動亦有增多之勢。例如，在行基推行教團活動的歷史背景下，在養老六年（七二二）七月所呈的太政官奏中，指出平城京內不斷出現「妻子」受僧尼引導而剃度出家，並參與偏激的佛教教團活動。太政官認為此現象有違孝親從夫的家庭倫理，男女常聚宿活動易生邪淫弊害，進而破壞社會秩序，並將此視為社會問題來具體探討，故下令懲治僧尼及參與者。另一方面，則獎勵儒家思想的家族道德，表面上僅將調庸等稅制賦予男丁，並未將婦女實質勞動列入考量。女性社會地位因朝廷導入律令制度而改變，京畿婦女率先受到影響，故而積極皈依於行基，希求獲得救贖。行基教團原本被列為制壓對象，卻因在道場兼設僧院及尼院，在此積極推動建設交通、灌溉設施、社會救濟活動，故依此為後盾而獲得朝廷認可，獲得准許其教團信眾出家受戒（勝浦令子，二〇〇四c）。

法華寺唐風呂為光明皇后發願所建（秦就攝）

六、奈良時代的尼寺

朝廷遷都平城京後，飛鳥與舊京的元興寺、藥師寺、大安寺等主要僧寺亦隨之遷徙，主要尼寺如豐浦寺、橘寺、坂田寺則仍在飛鳥地方。京內因遷都後暫無主要尼寺，前述寺院的尼師只能以內裏或光明子后宮為據點活動，坂田寺的信勝尼、橘寺的善心尼等尼公即為代表。

此後，天平十二年（七四〇）遷都恭仁京、五年後又還都平城京，以光明子在后宮內設置的佛教設施為基礎，就此孕育法華寺。當初的伽藍空間是運用部分宮邸並予以寺院化，恰成為「宮寺」的形式，其他尚有稱為島院的寫經所，與經堂設施同時並存。除法華寺之外，光明皇后宮內尚有紫微中台畫像堂或十一面悔過所等處。法華寺是光明子為后宮本主（后宮的原有者）時所建的尼寺，在聖武天皇薨逝後，光明子為了讓附屬后宮的「宮寺」成為總國分尼寺，亦即為了成為名符其實的國營機構「官寺」，而將法華寺整頓成具有正式伽藍的寺院，並從天平寶字二年（七五八）展開大規模營建工程。從中世所建的金堂三尊御座下出土的金版銘中，可讀取光明子於天平寶字三年十二月所撰的願文。此時，西南隅的島院（西院）亦整頓成阿彌陀淨土院，成為追善光明皇后的地點。

法華寺有許多優秀尼師，例如參與諸多寫經事業的善光尼即為代表，三綱（寺院管理組織）亦由比丘尼組成，但在某段時期設有監督三綱的大鎮、小鎮，是由慶俊或淨三等比丘擔任。法華寺不僅透過女尼組織，亦獲得男僧組織支持，尤其在教學指導方面，擔任華嚴講師的比丘有時亦居於外島院，該院是屬於「宮」的空間之內。

至於負責法華寺事務的法華寺政所，是由皇后宮職（后宮的家政機構）的一般男性官吏擔任，這項官職在三綱成立後依然保留，支持寺務上的實際營運。換言之，身為「家僧」的尼公在法華寺舉行佛事，並由同為「家僧」的比丘指導協助法會舉行，分別有隨侍尼公的沙彌尼，以及比丘的從僧及沙彌偕同參與，基本上是承襲官吏與宮人、奴婢於日常中支持的「宮寺」關係。

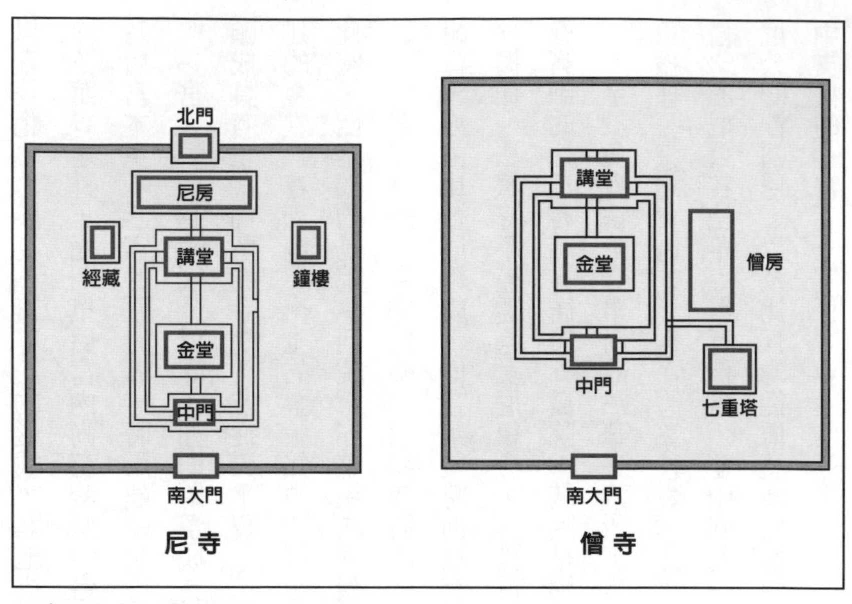

信濃國分寺伽藍配置圖

七、國分僧寺與尼寺的等級差異

天平十三年（七四一）朝廷頒布建立國分寺之詔，在建寺政策方面因受到光明皇后所影響，故而並建僧寺與尼寺。但在兩者相較之下，無論是寺院用地或伽藍結構、人員、財政規模等方面，尼寺皆不如僧寺規模或待遇有別，隨著時代變遷，這些差異更為顯著。根據全國的國分寺考古學調查所示，僧寺與尼寺在寺院用地或伽藍結構上出現差異，尤其是唯有僧寺才能建造七重塔，塔內奉置祈求鎮護國家的《金光明最勝王經》。但有例外情況如信濃國（長野縣）等地的尼寺用地雖不及僧寺，金堂規模卻毫不遜色。尼寺設置鐘樓的情況甚多，國分寺並非只設僧寺，而是與尼寺並建，就此點來看是深具意義。

在頒布建立國分寺之詔當時，僧尼人數規定是僧寺二十名、尼寺十名，比例分配為二比一。在財政規模上，最初僧寺與尼寺皆分配水田各十町，稻穀各兩萬束。至天平十九年（七四七），僧寺受領一百町，尼寺受領五十町，比例分配變更為二比一。天平勝寶元年（七四九）的墾田規模，分別是東大寺四千町，大和法華寺一千町（四比一），諸國所建的金光明寺一千町，諸國所建的法華寺四百町（五比二），對等關係逐漸失衡。

稱德天皇時期的天平神護二年（七六六），諸國國分尼寺有先度尼、後度尼各十名，合計二十名。先度、後度的布施及供養皆同，若有比丘尼圓寂之際，則由先度尼遞補，後度尼因是臨時增派，無法成為候補。據延曆二年（七八三）四月二十八日官符記載，國分寺僧即使圓寂而必須遞補及更正之際，比丘尼仍根據舊例而維持十人制。

八、官尼的定位變化與古代尼寺的式微

八世紀初制定的《大寶令》中包含《僧尼令》，明文規定官僧及官尼在奉事國家時的行動規範。《僧尼令》將中國《道僧格》奉為圭臬，近乎所有條文皆針對僧尼而設，並非只貶抑女尼，是而透過法令保障官尼於八世紀的傳法活動（牛山佳幸，一九八二）。

日本條文在形式上是針對僧尼雙方所定，與其說將僧尼一視同仁，毋寧說是以比丘為

重。這是以男性官吏居主導地位的律令官人制為前提，來建構官僧與官尼制度。例如，中國方面不僅是對比丘，對比丘尼亦尊稱為「大德」、「法師」、「禪師」，但在日本這僅是針對比丘的稱謂，原則上不適用於尼師。日本的「僧綱」是統轄全體尼眾的機構，卻唯有比丘可勝任。如前文所述，中國劉宋時期曾設有尼師管理尼眾的機構，朝鮮半島的新羅亦有同樣制度。日本則因當時中國制度已趨式微、名存實亡，並未採納其制。至八世紀後期，日本出現中國前所未有的新制度，就是僅針對尼師創設「大尼」、「尼位」的稱銜。「大尼」是指在宮廷等處活動的主要尼師，史料文獻甚至出現將大尼與「僧綱」一併記載的禮遇表現，「尼位」則有賜予法均尼「進守大夫尼位」的記載（勝浦令子，二〇〇〇a）。

鑑真於天平勝寶六年（七五四）渡日時，尚有藤州通善寺的智首等三名尼師同行，但因授戒需有三師七證而未達十人名額，故無法傳授正式尼戒。她們在東渡後的傳法活動湮沒不彰，受戒制度不及比丘完善且就此簡化。尼師東渡的事蹟於此次成為絕響，日本國內與來自朝鮮半島或唐土的尼師之間雖有直接交流，紀錄卻就此斷絕。原本協助推動東亞尼師文化的日本比丘尼，遂無法與大陸尼師交流，故難以提昇地位或促進尼師文化更為活絡。

自八世紀末至九世紀，光仁天皇、桓武天皇陸續消除稱德天皇及道鏡時代的政策，例如前述的「大尼」或「尼位」稱銜，在稱德天皇薨逝、道鏡失勢後不予採用。在八世紀當時，桓武天皇削弱皇后可獨立經營事業基礎的權限，減少宮廷婦女職權，佛教制度亦以比丘為中心來推動政策。九世紀之後，尤其如天台、真言等宗派皆以比丘為中心而立宗，並強化「年分度者」制度，促使專修各宗派教學及儀禮的比丘每年出家。

隨著女性天皇執政時期結束，國家佛事以比丘為中心主導的體制因此獲得確立。尼師的僧官制或戒律制尚未完備，可獲得國家公認得度或受戒的官尼人數遂減，官尼參加的國家法會亦趨於式微。此後，國家法會並未完全排除尼師，但其地位漸被漠視。

至九世紀，僧寺與尼寺並建的情況已不復見。例如，桓武天皇時期興建的平安京，於左、右京各建一座官寺，此東、西二寺皆是僧寺。稱德天皇於八世紀建造平城京之際，當時曾與西大寺並建的西隆尼寺，至九世紀末的元慶四年（八八〇）卻成為僧寺的屬寺，甚至淪為洗滌西大寺僧服的洗衣場。此後，尼寺多成為僧寺的末寺，部分甚至變更為僧寺，古代興建的尼寺日趨凋零。例如，山城國宇治郡的東安尼寺於十世紀前期成為醍醐寺末寺，其功能在於替醍醐寺上座處理庶務（執當）的僧寺。飛鳥的橘寺於十一世紀中葉之前成為僧寺，至鎌倉時代則成為關東御祈禱所的僧寺（牛山佳幸，一九八四）。

九、平安時代的比丘尼

九世紀之後官尼漸減，密教與淨土信仰滲入社會，為了祈求現世安泰與來世成佛、往生淨土，眾人不分男女，皆在自我生命週期中加入修持佛法或出家歷程，女眾私自出家的情況增多，以尼僧形象活動更為活躍。在此時期，比丘尼的類型呈現多元化，例如居於尼寺或僧寺附近、自居私宅、遍參各地、托缽乞食等。

如前所述，多數尼寺已趨衰微，許多尼師與其入居寺院，寧可選擇私邸或私有佛堂做為活動據點。至於設置女人結界（禁止女眾參詣）的寺院，則在結界周圍設置可供生活的空間設施，提供僧侶之母或姊妹，甚至未出家前的妻眷安身之處。例如，十世紀的天台座主良源曾為孝養生母，在比叡山麓設置苗鹿院，後由弟子繼承且孝養親恩（勝浦令子，一九九五a）。原則上未設結界的寺院禁止女眾住寺，山城國海住山寺卻允許僧侶的母姊眷屬，若年逾六十即可住寺，攝津國勝尾寺亦允許年逾七十的尼師常住寺內（西口順子，一九八七）。若因家庭經濟困窘而缺乏庇護、或舉目無親的婦女，則安頓在比丘提供的養生處所，或寄宿於從事世俗活動的里坊四周，經由比丘及寺院施主保護下，在寺旁或山麓從事洗滌僧服等工作，以協助寺院雜務賴以為生。

女性出家的原因及契機，是基於自身面臨老、病、死之際，能藉由祈求現世及來世獲得救度，故多為年邁出家或因病出家、臨終出家，這與世俗男子在遭遇人生瓶頸後發心出家的情況頗為相同。男性是以肩負弘揚國家佛教的使命為目的，故多為年少出家。女性為了成為正式尼師，亦有自幼出家之例，但多在中世時期以後，此時仍屬罕見。

已婚婦女出家之際，原則上需與夫婿斷絕婚姻關係，即使守喪亦形同陌路。婦女主動請求離婚，亦有以削髮絕緣的方式離婚出家。反之則有寡婦不再婚嫁，以遺孀身分出家終老，祈願來世與其夫再續前緣。日本自古即有為亡者斷髮以示哀悼的習俗，婦女因喪失親人或主君而出家。八、九世紀則反映出以母子關係為重心的家族連結，母為喪子出家之例甚多，妻為喪夫出家之例卻極少。自十世紀起，喪夫的婦女為示貞潔，約於追善四十九日前後出家的情況逐漸增多。尤其是前世與現世、或現世與來世，夫妻跨越兩代依緣結褵的觀念十分發達，彼此稱為「緣友」。這種佛教式的夫妻觀，與將白頭偕老視為理想的儒家式夫妻觀互為結合，故妻子於夫逝後仍居夫家，為憑弔伴侶而繼續生活，此後繼承其夫權力，即使擔任引導其子繼承家業的任務，亦成為重要後盾，繼而衍生中世的「後家尼」習俗（勝浦令子，一九九五b）。

十、尼削髮型與完全剃髮

比丘尼與比丘同樣，原則上是完全剃髮，有些尼師是帶髮修行，僅在形式上舉行剃髮儀式，髮長齊肩或及腰，稱之為「垂尼（さげ尼）」。這種見習尼師的髮型稱為「尼削」，與自行截髮或因私通罪而遭截髮的髮型相當類似，尼削髮型與身分卑微的婦女髮長亦同。帶髮修行的尼師中，除了經濟富裕或出身尊貴的女院和貴族婦女能獲得充實的宗教生活之外，其餘女性則在現實生活中面臨嚴苛考驗。

比丘尼在歷經尼削髮型的過渡期後，最終以完全剃髮的正式出家髮型為目標而從事修行。例如，十一世紀前期的藤原彰子於萬壽三年（一〇二六）出家，法名為清淨覺，並成為女院（上東門院），當時其尼削髮型是「髮長齊肩，猶如幼女」。其母源倫子最初亦是尼削髮型，此後母女皆專事佛道，心意堅固，最終完全剃髮。尤其是藤原彰子於法成寺初設尼戒壇，正式受天台圓頓戒並「完全落髮」。據傳源倫子因其女藤原威子（曾為中宮）早逝而出家，從此不需出入忌諱尼服裝束的宮廷，就此與世俗隔絕，故而正式落髮為尼。

此外，亦有女眾於臨終之際從尼削改為完全落髮。例如，藤原詮子於正曆二年（九九一）出家成為東三條院，長保三年（一〇〇一）將逝之前完全落髮。這種在危篤之際的剃髮形象，是以「出家為僧」、「出家為法師」的方式表現（勝浦令子，一九八九）。

十一、中世的比丘尼與尼寺

至中世時期，更多比丘尼在家修行，婦女多因戰亂喪夫而出家，此後於尼寺從事活動。例如，支持後鳥羽院的貴族或武士因承久之亂戰死或遭處決，這些犧牲者之妻因崇奉高僧明惠之德儀，出家後聚集於高山寺周圍地區，明惠故於貞應二年（一二二三）建造尼寺善妙寺。至於皈信禪宗或真言律宗、淨土宗、時宗等教團的尼師亦增多，大量興建尼寺或道場、庵室。整體而言，這些設施是由比丘或僧寺管理（牛山佳幸，一九八九）。

建造尼寺數量最多的宗派就是禪宗，例如從道元的法語中，可知了然尼在曹洞宗尼師之中，是以勤勵精進而備受稱揚（石川力山，一九九二、一九九三）。著名的臨濟宗尼師無外如大，則是無學祖元的門弟，據傳亦是景愛寺開祖。真言律宗的尼師多在叡尊等人推動下，重興法華寺等古代尼寺，不僅恪守戒律，並投身社會救濟活動。當時原為宮廷女房的尼師，或出身「僧家」的女眾（如學僧之母或女）亦入法華寺修行（細川涼一，一九八九；大石雅章，一九九二）。在真言律宗的尼師之中，亦有接受密教傳法灌頂後，成為師主傳授結緣灌頂之例（松尾剛次，一九九四），反之淨土真宗是不設尼寺的教團（遠藤一，二〇〇〇、二〇〇七）。

其他尚有比丘尼與寺社連結，參歷諸國從事勸募活動（勝浦令子，二〇〇二）。這些尼師之中，以活躍於中世後期至近世的熊野比丘尼、伊勢比丘尼為代表（萩原龍夫，一九八三；牛山佳幸，一九九四；根井淨等編，二〇〇七）。

至室町時代，平安京與鎌倉分別設置臨濟禪的尼寺五山。此時為求延續尼寺法燈或維持子嗣生活，將軍家或皇室、貴族之女在幼年出家的情況漸增（原田正俊，一九九七、二〇〇四），這些尼寺多具有宮廷或御所附屬宗教設施之特質。然而被尊為京兆尼五山的尼寺，多在室町幕府滅亡前就已廢絕。大聖寺、寶鏡寺等培育尼五山住持的寺院，則由皇親貴冑的子嗣擔任住持，一直存續至近世以後。比丘尼御所的住持中亦有獲准著紫衣者，宮廷文化在尼寺中得以延續傳承（岡佳子，二〇〇〇、二〇〇二）。

第二節　佛教女性觀在接受型態上的發展系譜

一、「五障」說與「變成男子」說

其次，筆者欲探討的課題，是初期佛典與大乘佛典中的女性觀是如何被接受的歷史過程。在初期佛教發展的時代，是根據印度社會女性觀而成立歧視女性的「五障」說，在此歷史背景下，大乘佛教倡說一切眾生皆能成佛，為了主張女性雖有五障亦可成佛，故衍生「變成男子」的說法（岩本裕，一九八〇）。

所謂「五障」，可見於《法華經》〈提婆達多品〉的舍利弗言說，女性無法成為帝釋、梵天王、魔王、轉輪聖王、佛身。至三世紀末，西晉的聶承遠（竺法護譯、聶承遠整理文偈）所譯的《佛說超日明三昧經》之中，是以「五礙」來表現，並記載更具體的理由，係因女性「雜惡多態」不得作帝釋，因「婬恣無節」不得作梵天，因「輕慢不順，毀疾正教」不得作魔天，因「匿態有八十四，無有清淨行」不得作聖帝，因「著色欲，淖情匿態，身口意異」不得作佛。

至於宣說「變成男子」的經典亦有多部，田上太秀針對諸經中的「變成男子」詳細分析，指出佛教將女身視為垢穢。若參照田上的分類方式，可將各種佛典中的「變成男子」大致分為以下三種：（一）「意指性別轉換的變身」；（二）「剃髮與身著袈裟的變裝」；（三）「修成男心的變心」。根據田上太秀的說法，現實中的「變成男子」是如同（二）般，以比丘形象出家（田上太秀，二〇〇四）。

「五障」說、「變成男子」說的記載之例，代表如前述的《法華經》〈提婆達多品〉中的龍女成佛。在此將概要整理如下：文殊菩薩示說自身在龍宮宣講《法華經》之際，有無量眾生接受教化，其中一名最具代表性的聞法者，就是娑竭羅龍王的八歲之女龍女，她深具睿智而得不退轉，最終了達悟境。然而，智積菩薩與舍利弗卻提出質疑，尤其是舍利弗認為龍女既是「女身垢穢」、「猶有五障」，豈能有成佛之理？龍女見狀，隨即手持寶珠獻於佛，佛立即納受。龍女表示獻珠僅在剎那之間，但自身成佛更迅於此。此時眾會眼見龍女霎時「變成男子」，具菩薩行，就此前往南方無垢世界演說妙法，智積菩薩、舍利弗及一切眾會於是默然信受。漢譯的「變成男子」，若在梵文原典中直接表現其意，則是前述的（一）「意指性別轉換的變身」。

植木雅俊指出大乘佛典中的「五障」或「變成男子」，是大乘佛教欲以「非男非女」的邏輯來克服小乘佛教式的女性觀。換言之，部派佛教（小乘佛教）受到女性歧視思想所影響，大乘佛教則回歸原點，恢復女性地位及克服男女差異（植木雅俊，二〇〇四）。必須矚目的是大乘佛教超越小乘佛教式的女性觀，衍生出「非男非女」的邏輯來主張「即身成佛」，並從男女並無定相的「空性」思想來述說「變成男子」的可能性（末木文美士，二〇〇四）。

這是教義上的理想論，並非積極肯定女身，而是以否定女身為前提，強調即使是女身，大乘佛教仍無分男女皆予救拔，其過渡型態就是所謂的「變成男子」說。若從史實角度來探討這種信受教義的過程，其實「變成男子」說出現與東亞基層信仰的女性觀相互融合的傾向，在現實社會中未必能克服這種否定女性、認為女身垢穢的女性觀。

例如，在六世紀前期書寫的敦煌出土《大般涅槃經》題跋中，出現比丘尼祈求女轉男身、亦即「變成男子」之例（勝浦令子，二〇〇九）。「五障」一詞亦可見於八世紀前期在唐土編纂的《鏡中釋靈實集》〈畫地藏菩薩像讚一首并序〉，記載一名丈夫於文中屢次採用五障一詞，以祈求亡妻成佛（東京女子大學古代史研究會，二〇一〇）。至十世紀，在據傳為宋代以後成立的《法華傳記》卷七之中，描述凡是信仰〈提婆達多品〉的女眾可滅除女根而生男根。此時可確定（一）「意指性別轉換的變身」的「變成男子」說亦流傳於世。

今日應以審慎態度來針對僧、尼，或男、女俗眾是如何接受「五障」說、「變成男子」說，並以個別實證予以反覆檢討。對於大乘佛教原本應加以否定的「女身垢穢」、

「五障」、「變成男子」概念，世人是否能從正確文脈來理解或傳布，以及實際上又是如何被誤解、歪曲解讀，或逕自摸索接受其概念，這些課題應被視為複雜的信受型態來進行探討。

二、奈良時代的「變成男子」說與「方便女身、菩薩化身」說

至八世紀，中國有十幾種記載「變成男子」說的經典傳入日本，除《法華經》〈提婆達多品〉之外，尚有《藥師如來本願經》、《最勝王經》、《寶星陀羅尼經》等，另有《經律異相》等經典集粹。然而，八世紀的日本婦女在信仰佛教之際，是否能以痛切之心接納「變成男子」說或「五障」說，這項課題在近年研究中多持否定見解。

然而，當時尚未重視《法華經》〈提婆提達品〉，無論是中國或現存的日本研究權威，皆僅從各經典中擷取教理方面的要素，並以刻板的分類或解說，最終停滯在關注經文解釋的階段，認為女人滅罪的課題在中國初唐與日本皆未能成為顯著風潮（曾根正人，一九八二、二〇〇三）。日本朝廷於天平十三年（七四一）將國分尼寺命名為「法華滅罪之寺」，這可能是受到唐僧道璿的記述所影響。據道璿所示的訊息顯示，慧持、慧忍姊妹曾於洛陽的尼寺安國寺所敕設的法華道場中舉行天台系懺法的「法華三昧」。換言之，這並非根據〈提婆達多品〉的女性觀所提示的女性滅罪，而是廣泛滅除眾人的「生死罪」（勝

浦令子，二〇〇〇d）。

然而，佛教中的「變成男子」說雖是極為罕見，卻深受八世紀的女帝孝謙天皇（重祚後改稱為稱德天皇）及僧尼、宮廷婦女所關注。例如，天平十五年（七四三）在光明皇后、阿倍皇太子側近活動的宮廷尼師特別請求准許宣講《無垢賢女經》、《轉女身經》、《腹中女聽經》。孝謙（稱德）天皇為自身及其母光明皇后特別繕寫護持王權的經典《寶星陀羅尼經》，並同時配合抄寫《最勝王經》，可確認至少有三次寫經紀錄。《寶星陀羅尼經》、《最勝王經》與《法華經》同樣宣說「方便女身，菩薩化身」，說明菩薩是為方便度眾而現女相，並述及可轉女成男的「變成男子」。尤其是《寶星陀羅尼經》之中，包含可霎時「女轉男身」的陀羅尼。

中國唯一的女皇武則天為能成為女帝，利用彌勒菩薩為方便度眾而轉女身的「方便女身，菩薩化身」之說。曾有學者指出孝謙（稱德）天皇、光明皇后深受唐朝宮廷佛教所影響，從〈元興寺伽藍緣起并流記資財帳〉援引《法華經》〈妙音菩薩品〉中的後宮出現菩薩轉女身說經之奧旨，可知在八世紀的日本宮廷中，可能產生一種積極的女性觀，將後宮婦女視為菩薩之化身（本鄉真紹，一九八九）。

或許在孝謙（稱德）天皇的宮廷中，不僅肯定「方便女身，菩薩化身」，對於「變成男子」亦未表否定，甚至抱持肯定態度。孝謙（稱德）天皇有別於歷代女帝，在即位前曾經歷被策立為皇太子（基本上應以男子為對象）的境遇，一時雖遭到藤原仲麻呂等人逼迫讓位，最後仍奪回皇位，並以尼師身分復辟，成為日本古代王朝的末代女帝。就此點來看，女性為了克服女身（女性）障礙，以剃髮出家及身著法服的方式成為「僧形」，藉由前述（二）「剃髮與身著袈裟的變裝」的「變成男子」來克服現實肉體之繫縛，並以（三）「修成男心的變心」的「變成男子」方式來即位，採取積極的「變成男子」方式，在現實中扮演形同男性天皇的角色（勝浦令子，二〇〇四b）。

《日本靈異記》下卷第十九緣記載的一則故事，寶龜七年（七七六）或八年之際，曾有婦人產下肉團，其中包覆一個沒有女陰的幼女，女孩長大後出家為尼，被稱為猴聖、外道。當她面對比丘歧視之際，不惜以佛是平等救度眾生的教理來駁斥眾說，故被尊為聖之化身的舍利菩薩。曾有學者指出這與宣說女身菩薩、亦即「方便女身，菩薩化身」與「變成男子」的經典有關，藉由非男身、非女身的舍利菩薩，從消弭既有男女差異的「非男非女」邏輯中，顯示在佛法中一切無別（山本大介，二〇〇八）。

三、平安時代的「變成男子」說與「五障」說

在平安時代的天台系統教義中，並未將《法華經》的龍女成佛之說局限在女性成佛論，而是包括男性在內、詮釋為眾生皆能「即身成佛」。當時教學是從肯定立場的文脈表

現，來解讀女人成佛論或女人往生論（平雅行，一九九二）。至於「即身成佛」與「變成男子」的關係，最澄於弘仁十二年（八二一）所撰的《法華秀句》之中，針對「變成男子者，未免取捨」（不能免除轉女成男，則不能即身成佛）的說法，記述「常平等故，不出法界，常差別故，無礙取捨」，換言之，既是永遠存在差異，即使有取捨亦無所礙。安然在《即身成佛義私記》之中，描述龍女「變成男子」是以陰藏方式成為男身，並非脫離女身而成男身，亦即不捨不受（末木文美士，一九九五）。但如後文所述，在女身垢穢觀流傳之下，的確強化對現實女身產生的否定觀念。此時男性僧侶認為女身垢穢，並產生避諱與女身接觸的意識。

平安時代以後，「變成男子」說與「五障」說成為貴族社會流傳及信受的指標，故而備受矚目。這可從婦女在舉行追善供養時選擇繕寫《轉女成佛經》的比例漸增，以及從婦女所書的逆修願文中出現「五障」一詞而一窺端倪（西口順子，一九八七；小原仁，一九九〇；平雅行，一九九二）。近年，可知《轉女成佛經》有別於曇摩蜜多漢譯的《佛說轉女身經》，經文篇幅極短，經學者考察之後發現極有可能是日本撰述經典（西口順子，二〇〇六）。

有關《轉女成佛經》的抄寫記載，最初見於九世紀後期的菅原道真《菅家文草》卷第十二〈為藤大夫先妣周忌追福願文〉。換言之，藤原高經（基經的同母弟）為亡母舉行一週忌迴向法事，於元慶八年（八八四）四月十日繕寫此經，同時抄寫《法華經》、《無量義經》、《觀普賢經》、《阿彌陀經》、《佛頂尊勝陀羅尼經》、《般若心經》。根據過去學者說法，此願文是以「變成男子」說的歧視女性佛教觀為基礎，為了祈求救度而寫經供養。另一說法則指出，附有繕寫《轉女成佛經》的供養願文，毋寧說是將女性視為佛菩薩的文本（稻城正己，二〇〇五）。此例可視為與「方便女身，菩薩化身」之說有關，並從肯定立場來接受此思想。

「五障」一詞，最初見於前述的《菅家文草》之中於元慶七年（八八三）三月十八日所撰的〈為式部大輔藤原朝臣室家命婦逆修功德願文〉。其他尚可見於《本朝文粹》，或大江匡房於十一世紀後期所撰的《江都督納言願文集》等。這些著作中提及的「五障」，在過去解讀中認為是指《法華經》所述的女性無法成佛。另有說法卻指出這是迥異於《法華經》的說法，不過只是單純表示煩惱而已，透過對煩惱自覺而實現「即身成佛」（工藤美和子，二〇〇八）。然而，元慶七年願文中的「道三塗，身五障，誠可哀，是故我今唯一發心，歸依三寶」，這種表現方式與唐永隆二年（六八一）復禮所撰的《十門辯惑論》中述及龍女成佛論中的說法「是三塗而嬰五障」十分類似。畢竟如同過去觀點所示般，與《法華經》的「五障」多少仍有淵源。就此點來看，這並非只是單純表示煩惱，而是未必能自在跳脫以下的邏輯構造，亦即以無法成佛的「五障」說為立論基礎的女性觀做為前提，為求今後獲得救贖而歸依三寶。

「變成男子」說亦出現在傳說故事的領域中，例如，《宇治拾遺物語》描述的清德聖，於母逝後隱居山中三載，在母墳畔不飲不食，專心一意經行，以備嘗艱辛的苦行供養亡母。母親遂於清德聖的夢中現身，告知自身已「變成男子」，此後生天「成佛」。

十二世紀的法隆寺一切經中，記載天承二年（一一三二）所撰的《佛說轉女身經》序跋，記述法隆寺僧覺印於母逝三日之際，夜夢其母往生靈兆，並確信已「轉女成男」，故決心繕寫《佛說轉女身經》。其母可說是因「變成男子」而往生，其子則為此抄寫《佛說轉女身經》以做供養。

據成尋《參天台五台山記》所述，當他告別留居故鄉的八十四歲老母而渡宋，在抵達杭州港口不久後（時間為日本延久四年〔一〇七二〕四月十九日），發現客商官舍的宿坊壁上懸掛「阿閦佛真言」，故而抄寫真言，欲將「現轉女身因緣」傳入日本。具體抄寫內容雖不明，但應是當時流行於中國民間的真言。這或許是般若經典類群或《大智度論》卷七十五〈釋恒伽提婆品〉所記述般，恒伽提婆因轉女成男，得生於阿閦佛國，此後經輪迴而開悟，佛號金花。但在其他經典類群的《阿閦佛國經》中，則記載有婦女在佛剎中離苦得樂，免受女身苦難，並未與「變成男子」直接連結。此外，在《阿閦佛如來念誦供養法》等經典中，並未出現專為脫離女身而持誦的真言。

在《和泉式部集》中，亦有女性接受「變成男子」說與「五障」說的實例。作者和泉式部對於法師可採女郎花（黃花龍芽草）登上比叡山，並於佛前獻花供養一事感到欣羨不已，故作和歌：「名為女郎花，羨其何自在，雖有五障身，無礙登叡山。」誠如前述，十一世紀初的比丘尼於臨終之際，從尼削髮型改為完全落髮，故稱之為「僧」或「法師」，這意味著並非以女尼示人，而是與男僧形貌一致。換言之，女人成佛是以女性接受男身而採取剃髮或身著袈裟的「沙門」、「沙彌」來表現，亦即（二）「剃髮與身著袈裟的變裝」所造就的「變成男子」，而經典則是受此詮解方式所影響。

至十一世紀中葉，始有婦女因無法以女身參詣彌勒淨土的金峰山，而為此祈求「變成男子」。例如，永承六年（一〇五一）的銘文中，記載女弟子紀氏長年祈求參詣子守三所，卻無法至御前禮敬，故而「轉女身而成男子」，得以近前參拜，祈求能獲得慈尊出世的御恩加被（《平安遺文》金石文編一〇四）。

十二世紀的《梁塵祕抄》法文歌之中，亦可見「女人有五障，淨土遠其垢，蓮花濁中開，龍女亦成佛（一一六）」、「龍女成佛，聽文殊演法，自了其意，變成男子，出娑竭羅王宮，終成佛道（二九二）」等表現方式，當時的認知是將「五障」與成佛互為對比，亦能理解女性是經由「變成男子」而「即身成佛」（冨樫進，二〇〇六）。

四、中世「變成男子」說的接受型態

十世紀末的《日本往生極樂記》是最早的往生傳，此後在許多相關類型的編纂著作中，亦包含比丘尼與已婚婦女的往生故事。至十二世紀，例如藤原宗忠的祖母一條尼得以往生的原因，與其說是她憑靠女性的自身實力，或追求心靈信仰來累積諸多善行，毋寧說是在周遭親屬為其看護及送終，逝後進行追善供養，並殷切期盼她能往生淨土的情況下所產生的女性往生者（小泉仁，一九八九）。

如前所述，平安時代的女人成佛論或女人往生論成為教義上的常識。中世比丘亦接受此思想，代表者如日本淨土宗的開祖法然，但他並未積極探討「變成男子」說（平雅行，一九九二）。法然在個人傳記《傳法繪流通》，以及據推測為其著作的《無量壽經釋》中，述說女性因罪業深重而無法入比叡山、高野山等聖山，甚至不能參詣東大寺佛殿，除了阿彌陀佛本願之外，最終無法轉化男身而往生。然而，這與其說是出自法然所言，毋寧說是其門徒在傳法之際，為了化導女眾而在後世另行添述（今堀太逸，一九九〇、一九九七）。

淨土真宗的開祖親鸞於《淨土和讚》中，亦述及女眾藉「變成男子」而達成女性成佛的心願，或將女性視為「五障」之身，此外未曾提及女人往生論。親鸞反而肯定男女交歡，從其〈女犯偈〉的玉女等角色中，可見「方便女身，菩薩化身」之說（西口順子，一九九三）。自親鸞以後，真宗教團在宣揚教法之際，仍無法輕易擺脫阿彌陀佛以救拔罪業深重的女性為先的邏輯概念（遠藤一，二〇〇〇、二〇〇七）。

曹洞宗開祖道元在著作《正法眼藏》的「禮拜得髓」之卷中，嚴厲批判日本對婦女信仰的禁制，並在探討得道、得法的問題上，論及男女性別差異並非問題所在。然而，道元卻以比丘居首、比丘尼居次的順序，一貫維持以「變成男子」為前提的傳統佛教女性觀（石川力山，一九九〇）。

另一方面，日蓮宗開祖日蓮積極主張女人成佛，舉證《法華經》示說的「五障三從」的女性得以成佛。日蓮秉承智顗、最澄的教義，倡說女人「即身成佛」，女眾可透過法華信仰而泯除罪業（穗坂悠子，二〇〇七）。

此外，重興西大寺流真言律宗的叡尊，則是無分男女悉皆救度，常時舉行光明真言會。自十一世紀前期形成一種說法，就是誦持光明真言的婦女將能克服「五障」。叡尊的弟子惣持為了拯救女尼及女眾的女身重業，勸請開版《佛說轉女身經》（細川涼一，一九八七）。華嚴宗僧明惠於晚年著作《光明真言功德》中探討女身轉五障的課題，並奉勸唱誦光明真言（平雅行，一九九二）。

中世前期的婦女中，有些信眾是基於接受「變成男子」說的立場，甚至將此說視為內在的價值規範，藉以堅定信念。至十三世紀後期，某位名為妙法的老尼受到貞慶唱誦的地藏講式所影響，為了供養其母而勸募造立地藏像，此像兼具女像佛容與男像裸體，必須更換袈裟和衣裝供養。此外，從奈良市傳香寺現存的地藏像胎內發現的三篇願文中，亦有唯心尼祈求能脫離「五障」女身而轉男身的願文（勝浦令子，一九九七）。

然而，中世前期的婦女並非完全受「五障三從」說、「變成男子」說所束縛。親鸞之妻惠信尼本應了解「變成男子」說，但在其書簡中，卻發現她曾祈願在極樂世界與女兒們重逢，故有可能是以現世既有的女身之姿往生（西口順子，二〇〇六）。從《鎌倉遺文》收錄的寄進狀及願文中，可發現在祈願內容中並無顯著的男女差異，甚少受到女性罪業觀所影響。尤其是並未發現女眾將「龍女成佛」視為女人成佛的典範，寄進狀中反而出現許多「貧女一燈」，此語廣為婦女所接受（野村育世，一九九六）。據學者指出，或許鎌倉當地的婦女是從室町時代後期才開始真正接受女性罪業觀（野村育世，一九九八）。

五、「女身垢穢」觀

「女身垢穢」觀亦與前述的「五障」說、「變成男子」說同樣，對日本產生極大影響。如同《摩奴法典》中所示，古印度早有將女身視為汙穢不淨，或避諱產婦及婦女月事的習俗。這種觀念亦見於初期佛教，例如初期經典《增一阿含經》記載女人有五惡或九惡，首先是「穢惡」或「臭穢不淨」，尚有應引以為戒的惡口、無反覆、嫉妒、慳嫉、多喜遊行、多瞋恚、多妄語、所言輕舉。

大乘佛典《法華經》〈提婆達多品〉之中，舍利弗對龍女所言的「女身垢穢，非是法器」，在梵文原典中原無此說，應是另行添述而成。《佛說轉女身經》則述說女身內有百蟲，恆為苦患愁惱，女身為「不淨之器，臭穢充滿」，猶如枯井、空城、破村般，難以執愛，故應厭離。

中國自古的儒教奉神儀式中，為了神明降臨時能保持清淨空間，故而忌諱喪葬或生產、月事。儒教對禮儀中的穢厄忌諱，不僅在國家祭祀層級，甚至深植於社會整體中。一世紀的東漢時代，江南習俗視婦女產事為不祥，忌諱拜訪產戶，婦女待產或產後被單獨隔離於小屋，聽聞產聲亦被視為禁忌。這些避諱源於被視為血腥腐臭的產婦垢穢觀，被認為造成傳染之惡因，齋戒者應迴避其害。道教亦將死喪或生產、月事、疾患視為垢穢。在道教經典中，這些人因身犯穢厄，若使其參與齋會（儀禮），真靈賢聖將拒絕降臨，修持不具靈效。不僅是儒、道二教，五世紀的《小品方》、七世紀的《千金方》、六世紀的《本草集經》等本草相關著作中，亦有採納道教系統中對產穢的認知或禁入產室、避見產婦的禁忌。不僅是生產或月事等特殊情況中的婦女，甚至擴大至一般女眾，光被婦女注視即是觸犯忌諱（勝浦令子，二〇〇七）。

在中國將女性視為垢穢的初期經典或大乘佛教經典，多譯於四、五世紀之間。修行者忌諱婦女生產或月事的認知態度，亦多散見於密乘經典中。但在早期漢譯密乘經典中，並沒有生產禁忌的記述，而是出現在七世紀以後的唐宋時期所譯《陀羅尼集經》第九卷〈烏樞沙摩解穢法印〉（此經極有可能撰造於中土）。換言之，修行者對婦女的認知與烏樞沙摩明王信仰有關，此為一大特徵。

佛教的女身垢穢觀對中國婦女造成影響，例如，學者在敦煌或吐魯番發現六世紀後期抄寫的《大般涅槃經》，在題跋中明示比丘尼是受前世業報而生為不淨女身，故受此機緣影響下皈依佛門，祈求脫離女身。

至七世紀，道宣是以南山律宗開祖而為人所知，在其著作《淨心誡觀法》中以「女人十惡」的第十項「女身臭惡不淨常流」，記述女根中有兩萬淫蟲而生腥騷臭穢，又因私自墮胎或懷孕生產而汙穢狼籍，善神見聞悉皆捨離，惡鬼魍魎數來侵擾。《淨心誡觀法》與《佛說轉女身經》雖有類似之處，但與現存經典並非提示同樣言說，反而包含道教或醫書、甚至《血盆經》的共同觀念。《淨心誡觀法》是基於比丘的立場，目的在於保持自身清淨或尋求解脫，藉由常時觀想女身不淨而做記述，與觀想女屍逐漸腐壞的九想有所雷同。

中國儒、道二教與密教形成兩種垢穢觀，其一是對於婦女在生產或月事等特定情況下形成的垢穢觀，其二是受到初期佛典與大乘經典所影響，長久以來對女身所抱持的垢穢觀。這兩種觀念在彼此作用下互為影響。

六、奈良時代的「女身垢穢」觀

自古日本人的觀念中甚少認為婦女月事是垢穢，卻接受某些生育習俗的傳承，以及深受外來信仰的影響下，形成了對婦女生產感到不淨的垢穢觀。例如日本自六世紀以後，不僅有橫越朝鮮半島的五經博士，尚有渡來人後裔的醫師，或藥師、咒禁師、陰陽師、僧尼等，透過這些人物做為媒介，將儒教、道教、陰陽五行、密教等外來信仰所附帶的產穢觀念一併傳入日本，這些觀念極有可能對日本的生產禁忌造成影響。尤其在七、八世紀，不僅從朝鮮半島及中國攜來的陰陽書中獲得有關血忌、日遊神的產婦避諱、道教經典或醫書、本草書中對產婦的穢惡認知。在此同時，亦可根據某些或許在中國撰述的密乘經典所記述的產婦禁忌，而獲得生產禁忌、產婦穢惡觀的相關知識。最具代表性的禁忌之例，如《本草集經》記載病人於服藥時應忌見死屍或產婦濁穢，在密教系統的著作中，如《龍樹五明論》則有「婦女產生皆不得見」之說法。前述的《陀羅尼集經》第九卷〈烏樞沙摩解穢法印〉，亦記載忌見死屍、婦人產處、六畜生產、血光流處等景象。

七世紀末至八世紀初，日本的神祇祭祀是以儒教祭祀所制定的唐祠令為範本彙整而成。神祇令中的散齋條則針對散齋或致齋之際，以弔喪或問病、食肉為禁忌，並制定「不預穢惡之事」的規約。在八世紀前期，《大寶令》注釋書的古早紀錄將「穢惡」詮釋為「生產婦女不見之類」。過去曾有說法指出，這種忌見生產過程的禁忌只單純散見於神話中，當時尚無產穢的觀念。但前述的外來信仰中的產穢觀念，確實在此時造成影響。在九世紀前期制定《弘仁式》的階段，產穢被明文規定為散齋條的細則之一，月事禁忌亦被明文規定於九世紀後期的《貞觀式》中（勝浦令子，二〇〇六）。

七世紀末至八世紀前期，在神祇信仰的齋戒或佛教戒律方面，因神佛厭離垢穢，原則上應嚴淨神佛的降臨空間，持淨行者宜保清淨身，祛除不淨。至八世紀後期，則有精通密法的僧侶道鏡請求《陀羅尼集經》第九卷，以及在西大寺四王堂內建造高達一丈一尺一寸的「火頭菩薩像二軀」，凌駕既有的七尺高本尊金銅四天王像。火頭菩薩是烏樞沙摩明王的別名，修行者在接受密法修持時重視清淨，反之則排除包括死屍、婦女生產地點、六畜生產、見血光處等各種穢厄，這種意識自八世紀後期逐漸明確化。

《日本靈異記》中卷二十九話記載行基於法會之際，將婦女髮油內摻入六畜之一的豬血視為忌諱。在行基弘法的八世紀前期，或晚至《日本靈異記》成書的九世紀初葉，不難想像當時的佛教清淨空間將動物血穢視為禁忌，由此可知其他各種血穢可能亦屬忌諱。

《日本感靈錄》記載延曆二十二年（八〇三），一名婦女為祈求治癒瘧疾而參詣飛鳥元興寺，因迷路走至供奉四天王的地點，結果遭到藥叉神王視為不淨，被拋出細木格窗外。這名婦女被驅逐的問題，在於「應清淨，然後進，所願不虛」。倘若不淨之因為疾病，則與祈求治病的願望互為矛盾，故應非出自疾病問題，而是身體暫處於不淨狀態。若再探討婦女與這種暫時性的不淨有何關聯，則可推測應是佛教的清淨空間欲排除婦女在月事期間的不淨所致。八世紀末至九世紀初，在寺內堂社等空間設有特定的結界範圍，目的是為了諸佛菩薩或天界諸神保持潔淨，故排除各種血穢之事。

七、「女人結界」與排除女性

至九世紀前期，山林修行者在某些特定領域長期設置隔絕婦女的結界，並在山腰處設置禁止女眾入山的結界石或女人堂，許多傳承顯示高僧多在女人堂與其母會見。曾有學者指出，中世史料並未出現常用的「女人禁制」一詞（牛山佳幸，一九九六），筆者故以「女人結界」的方式表現。探討「女人結界」如何產生的論點，除了有根據戒律為起源之說（牛山佳幸，二〇〇一），尚有女性垢穢說。後者的說法既不同於將禁止婦女夜宿視為戒律問題，亦不同於婦女若侵犯神域則將招致神怒的「女人結界」性質，而是將女性垢穢視為特異現象，這種垢穢有別於戒律說或神祇信仰的觸穢禁忌，無法藉由祓除予以清淨（平雅行，一九九〇）。

然而，若將某特定領域設為結界，使其成為清淨空間（聖域），並將女性排除在外，這種型態會根據主體設定的方式而產生多義性，故應從佛教或神祇信仰的層面，以及其中含括各宗教的複合性要素來予以掌握。換言之，最重要的是應避免從單一固定的角度來理解設置女人結界的起源。此外，在探討以男性修行者為主體的戒律說，以及以神佛為主體的垢穢說之際，應避免將兩種說法視為二元對立。

若將男性修行者視為主體之際，表面上多以恪守不邪淫戒為由，將設置女人結界予以正當化。然而，不邪淫戒是個人身心活動的問題，原本與神佛的空間領域無關。即使設定神佛領域，亦可能設定最低限度的空間及時間。至於將神佛視為主體之際，則被排除的事物即是神佛視為垢穢的對象。在以神佛為主體的清淨空間中，被神佛視為垢穢的事物除了包括死亡或血穢之外，男性修行者引入聖域的垢穢亦被視為忌諱，且被當作具傳染力的觸穢。換言之，男性修行者出現破戒行為，多被認為是與女性接觸後遭到傳染的一種不淨行，故而受到避諱。在此情況下，必須更積極將神佛降臨的某些特定領域設為結界，或許從堂舍擴展至山林，形成多元化的空間設定。

以比叡山為例，最澄於弘仁九年（八一八）在〈勸獎天台宗年分學生式（八條式）〉之中，規定在天台宗院設俗別當二名，並監督學僧禁止偷盜酒色，這與道俗皆守的五戒（不殺生、不偷盜、不邪淫、不妄語、不飲酒）有關，這是禁止不當行徑的表現。然而，最澄於弘仁十三年（八二二）的「遺言」中，卻強調女眾不可親近的理由，是為了確保神佛降臨的場域是清淨空間。修行者遵守戒律，亦確保神佛降臨清淨場域，這兩者皆屬必要，但在最澄遺囑中卻著重於清淨聖地。〈八條式〉並非禁止婦女入山，而是遵循「先師遺戒」，此點可見於圓仁於承和三年（八三六）四月制定的〈首楞嚴院式合九條〉。如同最澄向空海借閱自唐土攜歸的《烏樞瑟摩經》般，可知最澄相當關注烏樞沙摩信仰，以及垢穢的所有記載。

如前所述，為了確保神佛降臨的清淨空間與男性修行者的淨行得以同時並存，在邏輯上祛除穢厄及遵守戒律是屬於共存型態。從最澄的例子可發現不僅是戒律，祛除穢厄在久遠以前早已深受重視。

若從穢厄與戒律的關係來看，修行者本身的不淨將被神佛視為忌諱，以致修行徒然無益。男女交歡造成的不淨身，如前述的道宣《淨心誡觀法》所示般，是以禁止與不淨女身媾合的方法來示說教義。佛教原本將男性體內排出的夢遺視為不淨，並對此提出質疑，但在日本因牽涉男色問題而被忽略。實際情況是以提示排除女性的訊息來顯示清淨性，並以禁止接觸垢穢女身來強調其說。就此點來看，顯示男性恪守戒律與將女性視為垢穢而予以避諱的行為，兩者之間具有密切關係。

此外，戒律說針對垢穢說所提出的批判依據，在於神祇信仰的觸穢只限於某特定期間內禁制婦女進入聖域，而女人結界則是常久設置，兩者屬於全然不同的型態。然而，即使女性在某特定期間遭到排除，但就概念來看，「產婦」、「月經」仍被視為常久禁止的對象，與其說個別排除婦女生產或月事的垢穢，毋寧說是排除一般女性，方能確保聖域的嚴密性。換言之，在舉行神事的場域，並非只排除身處某種特定垢穢之中的婦女，而是徹底摒除一般女眾。在神佛習合的宗教空間內設置「女人結界」，往往會出現一種傾向，就是將神佛避諱的女身垢穢，擴大解釋為長久存在的穢厄，並藉此排除女身。

八、平安時代「女身垢穢」觀的接受型態

神佛習合在平安時代持續發展，自密教盛行後，許多盼求除穢的男性修行者對女性造成更深影響。

男性修行者之中，例如天台行門（修驗道）的開祖、比叡山回峰行的創始者相應，據傳他拒絕穿「女人裁縫衣」。天台宗僧淨藏曾將婦女新染的袈裟，以「不淨人縫」為由燒毀。另有一則傳說，描述淨藏於青年時期在橫川如法堂安居之際，曾有賀茂明神化身為貴人，在觀其袈裟後指其僧衣為「不淨女人裁縫」，遂口吐火焰將袈裟焚毀。至九、十世紀，產穢與月穢的觀念逐漸定型化，由此可推知修驗道和密乘行者，以及他們特定尊奉的神佛，不僅認為婦女不可邪淫，更將女性視為不淨身而予以避諱。

吉野金峰山不僅受到神祇信仰所影響，亦受神仙思想的洗禮，在九世紀前期被視為清淨七高山之一，在此祈求鎮護邦國及民生豐饒。自九世紀後期，受到真言宗僧聖寶的密法活動所影響，至十世紀中葉已確立禁止女眾登山的規制。據《義楚六帖》記載，女眾不可登金峰山，男眾則需修持三個月的淨行，這堪稱是將金峰山視為男性修行者必須斷除葷酒欲色，並成為祈求神佛降臨而摒除垢穢的齋戒地點。十一世紀的《本朝神仙傳》記載的都藍尼傳承之中，描述金峰山是為了等待彌勒出世，故由金剛藏王鎮守聖山，此處成為婦女不得入山的戒地。此「戒地」多少與戒律有關，卻非局限於佛教的不邪淫戒，而是意味著修行者為求進入神佛聖域而斷除葷食等垢穢，並藉此保持清淨齋戒，成為將不淨視為禁忌的場域。當神佛遭到不淨象徵的婦女所侵擾時，往往以雷電來示其忿怒。不僅在某特定期間內排除婦女面臨生產或月事所造成的垢穢，在不准女眾入彌勒淨土的思想背景中，應是受到常久以來的「女身垢穢」觀所影響。

另一方面，有關平安時代婦女接受女身垢穢觀的史料相當有限，不明之處甚多。十世紀中葉的某些寺院雖未拒絕女眾入三門，卻同意婦女在月事期間暫時退離聖域。根據藤原道綱之母在《蜻蛉日記》中卷的記載，她於天祿二年（九七一）六月在鳴瀧般若寺閉關之際，原本有意在穢事（月事）將臨之時離寺，的確考慮在身處不淨時下山，卻在猶豫是否該就此返京之間，最後只離開佛堂返屋修養，待月事清淨後再入堂修行。

此後，隨著女人結界增加、《血盆經》信仰廣為流傳所象徵般，至中世時期以後，女身垢穢觀的影響力在地理範疇上逐漸擴大，不僅是貴族婦女階層，亦對諸多民間婦女造成影響。

九、「母性尊重」思想與亡母救度

如前所述，男性修行者雖懷有忌諱接觸女性的觀念，反之亦具有尊重母性的思想。在日本即使出家仍維繫親子關係，尤其自古以來，僧侶往往藉由與母親的緊密牽絆來恪盡孝道。例如，比叡山將閉關十二年視為重要修行，但至九世紀初，最澄的弟子因孝養老母而暫時中斷修行下山。至十世紀，天台座主尊意於十七歲時，為了盡母孝而延遲入山閉關修行，至二十一歲方正式出家修道。若有僧人無法中斷或延期修行之際，則多孝養其母居於山麓屋舍。

除了將母性視為繁榮子孫的重要存在而予以尊重之外，自十世紀之後，僧侶及文人貴族亦將母親形象理想化，強調尊重母性的思想。在許多高僧傳記中，皆將個人母親的形象予以理想化（大隅和雄，一九八二）。例如，奝然在渡宋前一年的天元五年（九八二），預先為故鄉老母舉行四十九日逆修法會。慶滋保胤在替奝然代筆的為母修善願文中，述及「我母不是人世之母，是善緣之母」，將母親擔任守護奝然修佛成道的精神支持角色予以理想化。奝然認為以僧侶身分從宗教層面來救度其母，才是真報親恩（勝浦令子，一九九五a）。

僧侶將母親形象理想化之際，亦將救度母親視為使命。在此情況下，僧侶接受亡母難以救贖的性別歧視教義。換言之，尊重崇拜母親的概念與將母親視為女身罪業深重的本質，這兩種概念同時並存。

對亡母形象造成強烈影響的說法，是女性逝後將歷經百千萬億劫的苦難世界，或迷墮於地獄、餓鬼、畜生三惡道中。尤其是著名的目連救母傳說，被視為盂蘭盆故事的起源，佛弟子目連之母墮入餓鬼道、畜生道，此後更墮無間地獄，這則故事隨著時代變遷，流傳成為更悽慘的遭遇。有關亡母墮入地獄的理由，在佛教經典或中國流傳的說法，主要是強調母親本身不信佛或行惡所致。但在日本則因慳貪之母覬覦皇位，欲使其子即位，或因驕慢欲求其子出家顯達，甚至不惜詛咒對手喪命。這些故事的特徵，主要在於著重母親因盲愛其子而犯下罪行，並投射在母子關係建構上的罪意識。例如，《元亨釋書》記載東大寺僧法藏之母在為子祈求健康成長的產育儀禮中，因犯下偏愛吾子之罪而墮入焦熱地獄。《沙石集》亦記述母親因思子而遭受人癡愛的因緣，最終墮入惡道苦趣。上述例子皆特別強調是母親為產育儀禮所犯下的諸多殺業罪行，而非父親所為。

當僧侶救度亡母之際，這些佛法教義或俗說對其信心造成深遠影響。例如，根據《世喜寺供養記》描述，十一世紀末的勸進僧釋能為了尋求其母死後身處何趣，故在熊野及清水寺等觀音靈場積極布施善行，並協助貧病者入浴，最後在近江的關寺得知其母因生前連飲水都吝嗇不施予人，結果轉生為馬以償還其慳貪之罪。釋能在此馬死後，將法華曼荼羅繪於馬皮上，並抄寫《法華經》及宣說法華八講為其供養。《今昔物語集》則記述蓮圓遍行全國，完成向一切眾人禮拜讚歎的修行之後，在平安京的六波羅蜜寺宣說法華八講，並得知其母墮入地獄，故以自身累積的功德迴向，此後其母轉生於忉利天。

自平安時代以後，救度亡母的信心更為熾盛，現存的十二世紀後期紀錄中，記載法相宗的僧侶貞慶曾傳法於興福寺、笠置寺，並自行祈願百日，以求詢幼時亡失之母所生何趣，並進行供養地藏，造立地藏菩薩像及供奉繪像（勝浦令子，一九九七）。

十、中世女性的死後救度

在婦女墮地獄的故事中，最具代表性的除了高僧之母以外，亦有以貴婦為題材的相關傳述。例如，據傳紫式部因虛構《源氏物語》而造罪入地獄，皇極天皇因驕慢嫉妒之心深重，又以「五障三從」的卑賤女身踐祚十善皇位，在即位後倒行逆施，有辱其位，故受此罪業而墮地獄。紫式部的傳說是根據源氏供養而來，最遲成立於十二世紀後期。皇極天皇的傳說，因中世後期的善光寺比丘尼在遍參諸國勸募之際屢多傳述，據推測這項傳說的原型應成立於十三世紀中葉以前，並可追溯至平安時代後期。

至中世後期，更開始流傳所有女人必墮地獄之說，血池地獄即為其代表。血池地獄是指女性因產血或經血垢穢而墮地獄，中國的血池地獄信仰形成於十二世紀末，不僅是佛教，亦在道教等民眾宗教中流傳。在佛教系統中，中國通俗經典中有所謂的《佛說大藏正教血盆經》、一般稱為《血盆經》。經文述說婦女在臨盆時的產血將觸穢地神，且以河水洗滌血汙後，若有善眾在不知情下誤將染穢的河水煮茶供養諸聖，則將犯下大罪而墮入血池地獄，目連曾為此開示如何從血盆地獄濟度女性的方法。《血盆經》傳入日本的時期，有一說指出是一二五〇年至一三五〇年之間，目前最受廣泛認同的說法是始於中世的室町時期。

至於遍參諸國的熊野比丘尼，將〈熊野觀心十界曼荼羅〉所描繪的血池地獄予以解說，並促使《血盆經》信仰流傳。此外，亦有描繪在血池旁向婦女示以《血盆經》的如意輪觀音菩薩。女信眾並非採取被動立場來依靠男性獲得救贖，反而是自主性的積極受戒或出家修持佛法，在生前就以逆修方式舉行追善供養法會，並累積捐助功德，為了獲得避免墮地獄的護符而預先籌措事宜。就此意味來看，是呼籲信眾喚起精進信心。此外，如同中世後期的說經節〈刈萱〉所示般，亦有婦女以「代受苦」的邏輯來理解產穢，在生產時將產穢解釋為代受「夫身不淨」（野村育世，二〇〇四）。

除了女信徒之外，尚有天台系統的修驗道，以及近世的臨濟宗、曹洞宗、淨土宗、真言律宗等各宗派信受《血盆經》，亦有男信眾為其傳布流通。當時盛行兒子為亡母追善供養，並抄寫供養《血盆經》而祈願往生善趣。有關抄經之例，最早見於正長二年（一四二九），位於武藏的深大寺僧長弁在為母舉行三十三回忌時，同時繕寫《血盆經》與《法華經》。至十五世紀末，甘露寺僧親長則親自抄經做為其母的三十三回忌供養。

總而言之，前述的例子皆以各宗教的血穢觀為基礎，所有女人皆墮入所謂的大眾化地獄，故讓眾多婦女切實感受怖畏，並促使她們對極樂世界這個與地獄截然不同的樂土產生堅定信心，進而讓有心救度己母的在世子孫志念堅固，血盆地獄在此確實發揮了重大功能。

十一、結語

以上是本章針對「女性與佛教」的諸多課題中，僅將焦點置於「比丘尼與尼寺的系譜」、「佛教女性觀接受型態的發展系譜」，亦將佛教與儒教、道教、神祇信仰之間的關係納入視野範圍，並以古代為中心做一概觀，至於古代至中世的變遷亦有部分探討。過去佛教史叢書忽略的「女性與佛教」課題，在本書中是以特論的方式來探討，如此顯得格外意義非凡。

然而，「女性與佛教」尚包括觸犯女戒、蓄妻、僧家等課題，與所謂的「男性與佛教」主題有所關聯。不僅是以「女性與佛教」的個別獨立形式進行探討，今後將更深入研究，應在佛教史的本題中積極闡述此問題。

專欄七

戀愛與佛教

石井公成（駒澤大學教授）

《日本靈異記》（原名為《日本國現報善惡靈異記》）編纂於平安時代初期，首篇就以雄略天皇與其妃在白晝同寢共枕而被侍者撞見的故事為開端。第二篇則是描述某男子眼見狐狸化身的妻子恢復原形後，仍喚求牠「來寢（發音為きつね，與日語的狐狸同音）」，反映出對離去之妻的倩影留戀難捨。《伊勢物語》中描寫的好色登徒子之死，男主角令人聯想到歌人在原業平，而其亡逝的情境又與釋尊寂滅時的形象互為重疊。換言之，日本現存最早的佛教說話集，是以男女交歡的故事為開展，代表平安文學的戀歌物語，則以蘊涵濃厚佛教色彩的記述做為終結。敕撰集《古今集》收錄僧正遍照的豔歌，以及其子素性法師以女性角度吟詠的戀歌，內容纏綿悱惻。室町、江戶時代隆盛發展的誹諧連歌中，必然出現戀文及釋教之句。

如前所述，日本的戀愛與佛教早已結合，文學傳統更為悠久。究竟可追溯起源至何時？在初期印度佛教的戀愛角色中，應屬阿難最享有盛名。美男子阿難在托缽時受到一名女孩傾慕，就以沙門無法結親為由拒之，豈料卻遭女孩之母軟禁，此後受到釋尊解救而脫困。這類以《摩登女經》為代表的故事，是以傳述戒除愛欲為目的，其他某些經典或戒律中亦可發現類似記述，或有以阿難之外的其他人物做為主角的數部經典存在。就此來看，可說是基於這類戀愛故事深受大眾歡迎所致。

大乘佛典《華嚴經》〈入法界品〉中，記載妙德為高級遊女之女，因戀慕太子而藉詠歌來表達熱切思緒，志在修行的太子以詠歌婉拒，妙德再度表達慕情，其母同樣以詠歌贊揚女兒之慧。最終太子與妙德皆入佛道修行，其實創作形式更接近戀愛歌劇。說法師以抑揚頓挫的妙聲琅琅唱誦，聽者莫不癡迷如醉。

印度馬鳴所撰的《佛所行讚》是以華麗的韻文吟詠來表現釋尊傳記，此部作品是以廣受眾人喜愛吟誦、對後世文學發展影響甚鉅而為人所知。在中國，佛典的表現方式對文學影響深遠，對於愛情表現更無例外。以崇佛著稱的梁武帝在晚年斷絕女色之前，與曾為名妓的愛妾王金珠等人素以創作豔詩應對為樂。在據傳為梁武帝或王金珠之作的詠詩中，將美女的清淨心喻為淨土池中蓮，更以美女為了回應男子的情愛而希求「共遊梵天」，劇情發展略含卑猥之意。日本平安時代的文人貴族，則嗜讀《玉台新詠集》、《樂府詩集》等包含此類豔情之作在內的作品。

朝鮮的戀愛文學與佛教淵源亦深，現存最早的戀愛故事，可見於新羅的軼事集《新羅殊異傳》。新羅人崔致遠渡唐後成為官吏，因替一對化為幽魂的姊妹掃墓，雙姝為表謝意而與其共寢一夜。崔致遠返回朝鮮後，從此踏入深修佛法一途。李朝時期的金時習撰有《金鰲新話》，是朝鮮最初具有真正小說形式的作品，其中的〈萬福寺樗蒲記〉描述一名身世飄零的青年，因在寺內與佛像一同賭博獲勝，故能與美女共枕而宿。最後得知此女乃是鬼魂，故為其追善供養，青年卻從此入山，未知所蹤。李朝後期廣受閱讀的金萬重《九雲夢》，則描述一名無法遏止欲望的僧侶，不斷與美女陷入戀情，最終發現原來是幻夢一場。這些題材皆與佛教密切相關，在深受儒家規範制約的朝鮮，因無法接受現實中的男女戀情，故在佛法教誨的框架中描述人鬼戀或夢中的愛情故事。

日本在《萬葉集》的創作階段，就已呈現佛教與男女情感的關係。例如，池田朝臣為了嘲笑外形瘦削的大神朝臣，而有詠歌如下：

諸寺女餓鬼，紛向佛求賜，若得大神男餓鬼，願為生子續命苗。

這是描述各處寺院裡設置的餓鬼女像，眼見大神朝臣瘦骨嶙峋，還真會向佛祖請命替其生子，內容充滿戲謔之情。這首和歌混入佛教要素，並以性事做為取笑題材。

至於其他如伎樂方面，亦有將佛教與色情笑話結合的例子。例如〈崑崙〉之中，男主角崑崙以裝置誇張性器的扮相登場，因垂涎於吳女美色而上前攀談，力士和金剛為了懲罰這名惡漢，將崑崙的性器奪走並拿棍本打斷，最後以舞蹈結束全戲。雖說表演目的在於懲戒愛欲或愚行，實際上卻是以猥褻滑稽的劇情來逗樂觀眾。在《萬葉集》中，亦有幾首和歌是將佛教與猥褻滑稽的要素相結合，這種創作背景應是受到伎樂流行所影響。

至於法會誦讀的願文或表白，則是以文采精妙而令人陶然心馳，甚至賺人熱淚。撰寫美文的僧侶及文人不僅熟稔經論，更通曉中國詩文，無疑能善用其巧，追求新穎表現的日本歌人自然深受這種願文表現所影響。

願文或表白對創作戀歌亦產生影響。更適切來說，佛教以心理分析為特徵，在嚴格審視愛欲心之餘，反而替不知該如何表現戀心而感到苦惱的日本歌人，提供了求之不得的題材。日本因甚少受到儒家影響，與中國、朝鮮相形之下，更能利用佛教來述說戀愛故事。日本最初的物語《竹取物語》，就是以幽默方式描寫皇子和貴族的求愛經歷，故事中的輝夜姬形象，則是踏襲《月上女經》之中拒絕男子求愛的女主角月上女。日本的戀愛故事若欠缺佛教要素則無法成立。

文獻介紹

近藤みゆき，〈小野小町論——夢の歌の背景〉（《古代後期和歌文学の研究》），風間書房，二〇〇五年。

中野方子，〈小町の歌と仏典——仏典と恋歌〉（《平安前期歌語の和漢比較文学的研究》），笠間書院，二〇〇五年。

年表
參考文獻

年表

1. 日本篇（第十一卷至十四卷）所附之年表，在與各卷相關的時代為詳表，其他時代則為略表。此年表是以佛教史為中心，亦收錄相關社會或思想、文化項目。
2. 改元之年以新年號標示。
3. 年表製作
   ⑴古代（？—一一八四）：藤井淳（東京大學大學院醫學系研究科 Global COE 特任研究員）、豊嶋悠吾（東京大學大學院）
   ⑵中世（一一八五—一五七二）：和田有希子（早稻田大學日本宗教文化研究所客座研究員）
   ⑶近世（一五七三—一八六七）：西村玲（東洋大學兼任講師）
   ⑷近代（一八六八—）：辻村志のぶ（前日本學術振興會特別研究員）

西元	年號	佛教發展動向	史事紀要
五二二	繼體十六	據傳司馬達等渡日，於大和高市郡的草堂安置佛像。	
五三八	宣化三 欽明七	據傳百濟聖明王將佛像及經論贈於日本朝廷，群臣為禮佛方式而引發論爭（佛教公傳，一說五五二年）。	

五五四	欽明十五		百濟派遣僧人曇慧與五經、易、曆、醫博士渡日。
五七〇	欽明三十一	據傳反對佛教的諸臣燒毀堂社，將佛像及經典拋入難波江（一說五五二年）。	
五七四	敏達三		聖德太子出生。
五七七	敏達六	百濟的威德王贈經論於日本朝廷，亦遣送律師、禪師、比丘尼、咒禁師、造佛工、造寺工渡日。	
五七九	敏達八	新羅贈予稅金及佛像。	
五八三	敏達十二	蘇我馬子於私邸建佛殿，安置百濟傳入的佛像（一說五八四年）。	
五八四	敏達十三	司馬達等之女嶋剃度出家，稱善信尼，另有二名女子亦同（此為出家之始）。 蘇我馬子請託善信尼等人供養百濟傳入的彌勒像。	

五八五	敏達十四	據傳蘇我馬子建造佛塔並舉行法會，物部守屋焚毀佛塔及佛殿，將佛像棄於難波堀江。	
五八七	用明二	用明天皇因患疾而皈依佛門。穴穗部皇子率豐國法師入宮。鞍部多須奈為天皇而出家修道，發願建寺及造立佛像。	蘇我馬子與聖德太子攻滅物部守屋。
五八八	崇峻元	百濟贈予佛舍利，並遣送僧侶、寺工、鑪盤博士、瓦博士、畫工渡日。善信尼等人留學百濟。始建法興寺（飛鳥寺）。	
五九〇	崇峻三	善信尼等人自百濟返國，住櫻井寺。	
五九三	推古元	四天王寺建於難波荒陵。	聖德太子以皇太子身分攝政。
五九四	推古二	頒布佛法興隆之詔。	
五九五	推古三	高句麗僧慧慈渡日，出任聖德太子之師。百濟僧慧聰前來朝晉。	

五九六	推古四	法興寺完建，蘇我馬子之子善德出任寺司，慧慈、慧聰任寺。	
六〇一	推古九		聖德太子建造斑鳩宮。
六〇二	推古十	百濟僧觀勒渡日，攜來曆書、天文地理之書。	
六〇三	推古十一	秦河勝始建蜂岡寺（廣隆寺）。	
六〇四	推古十二		開始採行曆法。 聖德太子制定《憲法十七條》。
六〇六	推古十四	止利佛師（鞍作鳥）於法興寺（飛鳥寺）建釋迦像。 據傳聖德太子宣講《勝鬘經》、《法華經》。 同年四月八日、七月十五日設齋會。（此為灌佛會、盂蘭盆會之始）	
六〇七	推古十五	聖德太子創建法降寺。 推古天皇與聖德太子遵循用明天皇之遺命，造藥師像。	小野妹子啟程入隋。

六〇八	推古十六		小野妹子與隋使裴世清同返日本。再度派遣小野妹子入隋，僧旻等留學僧亦同行。
六一〇	推古十八	高句麗王派遣僧曇徵渡日，傳入紙、墨製法。	
六一一	推古十九	聖德太子撰《勝鬘經義疏》，此後著有《維摩經義疏》、《法華經義疏》（三經義疏的作者另有其說）。	
六一八	推古二十六		隋滅建唐。
六二〇	推古二十八		聖德太子、蘇我馬子記錄《天皇記》、《國記》、《臣連伴造國造等本記》。
六二二	推古三十	橘大郎女等人製作天壽國繡帳以追思聖德太子。	聖德太子薨於斑鳩宮。
六二三	推古三十一	為祈求聖德太子冥福，止利佛師（鞍作鳥）造法隆寺金堂的釋迦三尊像。	

六二四	推古三十二	制定僧正、僧都、法頭三種僧官之職。	
六二五	推古三十三	高句麗僧惠（慧）灌渡日，傳入三論。	
六二六	推古三十四		蘇我馬子歿，蘇我蝦夷繼位為大臣。
六三〇	舒明二		初派遣唐使。遷都於飛鳥岡本宮。
六三九	舒明十一	始建百濟大寺（後為大官大寺、大安寺）。	
六四〇	舒明十二		南淵請安、高向玄理自唐返日。
六四三	皇極二		遷都於飛鳥板蓋宮。山背大兄王遭受蘇我入鹿襲擊而自盡。
六四五	大化元	孝德天皇頒布佛教興隆之詔。任命十師與法頭，試圖統轄僧侶及寺院。	

六四六	大化二	頒布薄葬令。僧道澄建宇治橋。	頒布大化革新之詔。
六五三	白雉四	道昭入唐，向玄奘修習法相教學。僧旻示寂。	
六五七	齊明三	於飛鳥寺西側建造須彌山，舉行盂蘭盆會。據傳中臣鎌足初次舉行維摩會。	
六五八	齊明四	智通、智達二僧入唐，向玄奘修習法相教學。	
六六〇	齊明六	設百高座，舉行仁王般若會。	
六六三	天智二		百濟於白村江與唐朝、新羅聯軍交戰，百濟大敗，遂亡。
六六七	天智六		遷都於近江大津京。
六六九	天智八	鏡王女為祈求藤原鎌足病癒，發願創建山階寺（後為興福寺）。	藤原鎌足（年五十六）歿。
六七〇	天智九	法隆寺遭雷擊而焚毀（另有他說）。	

六七二	天武元		壬申之亂。遷都於飛鳥淨御原宮。
六七三	天武二	於川原寺抄寫《一切經》。 百濟大寺自百濟遷至高市，重建後稱為高市大寺（此後改稱為大官大寺）。	
六七五	天武四		禁殺生。
六七六	天武五	諸國宣講《金光明經》、《仁王般若經》。	始有放生會。
六八〇	天武九	制定國之大寺，各寺限給食封三十年。 天武天皇為祈求皇后病癒，發願建立藥師寺（約於六九八年完成各堂建造）。	
六八三	天武十二	任命僧正、僧都、律師監督僧尼（成立僧綱制）。	
六八五	天武十四	宮中舉行安居。 諸國各戶建造佛舍，安置佛像、佛經並供奉禮拜。	

		山田寺藥師如來像（後因戰火焚毀，僅留佛頭為興福寺供奉）開眼。	
六八六	朱鳥元	天武天皇薨逝，於大官大寺、飛鳥寺等處舉行無遮大會。 據傳創建三井寺（園城寺）。	
六八七	持統元	京都各寺舉行天武天皇的國忌齋會。	
六九二	持統六	命大宰府向大隅等國宣揚佛教。	
六九三	持統七	於諸國初講《仁王般若經》。	
六九四	持統八	於諸國置《金光明經》，每年正月宣講。	遷都藤原宮。
六九七	文武元	命諸國於每年放生。	
六九九	文武三	役小角流放於伊豆。	
七〇〇	文武四	道昭示寂後荼毘——此為火葬之始。	
七〇一	大寶元	於大官大寺宣述《僧尼令》。	完成《大寶律令》。
七〇二	大寶二	任命僧正、大僧都、小僧都、律師，並於諸國設置國師。	

		道慈入唐。	
七〇三	大寶三	藤原京四大寺初修大般若會。	
七一〇	和銅三	山階寺遷於平城京，改稱為興福寺。大官大寺遷於平城京（另有他說）。	遷都平城京。
七一二	和銅五		太安萬侶撰成《古事記》。
七一三	和銅六		詔令編纂《風土記》。
七一七	養老元	禁止百姓私度及行基從事民間傳法活動。	
七一八	養老二	法興寺（元興寺）、藥師寺遷於平城京。經由晉陞僧綱，獎勵僧尼學習教理及修行。道慈自唐返國，傳揚三論宗。	藤原不比等完成《養老律令》。
七二〇	養老四	初授僧尼公驗。	舍人親王等人撰成《日本書紀》。
七二一	養老五	建立興福寺北圓堂。	
七二三	養老七	於興福寺設置悲田院。	

七二六	神龜三	建立興福寺東金堂。	
七二八	神龜五	義淵（日本法相宗三祖）示寂。頒布《金光明經》各十卷於諸國，以祈求國泰民安。	
七二九	天平元	於朝堂及諸國宣講《仁王經》。	長屋王自盡。藤原光明子立后。
七三〇	天平二	建立藥師寺東塔。建立興福寺五重塔。	於皇后宮職設置施藥院。
七三四	天平六	建立興福寺西金堂。優婆塞、優婆夷得度條件漸嚴。	
七三五	天平七	玄昉自唐朝攜歸經論五千餘卷，並傳入法相宗。	
七三六	天平八	唐僧道璿、梵僧菩提僊那、林邑僧佛哲等人渡日。法隆寺西院伽藍約於此時重建。	
七三七	天平九	各國造釋迦像，抄寫《大般若經》。以道慈為講師，於大極殿宣說《最勝王經》。	疫疾肆虐，藤原四兄弟（武智麻呂、房前、宇合、麻呂）病逝。

七四〇	天平十二	為祈求平定廣嗣之亂，各國建造觀音像及抄寫觀音經。	藤原廣嗣之亂。
		新羅僧審祥初講《華嚴經》（六十卷本）。	
七四一	天平十三	聖武天皇發願建立國分寺、國分尼寺。	
		為祈求天皇病癒而創建新藥師寺。	
七四三	天平十五	天皇發願建造毘盧遮那佛金銅像（大佛），於近江紫香樂開闢寺地。	
七四四	天平十六	道慈示寂。	
七四五	天平十七	行基受任為大僧正。 大佛建造工程遷至平城京（今東大寺）。	
		玄昉遭貶謫於筑紫，建造觀世音寺。	
七四六	天平十八	玄昉示寂。	
七四七	天平十九	法隆寺、大安寺、元興寺等寺紀錄〈伽藍緣起并流記資財帳〉。	
七四九	天平感寶元	行基示寂。	

	天平勝寶元	聖武天皇因陸奧國掘出黃金，並以此為契機而禮拜東大寺大佛，自稱三寶奴。	
七五二	天平勝寶四	奉梵僧菩提僊那為導師，於東大寺進行大佛開眼供養。	
七五四	天平勝寶六	唐僧鑑真渡日，弘傳律宗。鑑真於東大寺佛前為聖武太上天皇等人受戒。	
七五五	天平勝寶七	東大寺設立戒壇。	
七五六	天平勝寶八		聖武天皇（年五十六）薨。聖武天皇遺物交由東大寺（正倉院）管理。
七五七	天平寶字元	下令諸國宣講《梵網經》。	
七五九	天平寶字三	鑑真建立唐招提寺。	
七六〇	天平寶字四	良辨、慈訓等人奏請制定僧位為四位十三階，定為二色九階之制。為皇太后設置七七齋。	光明皇太后（年六十）薨。

		下令諸國造阿彌陀淨土畫像，抄寫《稱讚淨土經》。	
七六一	天平寶字五	於下野藥師寺、筑紫觀世音寺建立戒壇，形成日本三戒壇。	
七六三	天平寶字七	鑑真（年七十六）示寂。	
七六四	天平寶字八	道鏡受任為太政大臣禪師。	藤原仲麻呂之亂。
七六五	天平神護元	始建西大寺。	
七六六	天平神護二	道鏡成為法王。	
七七〇	寶龜元	道鏡被貶謫為下野藥師寺別當。	稱德天皇（年五十三）薨。
七七二	寶龜三	遴選十名嚴持戒律及精於醫術之僧，任命為十禪師。 道鏡示寂。	
七七三	寶龜四	良辨（年八十五）示寂。	
七七九	寶龜十	淡海三船撰《唐大和上東征傳》。 智光約於此時示寂。	
七八一	天應元		石上宅嗣（年五十三）歿。

七八四	延曆三		遷都長岡京。
七八五	延曆四	最澄於東大寺受具足戒，並於比叡山建草庵。	
七八六	延曆五	於近江建梵釋寺。	
七八八	延曆七	據傳最澄建造比叡山寺（一乘止觀院、延曆寺）。 思託撰《延曆僧錄》。	
七九四	延曆十三		遷都平安京。
七九六	延曆十五	為守護京都而創建東寺、西寺、鞍馬寺。 勤操於石淵寺始修法華八講。	
七九七	延曆十六	創建秋篠寺的善珠示寂。 空海撰《三教指歸》。	菅原道真等人撰成《續日本紀》。
七九八	延曆十七	制定年分度者制。 坂上田村麻呂創建清水寺。 思託約於此時示寂。	

八〇二	延曆二十一	最澄於高雄山寺（神護寺）修法華會。	
八〇四	延曆二十三	最澄、空海入唐。	
八〇五	延曆二十四	最澄歸朝，傳天台法門，後於高雄山寺（神護寺）修習灌頂，並於殿上修持毘盧舍那法。	
八〇六	大同元	最澄上表於朝廷，天台、華嚴、律、三論、法相宗可獲准年分度者。	桓武天皇（年七十）薨，平城天皇即位。
		空海歸國，傳真言密教，編撰《御請來目錄》。	
八一二	弘仁三	空海於高雄山寺（神護寺）將胎藏界的結緣灌頂傳授於最澄等人。	
八一三	弘仁四	最澄請借《理趣釋經》，空海拒之。 藤原冬嗣創建興福寺南圓堂。	
八一六	弘仁七	空海向朝廷請賜高野山（金剛峰寺）。	
八一七	弘仁八	最澄撰《照權實鏡》，與法相宗僧德一展開論爭。	

八一八	弘仁九	最澄制定「六條式」、「八條式」，撰《守護國界章》。	《文華秀麗集》撰成。
八一九	弘仁十	最澄制定「四條式」（上述三式通稱《山家學生式》），奏請於比叡山設立圓頓戒壇，遭到護命等南都僧眾連署反對。	
八二〇	弘仁十一	最澄撰《顯戒論》、《內證佛法相承血脈譜》。	
八二二	弘仁十三	東大寺建立灌頂道場（真言院），空海修持增益息災之法，為平城天皇傳授三昧耶戒。 最澄（年五十六）示寂（逝後，朝廷敕准比叡山設立戒壇）。 景戒約於此時撰《日本靈異記》。 護命約於此時撰《大乘法相研神章》。	
八二三	弘仁十四	朝廷將東寺敕賜於空海（稱為教王護國寺，被定位為真言宗根本道場）。 朝廷賜號於延曆寺，稱為一乘止觀院。	

八二七	天長四	延曆寺建立戒壇院。	
八二八	天長五	文殊會成為敕令諸國舉行的例行法會。 空海創設綜藝種智院。 入唐僧靈仙約於此時示寂。	
八三〇	天長七	向朝廷上呈天長敕撰六部宗書（普機《華嚴宗一乘開心論》、玄叡《大乘三論大義鈔》、豐安《戒律傳來記》、護命《大乘法相研神章》、義真《天台法華宗義集》、空海《十住心論》及《祕藏寶鑰》）。	
八三四	承和元	護命（年八十五）示寂。 空海奏請於中務院始修後七日御修法，此後在宮中真言院舉行成為慣例。	
八三五	承和二	空海（年六十二）於高野山示寂。	
八三八	承和五	圓仁、圓行、圓載、常曉入唐。 於清涼殿舉行佛名悔過（此為宮內修持佛名悔過之始）。	

八四一	承和八	於清涼殿進行晝誦經、夜懺悔。	
八四二	承和九	朝廷命諸國進行晝誦經、夜懺悔。	嵯峨天皇（年五十七）薨。
八四六	承和十三	於諸國修持佛名悔過。	
八四七	承和十四	圓仁自唐歸朝，撰《入唐求法巡禮行記》。	
八五一	仁壽元	圓仁於比叡山初次引入五台山的引聲念佛，修持常行三昧。	
八五三	仁壽三	圓珍入唐。	
八五四	仁壽四	圓仁就任天台座主。	
八五八	天安二	圓珍自唐土攜歸諸多佛典及儀軌，此後重興園城寺。 光定示寂，撰有《傳述一心戒文》。	
八六〇	貞觀二	真濟示寂，編有《性靈集》（空海詩文集）。	
八六一	貞觀三	東大寺大佛修理結束，舉行供養。	

八六三	貞觀五	朝廷因疫疾流行，於神泉院舉行御靈會，奉祀崇德天皇、伊予親王等人。	
八六四	貞觀六	圓仁（年七十一）示寂。	
		制定僧綱位階，分為法印大和尚位（僧正）、法眼和尚位（僧都）、法橋上人位（律師）。	
八六五	貞觀七	比叡山始有不斷念佛。	
八六六	貞觀八	追贈最澄諡號為傳教大師，圓仁為慈覺大師（此為最初的敕諡號）。	
八六八	貞觀十	圓珍出任天台座主。	
八七四	貞觀十六	聖寶著手開創醍醐寺。	
八八〇	元慶四	安然撰《悉曇藏》。	
八八四	元慶八	圓珍撰《採決集》。	
八八五	仁和元	安然撰《菩提心義抄》、《真言宗教時義》。	
		義昭約於此時撰成《日本靈感錄》。	

八九〇	寬平二	遍照（年七十五）示寂。聖寶出任貞觀寺座主。	
八九一	寬平三	圓珍（年七十八）示寂。	
八九四	寬平六		菅原道真奏請停止派遣遣唐使。
八九九	昌泰二	宇多上皇於仁和寺接受益信為其剃度，成為寬平法皇（法皇之始）。	
九〇〇	昌泰三	宇多法皇參詣金峰山。	菅原道真上呈《菅家集》、《菅相公集》、《菅家文草》。
九〇一	延喜元		菅原道真遭貶謫為大宰權帥。
九〇三	延喜三		菅原道真（年五十九）歿。
九〇四	延喜四	宇多法皇於仁和寺營建御室，並遷居於此。	
九〇六	延喜六	廣澤流開祖益信（年八十）示寂，建有圓成寺。	

九〇九	延喜九	聖寶（年七十八）示寂。	
九一四	延喜十四		三善清行進呈意見封事十二箇條。
九一七	延喜十七	《聖德太子傳曆》約於此時撰成。	
九二一	延喜二十一	觀賢奏請朝廷，追贈空海諡號為弘法大師。	
九二七	延長五	追贈圓珍諡號為智證大師。	
九三一	承平元	宇多法皇（年六十五）薨。	
九三八	天慶元	空也入京，始於巿井推廣口誦阿彌陀佛的稱名念佛。	
九三九	天慶二	為祈願平定平將門之亂，諸寺盛行舉行調伏及祈禱。	
九四〇	天慶三		平定平將門之亂。
九五三	天曆七	石山寺座主淳祐（年六十四）示寂。	
九五七	天德元	良源修持七佛藥師法。	

九六三	應和三	應和宗論（宮中舉行法華八講之際，法相宗的法藏等人與天台宗的良源等人之間引發論爭）。空也於鴨川河灘供養金字《般若經》，舉行共修萬燈會。	
九六六	康保三	良源出任天台座主。	
九七〇	天祿元	初次舉行祇園御靈會。良源制定二十六箇條制式。	
九七二	天祿三	空也（年七十）示寂。	
九八三	永觀元	千觀（年六十六）示寂。	
九八四	永觀二	源為憲撰《三寶繪詞》。	
九八五	寬和元	天台座主良源（年七十四）示寂。源信撰成《往生要集》。	
九八六	寬和二	慶滋保胤編撰《日本往生極樂記》。	
九八七	寬和三	奝然自宋朝攜歸釋迦像（清涼寺釋迦像）及經論，請願建造清涼寺（另有他說）。	

九九一	正曆二	具平親王撰《弘決外典抄》。	
九九三	正曆四	圓仁門徒（山門派）與圓珍門徒（寺門派）相爭，圓珍弟子離開比叡山。 《玉造小町子壯衰書》約於此時撰成。	
九九四	正曆五	朝廷因疫疾流行，於北野舉行御靈會。	
一〇〇二	長保四	慶滋保胤歿。	
一〇〇三	長保五	寂照入宋，源信將自身提出的「天台宗疑問二十七條」託其詢問天台僧知禮，並獲得釋疑。 增賀（年八十七）於多武峰示寂。	
一〇〇五	寬弘二		安倍晴明歿。
一〇〇六	寬弘三	興福寺僧眾以神佛譴罰為由，向朝廷發起稱為「強訴」的武力抗爭，此後僧眾、神人發起強訴威脅朝廷的風氣漸盛。 藤原道長建立法性寺五大堂。	

一〇〇七	寬弘四	藤原道長埋藏經於金峰山，欣求往生淨土。 開創圓教寺的性空示寂。 檀那流之祖覺運（年五十五）示寂。	
一〇〇八	寬弘五	勸修（年六十四）示寂。	
一〇一二	長和元	選子內親王撰《發心和歌集》。	
一〇一三	長和二		紫式部約於此時撰《源氏物語》。
一〇一七	寬仁元	源信（年七十六）示寂。	
一〇一八	寬仁二	仁海於神泉苑修持請雨經法。	
一〇二二	治安二	藤原道長供養法成寺金堂，賞賜佛師定朝。	
一〇二七	萬壽四	藤原道長（年六十二）歿於法成寺阿彌陀堂。	
一〇三三	長元六	自此年之後，實叡撰《地藏菩薩靈驗記》。	

一〇三四	長元七	覺超（年七十五）示寂。	藤原公任約於此時撰《和漢朗詠集》。
一〇四一	長久二	向諸宗請示園城寺是否可設立戒壇，其中唯有延曆寺表以反對。鎮源約於此時撰《法華驗記》。	
一〇四三	長久四	諸國久旱不雨，仁海於神泉苑修法祈雨。	
一〇四六	永承元	仁海（年九十六）示寂。	
一〇四九	永承四	谷流之祖皇慶（年七十三）示寂。	
一〇五一	永承六		前九年之役。
一〇五二	永承七	藤原賴通將宇治的別墅改為佛寺，號平等院。	
		約於此時開始盛行末法將至之說。	
一〇五三	天喜元	藤原賴通建立平等院阿彌陀堂（鳳凰堂）。	
一〇五七	天喜五	佛師定朝歿，其曾刻造平等院鳳凰堂的本尊阿彌陀如來像。	

一〇六二	康平五		源賴義平定前九年之役。
一〇七一	延久三	源隆國等人約於此時撰《安養集》。	
一〇七二	延久四	成尋入宋，撰《參天台五台山記》。	
一〇七四	承保元		藤原賴通（年八十三）歿。
一〇七五	承保二	延曆、園城二寺僧眾為戒壇而起爭鬥。	
一〇七七	承曆元	建立法勝寺。	
一〇七九	承曆三	永觀撰《往生講式》（一說一〇九六年）。	
一〇八一	永保元	園城、延曆二寺僧眾爭鬥激化，園城寺遭焚毀。	
一〇八六	應德三	成尋於宋示寂。	白河上皇始行院政。
一〇八七	寬治元		源義家平定後三年之役。
一〇九〇	寬治四	白河上皇巡幸熊野，園城寺僧增譽成為熊野三山檢校。	

一〇九三	寬治七	興福寺僧眾迎請春日社神木入京（此為神木動座之始）。	
一〇九四	嘉保元	永超撰《東域傳燈目錄》。	
一〇九五	嘉保二	延曆寺僧眾迎請日吉神輿入京（此為神輿動座之始）。	
一〇九八	承德二		大江匡房約於此時撰《本朝神仙傳》。
一〇九九	康和元	仁和寺覺行受封為親王——法親王之始。	
一一〇〇	康和二	永觀約於此時撰《往生拾因》。	
一一〇六	嘉承元	大江親通撰《七大寺日記》。《東大寺要錄》開始編纂。皇圓約此時撰《扶桑略記》。	
一一〇八	天仁元		《今昔物語》開始流通。
一一一〇	天永元	此後完成《法華修法——百座聞書抄》。	

一一一一	天永二	永觀（年七十九）示寂。 大江匡房約於此時撰《續本朝往生傳》。	
一一一四	永久二	白河上皇於阿彌陀堂安奉高達丈六的九尊佛像。	
一一一七	永久五	據傳良忍感得融通念佛之偈。	
一一二〇	保安元	《注好選》約於此時之前完成。	
一一二五	天治二	創建仁和寺成就院的寬助（年六十九）示寂。	
一一二六	大治元	藤原清衡舉行中尊寺金塔及三重塔等建築的落成供養法會。 白河法皇令諸國捨棄漁網，禁止殺生。	
一一二九	大治四		白河法皇（年七十七）薨，鳥羽上皇執行院政。
一一三二	長承元	良忍示寂。 覺鑁建立高野山傳法院的密嚴院。	

一一三四	長承三	在此之前完成《打聞集》。	
一一三五	保延元	行尊（年八十一）示寂。	
一一四〇	保延六	繪有多幅佛畫的鳥羽僧正覺猷（年八十八）示寂。 覺鑁被驅離高野山，移住根來山。 惠什（一說永嚴）約於此時撰《圖像抄》。	
一一四三	康治二	覺鑁（年四十九）示寂。	
一一四四	天養元	復興戒律的先驅者實範示寂。	
一一五一	仁平元	永嚴（年七十七）示寂。	
一一五二	仁平二	兼具三論宗僧及畫僧身分的珍海（年六十二）示寂。	
一一五三	仁平三	寬信示寂。 覺法法親王（年六十三）示寂。	
一一五六	保元元	元海（年六十四）示寂。	鳥羽法皇薨。保元之亂。
一一五九	平治元		平治之亂。

一一六一	應保元	園城寺僧覺忠巡禮三十三處觀音靈場（巡禮西國三十三處靈場之始）。	
一一六四	長寬二	平清盛與平氏一門共同抄寫《法華經》等經典，供奉於嚴島神社（平家納經）。	
		蓮花王院舉行落成供養法會。	
一一六七	仁安二		平清盛成為太政大臣，平氏邁向全盛時期。
一一六八	仁安三	榮西初次入宋，與前一年入宋的重源偕同返日。	
一一七二	承安二	心覺撰《別尊雜記》。	
一一七三	承安三	親鸞出生。	
一一七五	安元元	法然提倡專修念佛，離比叡山而移住東山吉水（日本淨土宗之始）。	
一一八〇	治承四	平重衡火攻南都，東大寺、興福寺付之一炬。 平康賴約於此時撰《寶物集》。	源賴朝舉兵入鎌倉。

一一八一	養和元	重源勸請重建東大寺。	平清盛歿。
一一八五	文治元	東大寺大佛建成。	壇之浦之戰（平家滅亡）爆發。設置守護、地頭。
一一九二	建久三		源賴朝成為征夷大將軍。
一一九四	建久四	榮西、大日能忍（達摩宗）等人弘傳禪宗而遭禁止。	
一一九八	建久九	法然撰《選擇本願念佛集》、榮西撰《興禪護國論》。	
一二〇四	元久元年	榮西撰《日本佛法中興願文》、法然撰《七箇條制誡》。	源賴家遭北條時政所弒。
一二〇五	元久二年	興福寺大眾提出停止念佛的訴狀（興福寺奏狀）。	
一二一九	承久元		源實朝遭公曉所弒（源氏嫡系滅絕）。幕府將九條道家之子賴經從京都遣往鎌倉。
一二二一	承久三		承久之亂。後鳥羽院遭流放於隱岐。

一二二四	元仁元	親鸞完成《教行信證》初稿（淨土真宗開宗）。	北條泰時成為執權，北條時房成為連署（連署之始）。
一二二七	安貞元	延曆寺僧眾破壞法然之墓，隆寬、空阿彌陀佛遭流放。	加藤景正自宋返日，始有瀨戶燒。
一二三二	貞永元	明惠（年六十）示寂。	設定御成敗式目（貞永式目）。
一二三六	嘉禎二	叡尊、覺盛等人於東大寺立誓受戒。	
一二四三	寬元元	圓爾受請成為東福寺開祖。	
一二四四	寬元二	道元受招請至越前大佛寺（永平寺）。	
一二四六	寬元四	蘭溪道隆自宋渡日。	名越光時擁立藤原賴經，但又密謀廢除（名越光時之變）。幕府將賴經送返於京。九條道家遭奏請罷免攝政一職。
一二五一	建長二	親鸞以書信化導對佛經解釋歧異的東國門徒。	

一二五二	建長四		宗尊親王就任將軍（皇族將軍之始）。
一二五三	建長五	日蓮於清澄寺勸說及獎勵法華信仰，宣教於鎌倉（日蓮宗開宗）。	
一二六四	文永元	叡尊初修光明真言，《歎異抄》約於此時撰成。	
一二六八	文永五	凝然撰《八宗綱要》。日蓮呈書於時宗，譴責諸宗及警告外寇來襲。	幕府驅逐蒙古使者。北條時宗成為執權。北條實時約於此時創立金澤文庫。
一二七二	文永九	日蓮於佐渡撰《開目抄》。親鸞之女覺信尼，將父墓遷至大谷（本願寺）。	蒙古使者奏呈國書。後嵯峨院（年五十三）薨。持明院統與大覺寺統分裂後形成對立。
一二七四	文永十一	日蓮獲赦免遭流放佐渡。一遍參詣閉關於熊野（北條時宗開宗）。日蓮於身延山開創久遠寺。了惠道光編《黑谷上人語燈錄》。	文永之役。卜部兼方撰《釋日本紀》（—一三〇一）。

一二八一	弘安四		弘安之役。
一二八六	弘安九	叡尊撰《感身學正記》。無學祖元（年七十一）示寂。	
一二八八	正應元	賴瑜將大傳法院、密嚴院自高野山移至根來（另立新義真言宗）。日興離開身延山而前往富士。	
一二九四	永仁二	日像於京都宣揚法華宗。忍性創建悲田、敬田院。	
一二九八	永仁六	將西大寺之下的三十四所做為將軍祈願所。	
一三一七	文保元	一山一寧（年七十一）示寂。	幕府決定由持明院統、大覺寺統進行兩統迭立，由雙方皇嗣輪流繼位為天皇（文保和談）。
一三二一	元亨元	後宇多法皇創建大覺寺金堂。	院政終止，改由後醍醐天皇親政。重興記錄所。

一三二四	正中元	大德寺約於此時創建。存覺撰《諸神本懷集》。	正中之變（後醍醐天皇欲行倒幕計畫卻事跡敗露）。
一三三一	元弘元、元德三		元弘之變（後醍醐天皇攜神器投奔笠置寺）。
一三三三	元弘三、正慶二	後醍醐天皇將大德寺列入五山之一。從覺編《末燈抄》。中巖圓月撰〈原民〉、〈原僧〉以論時弊。	足利尊氏、新田義貞舉兵。北條高時自盡（鎌倉幕府滅亡）。後醍醐天皇返京。
一三三四	建武元	制定南禪寺為五山之首，大德寺亦同等階位。	推行建武新政。編纂具批判文性質的《二條河原落書》，藉以諷刺社會。
一三三六	延元元、建武三		足利尊氏制定《建武式目》（成立室町幕府）。後醍醐天皇獻出神器而暗中前往吉野（南北朝分裂）。
一三三八	延元三、曆應元		足利尊氏出任征夷大將軍。北畠親房約於此時撰《元元集》。

一三三九	延元四、曆應二	足利尊氏奏請建造安國寺、利生塔。創建天龍寺。	後醍醐天皇（年五十二）薨。北畠親房撰《神皇正統記》。
一三五二	正平七、文和元	延曆寺僧眾破壞日蓮宗妙顯寺法華堂。	足利尊氏暗殺其弟（直義，年四十七）。
一三六八	正平二十三、應安元	延曆寺僧眾批判禪宗興盛。	足利義滿任第三代將軍。約於此時撰成《太平記》（作者未詳）。
一三七八	天授四、永和四		足利義滿於京都創設花御所並移居於此。
一三九二	元中九、明德三	足利義滿為前一年的明德之亂戰死者舉行追善法會。	南北朝統一。李氏朝鮮建國。
一三九七	應永四	足利義滿建造北山第（金閣寺）。	
一四〇一	應永八	相國寺取代天龍寺，晉升為五山第一。	足利義滿派遣肥富、祖阿等人入明（遣明船之始）。
一四〇四	應永十一		足利義滿取得明朝的勘合符，始有勘合貿易。

一四〇九	應永十六	天龍寺恢復為五山第一。	
一四一九	應永二十六	足利義持制定三門條條規式。	朝鮮兵進攻對馬（應永外寇）。
一四四〇	永享十二	日親撰《立正治國論》，遭幕府拘禁。	
一四四一	嘉吉元	將軍足利義教逝去，日親獲特赦出獄。	足利義教遭赤松滿祐殺害（嘉吉之亂）。
一四五五	康正元	派遣建仁寺的勸進船入朝鮮。	足利成氏敗逃於下總古河（古河公方）。
一四六〇	寬正元	室町幕府決定懲處日親，破毀本法寺。	幕府將舊南朝的武將楠木氏斬首。東國暫用私年號「延德」。
一四六七	應仁元年		應仁之亂（—一四七七）。諸多寺院遭焚毀。
一四八〇	文明十二	蓮如於山科重建本願寺。一休約於此時撰《狂雲集》。	一條兼良撰《樵談治要》。

一四八二	文明十四	延曆寺僧徒鬥爭，焚毀橫川中堂。	足利義政始建東山山莊（銀閣寺）。
一四九六	明應五	蓮如於大坂建造石山本願寺。	
一四九七	明應六	吉田兼俱為法華三十番神而與日蓮宗徒論爭。	大和發生土一揆，要求發布德政令。
一五三二	天文元	證如遭法華一揆的襲擊，將本願寺遷至大坂石山。	《塵添壒囊鈔》撰成（作者未詳）。吉田兼右撰《兼右卿記》（—一五七二）。
一五三六	天文五	延曆寺僧眾擊敗法華一揆（天文法華之亂）。	清原宣賢撰《日本書紀神代卷抄》。伊達氏撰《塵芥集》。
一五四九	天文十八	聖方濟沙勿略於鹿兒島登陸（基督教傳入日本）。	
一五六〇	永祿三	室町幕府允准傳教士維列拉宣教。	桶狹間之戰爆發，今川義元敗亡。
一五六五	永祿八	維列拉、路易士·佛洛伊斯遭驅逐離京。	三好義繼、松永久秀等人殺害將軍足利義輝。

一五六七	永祿十	松永久秀、三好三人眾破壞東大寺，大佛殿焚毀。	
一五六八	永祿十一	天皇傳綸旨，昭告諸國重興東大寺大佛殿。	織田信長奉請將軍足利義昭入京。
一五七〇	元龜元	顯如煽動一向宗徒舉兵起義，對抗織田信長（石山合戰）。	織田信長擊敗淺井長政、朝倉義景（姊川之戰）。
一五七一	元龜二	織田信長進攻延曆寺，焚毀堂塔殆盡及討伐僧眾。	
一五七二	元龜三	上杉謙信討伐越中國一向一揆。	武田信玄擊敗德川家康（三方原之戰）。
一五七三	天正元	織田信長討伐長島的一向一揆。	室町幕府滅亡。
一五七九	天正七	安土宗論（淨土宗與日蓮宗論爭）。	
一五八二	天正十	大友宗麟等人派遣天正遣歐使節前往羅馬。	本能寺之變，明智光秀謀反，織田信長（年四十九）自戕。

一五八六	天正十四		羽柴秀吉任太政大臣，獲賜豐臣之姓。
一五八九	天正十七	方廣寺大佛大致完建。重建比叡山延曆寺。	中國開始刊行萬曆版《大藏經》。
一五九〇	天正十八	天正遣歐使節返國。德川家康向增上寺進獻《大藏經》。	德川家康入江戶。
一五九六	慶長元	豐臣秀吉將二十六名方繼會天主教徒處以極刑，被釘於十字架之上。	
一五九八	慶長三		豐臣秀吉（年六十三）歿。
一六〇〇	慶長五		關原之戰爆發。
一六〇二	慶長七	本願寺分為東、西二寺。	
一六〇三	慶長八		德川家康任征夷大將軍，於江戶開江戶幕府。
一六一二	慶長十七	江戶幕府禁信基督教。	
一六一四	慶長十九	基督教傳教士遭驅逐出境。	大坂冬之陣。

一六一五	元和元	幕府制定諸宗諸本山法度，規定本末制度。	大坂夏之陣，豐臣氏滅亡。
一六一六	元和二	天海出任大僧正。	德川家康逝（年七十五）。
一六一七	元和三	營建日光東照宮。	德川家康獲敕賜神號為東照大權現。
一六二七	寬永四	紫衣事件。	
一六三二	寬永九	德川家光命各本山提出末寺帳（本末制）。	德川秀忠逝（年五十四）。
一六三五	寬永十二	寺請制度約於此時制度化。設置寺社奉行。	頒布鎖國令，設置參勤交代制度。
一六三七	寬永十四	天海版《大藏經》初開版。	島原之亂。
一六三八	寬永十五	島原之亂以後，強化禁止及舉發基督教信仰。	平定島原之亂。
一六四〇	寬永十七	幕府設置宗門改役，編製宗門人別帳。	
一六五四	承應三	隱元隆琦東渡長崎。	

一六六五	寬文五	幕府頒布諸宗寺院法度。鎮壓不受不施派。	山鹿素行提倡古學。
一六六六	寬文六	水戶藩破壞領地內的九百九十七座新寺。	
一六六七	寬文七	岡山藩整理領地內的六百四十三座寺院。	幕府制定農村五人組。
一六七一	寬文十一	幕府編製宗旨人別帳。	山崎闇齋提倡垂加神道。
一六七三	延保元	隱元隆琦示寂（年八十二）。	
一六七八	延保六	鐵眼道光完成黃檗版《大藏經》。	
一六八八	元祿元	幕府准允融觀創立融通念佛宗。	
一六九二	元祿五	公慶重興東大寺大佛殿，舉行大佛開眼供養。	井原西鶴撰《世間胸算用》。
一六九三	元祿六	靈空光謙始興天台安樂律。盤珪永琢（年七十二）示寂。	井原西鶴（年五十二）歿。
一七〇三	元祿十六	幕府制定曹洞宗嗣法條例（宗統復古運動）。	

一七〇六	寶永三	幕府禁止日蓮宗三鳥派，處決四十三名信徒。	
一七〇八	寶永五	義大利人傳教士西多契登陸屋久島，遂遭逮捕。	
一七〇九	寶永六	重建東大寺大佛殿，舉行落成法會。	德川綱吉（年六十四）歿。德川家宣成為第六代將軍。新井白石撰《天主教大意》。
一七一六	享保元	融觀（年六十八）示寂。	德川吉宗成為第八代將軍。荻生徂徠撰《弁道》。
一七二〇	享保五		准允基督教以外的洋書輸入日本。
一七二三	享保八	幕府規定每六年編製宗門人別帳。	
一七四五	延享二	富永仲基撰《出定後語》（大乘非佛說）。	德川家重任第九代將軍。
一七五〇	寬延三	禪海耗時三十年完成隧道青之洞門。	
一七五四	寶曆四	白隱慧鶴刊行《邊鄙以知吾》。	山脇東洋等人撰《臟志》。

一七五五	寶曆五	東本願寺將僧人學寮遷至高倉（高倉學寮）。	
一七六三	寶曆十三		本居宣長、賀茂真淵於松坂會見。
一七六八	明和五	白隱慧鶴示寂（年八十四）。	上田秋成撰《雨月物語》。
一七六九	明和六	面山瑞方示寂（年八十七）。	賀茂真淵歿（年六十二）。
一七七四	安永三	東、西本願寺請求幕府公表淨土真宗之宗名。	杉田玄白等人譯《解體新書》。
一七七五	安永四	慈雲飲光撰《十善法語》。	
一七七六	安永五	宗門改帳為一宗一冊。普寂撰《天文弁惑》。	將藉由表演技藝為生的盲者納入檢校之下管理。
一七七九	安永八	普寂撰《顯揚正法復古集》。	
一七八六	天明六	慈雲提倡雲傳神道。	德川家治（年五十一）歿。本居宣長、上田秋成論爭。
一七九六	寬政八	七十餘名破戒僧於日本橋斬首示眾，犯女戒僧流放遠島。	刊行蘭和辭典《波留麻和解》。

一七九七	寬政九	三業惑亂始。	俄羅斯人登陸擇捉島。
一七九八	寬政十		本居宣長撰《古事記傳》。
一八〇〇	寬政十二	真言宗豐山派與智山派於寬政年間分離。	准許婦女登富士山。
一八〇二	享和二	諸宗向幕府提出設置諸寺階級。始創如來教。	
一八〇五	文化二	五千兩百名隱匿基督徒遭檢舉（天草舉發事件）。	創設八州取締役。
一八〇六	文化三	裁決三業惑亂。隆圓撰《近世念佛往生傳》。	頒布薪水給與令。
一八一〇	文化七	快道示寂。圓通刊行《佛國曆象編》。	
一八三一	天保二	良寬示寂（年七十四）。	十返舍一九（年六十七）歿。
一八三七	天保八	仙厓義梵（年八十七）示寂。	大塩平八郎之亂。德川家慶任第十二代將軍。
一八三八	天保九	中山美支創天理教。	高野長英撰《夢物語》。

一八四一	天保十二	本山方、當山方提出〈修驗十二箇條御答書〉。	朝廷始推天保改革。
一八四七	弘化四	普化宗成為臨濟宗支派。	
一八五〇	嘉永三	黑住教教主黑住宗忠（年七十一）示寂。	佐藤信淵歿。高野長英（年四十七）自盡。
一八五三	嘉永六	丸山教開教。	美國海軍司令官培里來航，抵達浦賀。
一八五四	安政元	朝廷頒布毀鐘鑄砲的太政官符。	簽訂《神奈川條約》、《下田條約》。
一八五六	安政三	月性撰《佛法護國論》。	二宮尊德（年七十）歿。
一八五七	安政四	長松日扇開講本門佛立講。	開設蕃書調所。長崎設置製鐵所。
一八五八	安政五		井伊直弼就任大老。簽訂《日美友好通商條約》。
一八五九	安政六	傳教士赫本、赫基等人一齊抵日。	神奈川、長崎、函館三港開港，准許從事貿易。

一八六一	文久元	鵜飼徹定刊行《闢邪集》。橫濱初設教會。	和宮降嫁。
一八六五	慶應元	長崎大浦天主堂完建。	福澤諭吉留學美國。
一八六七	慶應三	浦上四番舉發事件（六百六十四名長崎基督徒殉教）。	大政奉還。頒布王政復古大號令。朝廷廢止佛事葬儀。
一八六八	明治元	設置禁信切支丹邪宗門的高札。頒布神佛判然令，各地大肆進行廢佛毀釋。	戊辰戰爭爆發。頒布王政復古大號令。頒布五箇條御誓文。改元為明治。
一八六九	明治二	設置神祇官、民部省、宣教使。	戊辰戰爭結束。奉還藩籍。創建東京招魂社。
一八七〇	明治三	頒布大教宣布之詔。神祇官宣告修驗道為佛教徒。	
一八七一	明治四	頒布社寺領上知令。神佛分離並非廢佛，宣告廢毀合併應慎重處理。廢止宗門人別帳。	公布戶籍法，廢藩置縣。
一八七二	明治五	一向宗改稱為真宗，准許僧侶食肉蓄妻。	

		設置大教院。設置教部省、教導職。交付三項教則。	
一八七三	明治六	不僅是佛教各宗派，亦准許各宗教轉宗轉派。	宣布徵兵令、地租改正條例。
一八七四	明治七	融通念佛宗自成一派。教部省免除特例，宣告禁止一切社寺合併。	板垣退助等人提出民撰議員設立建白書。
一八七五	明治八	真宗四派脫離大教院，大教院解散。教部省向神佛各管長宣告宗教信仰自由。	江華島事件。
一八七六	明治九	准許日蓮宗不受不施派重興宗派。	簽訂《江華條約》。頒布廢刀令。
一八七七	明治十	廢除教部省，內務省設置社寺局。	西南戰爭爆發。東京大學創校。
一八七八	明治十一	天台宗分為天台宗、天台宗寺門派、天台宗真盛派。真言宗分為古義、新義二派。	
一八七九	明治十二	原坦山於帝國大學講授佛教學。	制定教育令。東京招魂社改稱為靖國神社，列為別格官

			幣社。
一八八〇	明治十三	制定古社寺保存內規。	公布集會條例。
一八八一	明治十四	真宗西本願寺、東本願寺、真宗專修寺派改稱為淨土真宗本願寺派、真宗大谷派、真宗高田派。	頒布國會開設敕諭。
一八八二	明治十五	法相宗脫離真言宗而獨立。	頒布軍人敕諭。
一八八四	明治十七	廢除神佛教導職，將任免住職等職務委任於各管長。	
一八八五	明治十八	將處理寺社的方式委任於府縣。 田中智學組織立正安國會（後為國柱會）。	
一八八六	明治十九	華嚴宗脫離淨土宗而獨立。 高楠順次郎等人組織反省會。	
一八八七	明治二十	井上圓了開設哲學館。	
一八八九	明治二十二	大內青巒等人組成尊皇奉佛大同團。	頒布大日本帝國憲法，保障信仰宗教自由。
一八九二	明治二十五	組成大日本佛教青年會。	

一八九三	明治二十六	井上哲次郎刊行《教育と宗教の衝突》。 釋宗演等人身為日本佛教代表，參加萬國宗教會議。	
一八九四	明治二十七	中日甲午戰爭之際，佛教及其他各宗教前往戰地宣教或勞軍、募捐軍資。	中日甲午戰爭爆發。
一八九六	明治二十九	舉行首屆宗教家懇談會。	簽訂中日《馬關條約》。
一八九七	明治三十	河口慧海遠赴西藏探險。	
一八九八	明治三十一	巢鴨監獄教誨師事件。	
一八九九	明治三十二	文部省禁止獲得公認的學校從事宗教教育及儀式。 境野黃洋等人組成佛教清徒同志會（後為新佛教徒同志會）。	
一九〇〇	明治三十三	制定治安警察法。禁止神官、神職、僧侶及其他宗教人事參與政治結社。	中國爆發義和團之亂。
一九〇二	明治三十五	大谷光瑞遠赴中亞探險。	
一九〇三	明治三十六	村上專精出版《大乘佛說論批判》。	

一九〇四	明治三十七	佛教各派於日俄戰爭之際隨軍弘法。	日俄戰爭爆發。
一九〇六	明治三十九	以各宗教合作為目的，組成宗教家協和會。	
一九〇七	明治四十	鈴木大拙出版《大乘佛教概論》（英文）。	
一九〇九	明治四十二	望月信亨出版《佛教大年表》，開始出版《佛教大辭典》。	
一九一〇	明治四十三	三名僧侶因大逆事件而受牽連，遭到起訴。	日韓合併。大逆事件。
一九一一	明治四十四	設立佛教史學會。《佛教史學》創刊。	
一九一二	大正元	政府舉行三教會同，聚集佛教、神道、基督教召開會議。	
一九一三	大正二	宗教局從內務省改設於文部省，宗教行政與神社行政分離。	
一九一四	大正三	舉行全國佛教徒社會事業大會。	日本加入第一次世界大戰。

一九一五	大正四	真田增丸設立佛教濟世軍。組成佛教聯合會。	日本向中國提出二十一條要求。
一九一六	大正五	組成佛教護國團。帝國大學開設佛教學專任講座。	
一九一七	大正六	藤井日達開創日本山妙法寺。	
一九一九	大正八	成立東京帝國大學佛教青年會。	
一九二一	大正十	佛教聯合會為僧侶獲得參政權而舉行大會。	
一九二二	大正十一	全國水平社創立，並決議要求東、西本願寺參與部落解放運動。	
一九二三	大正十二	日本佛教聯合會決議反對政府派遣使節前往羅馬教廷。	關東大震災。
一九二五	大正十四	由日本佛教聯合會主辦，舉行東亞佛教大會。	公布治安維持法、普通選舉法。
一九二六	昭和元	文部省發表宗教法案，在宗教界引發反對運動。	
一九二八	昭和三	椎尾弁匡等人發表共生運動的宣言書。	中國發生皇姑屯事件。

一九三〇	昭和五	久保角太郎、小谷喜美創立靈友會。牧口常三郎、戶田城聖創立創價教育學會。	
一九三一	昭和六	妹尾義郎等人組成新興佛教青年同盟。	中國發生九一八事變。
一九三二	昭和七	血盟團事件。	五・一五事件。中國發生一二八事變。日本於中國建立滿洲國。
一九三三	昭和八	文部省指示取締反宗教運動。	脫離國際聯盟。
一九三四	昭和九	友松圓諦等人始推真理運動。	
一九三六	昭和十一	伊藤真乘創立真如苑。	二・二六事件。
一九三七	昭和十二	東京佛教護國團舉行佛教報國大演講會。	中日戰爭爆發。
一九三八	昭和十三	庭野日敬、長沼妙佼等人脫離靈友會，創立大日本立正交成會（日後的立正佼成會）。	
一九三九	昭和十四	公布宗教團體法，推動宗教團體的整頓統合。	公布國民徵用令。第二次世界大戰爆發。

一九四〇	昭和十五	實施宗教團體法。	大政翼贊會舉行發會式。各地為慶祝皇紀二千六百年而舉行紀念活動。
一九四一	昭和十六	佛教聯合會改組，組成大日本佛教會。	向美、英宣戰。
一九四二	昭和十七	廢除宗教局，於文部省教化局設置宗教課。寺院提供佛具及梵鐘。	
一九四三	昭和十八	創價教育學會遭到彈壓，牧口常三郎、戶田城聖等人遭檢舉。	
一九四四	昭和十九	組成大日本戰時宗教報國會，文部省請求各寺協助學童疏散避難。	
一九四五	昭和二十	廢止宗教團體法，制定宗教法人令。佛教聯合會重新展開活動。	廣島、長崎投下原子彈。接受波茨坦宣言，簽署降書。
一九四六	昭和二十一	日本宗教會改組，改稱為日本宗教聯盟。	
一九四七	昭和二十二	召開全日本宗教和平會議，宣告宗教和平。	公布學校教育法、教育基本法。

一九四八	昭和二十三	日蓮宗與中山妙宗內定結合，締結協約書。	
一九五〇	昭和二十五	關口嘉一、關口富野創立佛所護念會教團。召開首屆世界佛教徒會議。	公布公職選舉法令。朝鮮戰爭爆發。
一九五一	昭和二十六	公布及實施宗教法人法。	
一九五二	昭和二十七	宗務科改設於調查局。召開首屆全日本佛教徒會議。	
一九五四	昭和二十九	日本宗教聯盟向聯合國總部提出禁用核武及禁止核武實驗的要求。組成全日本佛教會、全日本佛教婦人聯盟。	
一九五五	昭和三十	創價學會在地方選舉及都區市議員選舉中，共有五十二名候選人當選。	形成神武景氣現象。
一九五七	昭和三十二	淺井甚兵衛、淺井昭衛重建妙信講（此後為富士大石寺顯正會）。	
一九六〇	昭和三十五	宗教界盛行反對《新安保條約》的抗議活動。	簽訂《日美安保條約》（《新安保條約》）。東京千鳥淵戰歿者墓苑建成。

一九六二	昭和三十七	創價學會組成政治組織，名稱為公明政治聯盟。	
一九六三	昭和三十八	組成世界聯邦日本佛教徒協議會。	
一九六五	昭和四十	召開首屆全日本佛教青年會議。	美軍空襲北越。
一九六六	昭和四十一	全日本佛教會舉行「日本佛教徒決起救援越南運動大會」。	
一九六八	昭和四十三	全日本佛教會等組織發表聲明，反對自民黨內部諮議的靖國神社國家護持法案。	
一九六九	昭和四十四	自民黨向國會提出靖國神社法案，宗教界擴大反對運動。	
一九七〇	昭和四十五	召開世界宗教者和平會議。	

參考文獻

【第一章】吉田一彥

荒木敏夫，《日本古代の皇太子》，吉川弘文館，一九八五年。

家永三郎，《上宮聖徳法王帝說の研究》增訂版，三省堂，一九七二年。

李漢祥，〈百済王興寺木塔址一括遺物の性格と意義〉（《東アジアの古代文化》一三六），二〇〇八年。

石井公成，《三經義疏の語法》（《印度学仏教学研究》五十七—一），二〇〇八年。

石田茂作，《法隆寺雑記帖》，学生社，一九六九年。

井上薫，《日本古代の政治と宗教》，吉川弘文館，一九六一年。

井上鋭夫，《一向一揆の研究》，吉川弘文館，一九六八年。

大山誠一，《長屋王家木簡と金石文》，吉川弘文館，一九九八年。

大山誠一，《〈聖徳太子〉の誕生》，吉川弘文館，一九九九年。

大山誠一編，《聖徳太子の真実》，平凡社，二〇〇三年。

大山誠一，《天孫降臨の夢》，NHK Books，二〇〇九年。
小倉豊文，《增訂　聖徳太子と聖徳太子信仰》，綜芸舍，一九七二年。
小谷仲男，〈ガンダーラ弥勒信仰と隋唐の末法思想〉（氣賀澤保規編，《中国仏教石経の研究》），京都大学学術出版会，一九九六年。
金沢英之，〈天寿国繡帳銘の成立年代について〉（《国語と国文学》七十八―十一），二〇〇一年。
喜田貞吉，〈醍醐寺本《諸寺縁起集》所收〈元興寺縁起〉について〉（《喜田貞吉著作集六　奈良時代の寺院》），平凡社，一九八〇年。
喜田貞吉，《喜田貞吉著作集七　法隆寺再建論》，平凡社，一九八二年。
金申，《中國歷代紀年佛像圖典》，北京：文物出版社，一九九四年。
楠山春樹，〈中国仏教における釈迦生滅の年代〉（平川彰博士古稀記念論文集，《仏教思想の諸問題》），春秋社，一九八五年。
久米邦武，《久米邦武著作集一　聖徳太子の研究》，吉川弘文館，一九八八年。
小島憲之等人校注、編譯，《新編日本古典文学全集　日本書紀》，小學館，一九九四―一九九八年。
坂本太郎等人校注，《日本古典文学大系　日本書紀》，岩波書店，一九六七年。

佐藤智水，《北魏仏教史論考》，岡山大学文学部研究叢書，一九九八年。
島田敏男，〈法隆寺再建、非再建論爭史と若草伽藍〉（《法隆寺若草伽藍調査報告》），奈良文化財研究所，二〇〇七年。
杉山正明，《游牧民から見た世界史》，日本経済新聞社，一九九七年。
杉山正明，《モンゴルが世界史を覆す》，日本経済新聞社，二〇〇二年。
鈴木靖民，〈百済王興寺の舍利容器、荘厳具と飛鳥寺——飛鳥文化の源流〉（《東アジアの古代文化》一三六），二〇〇八年。
妹尾達彥，〈中華の分裂と再生〉（《岩波講座　世界歴史九》），岩波書店，一九九九年。
脊古真哉，〈浄土真宗における聖徳太子信仰の展開〉（大山誠一編，《聖徳太子の真実》），平凡社，二〇〇三年。
瀬間正之，〈百済弥勒寺《金製舍利奉安記》〉（青木周平先生追悼論文集刊行会編，《青木周平先生追悼　古代文芸論叢》），おうふう，二〇〇九年。
千田剛道，〈〔高句麗〕寺院跡の発掘〉（《仏教芸術》二〇七），一九九三年。
薗田香融，〈山の念仏〉（《平安仏教の研究》），法蔵館，一九八一年。
田中史生，〈百済王興寺と飛鳥寺と渡來人〉（《東アジアの古代文化》一三六），二〇〇八年。
張慶浩，〈近年の韓国古代寺院跡の発掘〉（《仏教芸術》二〇七），一九九三年。
津田左右吉，《日本古典の研究》下，岩波書店，一九五〇年。
坪井清足，《飛鳥の寺と国分寺》，岩波書店，一九八五年。
東野治之，〈天皇号の成立年代について〉（《正倉院文書と木簡の研究》），塙書房，一九七七年。
東野治之，〈天寿国繡帳の図様と銘文〉（《日本古代金石文の研究》），岩波書店，二〇〇四年。
奈良国立文化財研究所，《飛鳥寺発掘調査報告》，一九五八年。
奈良国立文化財研究所、奈良県教育委員会編，《法隆寺防災工事・発掘調査報告書》，法隆寺，一九八五年。
奈良文化財研究所，《法隆寺若草伽藍調査報告》，二〇〇七年。
林淳，〈日本仏教の位置〉（日本仏教研究会編，《日本の仏教》二），法藏館，一九九五年。
林幹彌，《太子信仰》，評論社，一九七二年。
菱田哲郎，〈斑鳩寺と飛鳥寺院〉（本郷真紹編，《日本の名僧　聖徳太子》），吉川弘文館，二〇〇四年。
平子鐸嶺，〈有明大臣（ウマコノオオオミ）〉（《学燈》十一—五），一九〇七年a。
平子鐸嶺，〈元興寺縁起に記された仏教伝来の年代〉（《学燈》十一—七），一九〇七年b。
福山敏男，〈法隆寺の金石文に関する二三の問題〉（《夢殿》十三），一九三五年。
福山敏男，《日本建築史研究》，墨水書房，一九六八年。
藤井顯孝，〈欽明紀の仏教伝来の記事について〉（《史学雑誌》三十八—六），一九二五年。
藤井由紀子，《聖徳太子の伝承——イメージの再生と信仰》，吉川弘文館，一九九九年。
藤枝晃，〈勝鬘経義疏〉（《日本思想大系二　聖徳太子集》），岩波書店，一九七五年。
藤善真澄，〈末法家としての那連提黎耶舎——周隋革命と徳護長者経〉（《道宣伝の研究》），京都大学学術出版会，二〇〇二年。
増尾伸一郎，〈《七世父母》と《天地誓願》〉（あたらしい古代史の会編，《東国石文の研究》），吉川弘文館，一九九九年。

增尾伸一郎，〈天皇号の成立と東アジア〉（大山誠一編，《聖徳太子の真実》），平凡社，二〇〇三年。
三﨑良章，《五胡十六国》，東方書店，二〇〇二年。
三次市教育委員会，《備後寺町廃寺——推定三谷寺跡第一～四次発掘調査概報》，一九八〇—一九八三年。
森博達，《日本書紀の謎を解く》，中公新書，一九九九年。
森博達，〈日本書紀の研究方法と今後の課題〉（大和書房編，《聖徳太子の実像と幻像》），大和書房，二〇〇二年。
吉田一彥，〈多度神宮寺と神仏習合——中国の神仏習合思想の受容をめぐって〉（梅村喬編，《古代王權と交流四　伊勢湾と古代の東海》），名著出版，一九九六年。
吉田一彥，〈《元興寺緣起》をめぐる諸問題〉（《古代》一一〇），二〇〇一年。
吉田一彥，〈元興寺伽藍縁起幷流記資財帳の研究〉（《名古屋市立大学人文社会学部研究紀要》十五），二〇〇三年a。
吉田一彥，〈日本仏教史の時期区分〉（大隅和雄編，《文化史の構想》），吉川弘文館，二〇〇三年b。
吉田一彥，〈日本における神仏習合思想の受容と展開——神仏習合外來說（序說）〉

（《仏教史学研究》四十七—二），二〇〇五年。
吉田一彥，《民衆の古代史》，風媒社，二〇〇六年a。
吉田一彥，《古代仏教をよみなおす》，吉川弘文館，二〇〇六年b。
吉田一彥，〈垂迹思想の受容と展開——本地垂迹説の成立過程〉（速水侑編，《日本社会における仏と神》），吉川弘文館，二〇〇六年c。
吉田一彥，〈《日本書紀》仏教伝来記事と末法思想（その一—その五）〉（名古屋市立大学大学院人間文化研究科，《人間文化研究》七、九、十、十一、十三），二〇〇七—二〇一〇年。
吉田一彥，〈古代国家論の展望〉（《歴史評論》六九三），二〇〇八年a。
吉田一彥，〈天寿国曼荼羅繡帳銘文の人名表記〉（中部大学国際人間学研究所編，《アリーナ》五），二〇〇八年b。
吉田一彥，〈最澄の神仏習合と中国仏教〉（《日本仏教綜合研究》七），二〇〇九年。
吉田孝，《日本の誕生》，岩波新書，一九九七年。
渡辺茂，〈古代君主の称号に関する二、三の試論〉（《史流》八），一九六七年。

【第二章】 曽根正人

朝枝善照編，《論集　奈良仏教第二巻　律令国家と仏教》，雄山閣出版，一九九四年。
石田瑞麿，《日本仏教における戒律の研究》，仏教書林中山書房，一九六三年。
石田瑞麿，《日本仏教思想史研究二》，法蔵館，一九八六年。
井上薫，《日本古代の政治と宗教》，吉川弘文館，一九六一年。
井上光貞，《日本古代の国家と仏教》，岩波書店，一九七一年。
牛山佳幸，《古代中世寺院組織の研究》，吉川弘文館，一九九〇年。
大山誠一編，《聖徳太子の真実》，平凡社，二〇〇三年。
勝浦令子，《日本古代の僧尼と社会》，吉川弘文館，二〇〇〇年。
佐久間龍，《日本古代僧伝の研究》，吉川弘文館，一九八三年。
菅原征子，《日本古代の民間仏教》，吉川弘文館，二〇〇三年。
鈴木景二，〈都鄙間交通と在地秩序〉（《日本史研究》三七九），一九九四年。
曽根正人編，《論集　奈良仏教第四巻　神々と奈良仏教》，雄山閣出版，一九九五年。
曽根正人，《古代仏教界と王朝社会》，吉川弘文館，二〇〇〇年。
曽根正人，《聖徳太子と飛鳥仏教》，吉川弘文館，二〇〇七年。
曽根正人，〈上代文学の仏教と上代の仏教〉（《上代文学》一〇四），二〇一〇年。

薗田香融，《平安仏教の研究》，法藏館，一九八二年。
田中嗣人，《聖徳太子信仰の成立》，吉川弘文館，一九八三年。
田村圓澄，《日本仏教史一　飛鳥時代》，法藏館，一九八二年。
逵日出典，《室生寺史の研究》，巖南堂書店，一九七九年。
逵日出典，《奈良朝山岳寺院の研究》，名著出版，一九九一年。
中井真孝，《日本古代の民間仏教と民衆》，評論社，一九七三年。
中井真孝編，《論集　奈良仏教第五巻　奈良仏教と東アジア》，雄山閣出版，一九九五年。
難波俊成，〈法恩大師と備前四十八ヵ寺伝承〉（《岡山民族文化論集》），一九八一年。
根本誠二編，《論集　奈良仏教第三巻　奈良時代の僧侶と社会》，雄山閣出版，一九九四年。
根本誠二，《奈良時代の僧侶と社会》，雄山閣出版，一九九九年。
林幹彌，《太子信仰——その発生と発展》，評論社，一九八一年。
速水侑編，《論集　奈良仏教第一巻　奈良仏教の展開》，雄山閣出版，一九九四年。
速水侑編，《日本の名僧二　民衆の導者　行基》，吉川弘文館，二〇〇四年。

藤井由紀子，《聖徳太子の伝承》，吉川弘文館，一九九九年。
二葉憲香，《日本古代仏教史の研究》，永田文昌堂，一九八四年。
松本信道，〈《大仏頂経》の真偽論争と南都六宗の動向〉（《駒澤史學》三十三），一九八五年。
松本信道，〈《東大寺六宗未決義》の思想史的意義〉（《駒澤史學》六十一），二〇〇三年。
師茂樹，〈五姓各別說と観音の夢〉（《仏教史学研究》五〇—二），二〇〇八年。
吉田一彥，《日本古代社会と仏教》，吉川弘文館，一九九五年。
吉田一彥，〈道慈の文章〉（大山誠一編，《聖徳太子の真実》），平凡社，二〇〇三年。
吉田一彥，〈行基と霊異神験〉（速水侑編，《日本の名僧二　民衆の導者　行基》），吉川弘文館，二〇〇四年。
吉田一彥，《民衆の古代史》，風媒社，二〇〇六年。
吉田一彥，〈国分尼寺と「滅罪」〉（《ジェンダー史叢書三　思想と文化》），明石書店，二〇一〇年。
吉田靖雄，《日本古代の菩薩と民衆》，吉川弘文館，一九八八年。

【第三章】　大久保良峻

赤松俊秀，〈空海と最澄の決別について〉（《密教学密教史論文集》），一九六五年。

淺井円道，《上古日本天台本門思想史》，平楽寺書店，一九七三年。

朝日新聞社，《秘仏金色不動明王画像》，朝日新聞社，二〇〇一年。

安藤俊雄、薗田香融，《日本思想大系四　最澄》，岩波書店，一九七四年。

家永三郎監修，《日本仏教史一　古代篇》，法蔵館，一九六七年。

上田雄，《遣唐史全航海》，草思社，二〇〇六年。

叡山学会編，《安然和尚の研究》，同朋舍，一九七九年。

大久保良峻，《天台教学と本覚思想》，法蔵館，一九九八年。

大久保良峻，《台密教学の研究》，法蔵館，二〇〇四年a。

大久保良峻編著，《山家の大師最澄》，吉川弘文館，二〇〇四年b。

大久保良峻，〈最澄の成仏思想〉（《仏教学》四十八），二〇〇六年a。

大久保良峻，〈天台教学における龍女成仏〉（《日本仏教綜合研究》四），二〇〇六年b。

大久保良峻，〈最澄と徳一の行位対論——最澄説を中心に〉（《真言密教と日本文化》），ノンブル社，二〇〇七年。

小野勝年，《入唐求法行歷の研究 智証大師円珍篇》，上、下冊，法藏館，一九八二、一九八三年。
小野勝年，《入唐求法巡礼行記の研究》，鈴木学術財団，一九六四——一九六九年。
小山田和夫，《智証大師円珍の研究》，吉川弘文館，一九九〇年。
園城寺，《園城寺文書》卷一，講談社，一九九八年。
勝又俊教，《密教の日本的展開》，春秋社，一九七〇年。
木內堯央，《伝教大師の生涯と思想》（レグルス文庫），第三文明社，一九七六年。
木內堯央，《天台密教の形成 日本天台思想史研究》，渓水社，一九八四年。
佐伯有清，《最後の遣唐使》，講談社現代新書，一九七八年。
佐伯有清，《慈覺大師伝の研究》，吉川弘文館，一九八六年。
佐伯有清，《円仁》（人物叢書），吉川弘文館，一九八九年a。
佐伯有清，《智証大師伝の研究》，吉川弘文館，一九八九年b。
佐伯有清，《円珍》（人物叢書），吉川弘文館，一九九〇年。
佐伯有清，《伝教大師伝の研究》，吉川弘文館，一九九二年。
佐伯有清，《若き日の最澄とその時代》，吉川弘文館，一九九四年。
佐伯有清，《最澄と空海——交友の軌跡》，吉川弘文館，一九九八年。

塩入亮忠，《伝教大師》，日本評論社，一九三七年；名著出版復刻，一九八三年。
塩入良道、木內堯央編，《日本名僧論集二　最澄》，吉川弘文館，一九八二年。
末木文美士，《平安初期仏教思想の研究》，春秋社，一九九五年。
薗田香融，〈平安仏教の成立〉（《日本仏教史Ⅰ　古代篇》第四章），法蔵館，一九六七年。
薗田香融，〈最澄とその思想〉（《日本思想大系四　最澄》），岩波書店，一九七四年。
薗田香融，《平安仏教の研究》，法蔵館，一九八一年。
高木訷元，《空海思想の書誌的研究》，法蔵館，一九九〇年。
高木訷元，《空海　生涯とその周辺》，吉川弘文館，一九九七年。
高木訷元，《空海と最澄の手紙》，法蔵館，一九九九年。
高田修，〈台密の両界曼荼羅について〉（《田山方南先生華甲記念論文集》），一九六三年。
武內孝善，《弘法大師空海の研究》，吉川弘文館，二〇〇六年。
田村晃祐，《最澄》（人物叢書），吉川弘文館，一九八八年。
田村晃祐，《最澄教学の研究》，春秋社，一九九二年。

《智証大師研究》編集委員会編，《智証大師研究》，同朋舍，一九八九年。
橋本進吉，〈安然和尚事蹟考〉（《橋本進吉博士著作集十二　伝記・典籍研究》），岩波書店，一九七二年；初版為一九一八年。
橋本進吉，《橋本進吉博士著作集十二　伝記・典籍研究》），岩波書店，一九七二年。
東野治之，《遣唐使》，岩波新書，二〇〇七年。
福井康順編，《慈覚大師研究》，早稲田大学出版部，一九六四年。
福田亮成，《理趣経の研究　その成立と展開》，国書刊行会，一九八七年。
松浦正昭，〈最澄と日本密教美術の初期相〉，（《比叡山と東海の至宝　天台美術の精華》），名古屋市博物館，二〇〇六年。
松原智美，〈青蓮院旧蔵の金剛界曼荼羅諸尊図様と最澄請來「三十七尊様」をめぐる諸問題〉（《日本仏教綜合研究》一），二〇〇三年。
三埼良周，《台密の研究》，創文社，一九八八年。
守山聖真編，《文化史上より見たる弘法大師伝》，豊山派弘法大師一千一百年御恩忌事務局伝記課，一九三三年。
柳沢孝，〈青蓮院伝来の白描金剛界曼荼羅諸尊図様〉上、下（《美術研究》二四一、二四二），一九六六年。

和多秀乘、高木訷元編，《日本名僧論集　第三巻　空海》，吉川弘文館，一九八二年。

Paul Groner, *SAICHO: The Establishment of the Japanese Tendai School,* Berkeley Buddhist Studies Series vol. 7, 1984. University of Hawai'i Press.（重版，二〇〇〇年）

【第四章】上島享

家永三郎，〈法成寺の創建〉（《家永三郎集　第二巻　仏教思想史論》），岩波書店，一九九七年；初版為一九四〇年。

石母田正，《中世的世界の形成》，伊藤書店，一九四六年。

岡田莊司，〈平安前期　神社祭祀の公祭化〉（《平安時代の国家と祭祀》），続群書類従完成会，一九九四年；初版為一九八六年。

久野修義，〈中世東大寺と聖武天皇〉（《日本中世の寺院と社会》），塙書房，一九九九年。

黑田俊雄，〈中世の国家と天皇〉（《黑田俊雄著作集第一巻　権門体制論》），法藏館，一九九四年；初版為一九六三年。

黑田俊雄，〈中世における顕密体制の展開〉（《黑田俊雄著作集　第二巻　顕密体制論》），法藏館，一九九四年；初版為一九七五年。

黑田俊雄，〈荘園制社会〉（《黑田俊雄著作集　第五巻　中世荘園制社会》），法蔵館，一九九五年；初版為一九六七年。
佐藤道子，〈悔過会　中世への変容〉（《悔過会と芸能》），法蔵館，二〇〇二年；初版為一九九四年。
佐藤道子，〈法会と儀式〉（伊藤博之、今成元昭、山田昭全編，《仏教文学講座　第八巻　唱導の文学》），勉誠社，一九九五年。
鈴木景二，〈聖武天皇勅書銅板と東大寺〉（《奈良史学》五号），一九八七年；初版為一九九一年。
薗田香融，〈平安仏教〉（《岩波講座　日本歴史　第四巻　古代四》），岩波書店，一九六二年。
平雅行，〈中世移行期の国家と仏教〉（《日本中世の社会と仏教》），塙書房，一九九二年；初版為一九八七年。
林幹彌，《太子信仰の研究》，吉川弘文館，一九八〇年。
原勝郎，《日本中世史》，冨山房，一九〇六年。
原勝郎，〈東西の宗教改革〉（《日本中世史之研究》），同文館，一九二九年；初版為一九一一年。

【第五章】　門屋温

伊藤聡，〈神仏習合の研究史〉（《国文学解釈と鑑賞》八〇二），一九九八年。
伊藤聡，〈本地垂迹説の中世的展開について〉（《仏教史学研究》四十七・二），二〇〇四年。
伊藤聡，《神仏習合理論の変容──中世から近世へ》（《宗教研究》三五三），二〇〇七年。
上島享，〈中世宗教秩序の形成と神仏習合〉（《国史学》一八二），二〇〇三年。
榎村寛之，〈記紀にみる神仏習合──神仏習合の土壌〉（《国文学解釈と鑑賞》六十三─三），一九九八年。
大桑斉編，《論集　仏教土着》，法蔵館，二〇〇三年。
門屋温，〈丹生都比売小考〉（《東洋の思想と宗教》八），一九九一年。
菅野覚明，《神道の逆襲》，講談社現代新書，二〇〇一年。
桜井好朗編，《大系：仏教と日本人一　神と仏──仏教受容と神仏習合の世界》，春秋社，一九八五年。
佐藤弘夫，《アマテラスの変貌》，法蔵館，二〇〇〇年。
佐藤弘夫，〈「神仏習合」論の形成の史的背景〉（《宗教研究》三五三），二〇〇七年。

佐藤真人，〈神仏習合の諸様相〉（《東洋学術研究》二十九・四），一九九〇年。

佐藤真人，〈平安初期天台宗の神仏習合思想——最澄と円珍を中心に〉（吉原浩人、王勇編，《海を渡る天台文化》），勉誠出版，二〇〇八年。

末木文美士，〈固有の宗教と仏教——天台神道理論を中心に〉（山折哲雄，《講座六仏教の受容と変容　日本編》），佼成出版社，一九九一年。

末木文美士，《日本宗教史》，岩波書店，二〇〇六年。

菅原信海，《山王神道の研究》，春秋社，一九九二年。

田村圓澄，《日本古代の国家と研究》，吉川弘文館，一九九九年。

辻善之助，〈本地垂迹説の起源について〉（《日本仏教史　上世編》），岩波書店，一九四四年。

逵日出典，《神仏習合》，六興出版，一九八六年。

逵日出典，〈神仏習合の素地形成と発生期の諸現象——既存発生論への再検討を踏えて〉（《芸林》四十—四），一九九一年。

津田左右吉，〈日本の神道に於けるシナ思想の要素〉（《津田左右吉全集》九），岩波書店，一九六四年。

寺川真知夫，〈神身離脱を願う神の伝承——外来伝承を視野に入れて〉（《仏教文学》十八），一九九四年。
奈良国立博物館，《神仏習合——かみとほとけが織りなす信仰と美》，奈良国立博物館，二〇〇七年。
日本仏教研究会編，《日本の仏教三　神と仏のコスモロジー》，法蔵館，一九九五年。
北條勝貴，〈東晋期中国江南における「神仏習合」言説の成立——日中事例比較の前提として〉（根本誠二、宮城洋一郎，《奈良仏教の地方的展開》），岩田書店，二〇〇二年。
北條勝貴，〈「神仏習合」言説の日本的展開——自然環境・祟り神・神身離脱〉（《古代考古学フォーラム　古代の社会と環境　考古学からみた古代の環境問題——天災は人災か資料集》），帝京大学山梨文化財研究所、山梨県考古学協会，二〇〇三年。
堀一郎，〈神仏習合に関する一考察〉（《宗教、習俗の生活規制——日本宗教史研究II》），未來社，一九六三年。
三崎良周，《密教と神祇思想》，創文社，一九九二年。
村山修一，《本地垂迹》，吉川弘文館，一九七四年。
八重樫直比古，〈神仏習合のはじまり〉（池見澄隆、斎藤英喜，《日本仏教の射程　思想史的アプローチ》），人文書院，二〇〇三年。
安丸良夫，《神々の明治維新》，岩波書店，一九七九年。
山折哲雄，《神から翁へ》，青土社，一九八四年。
義江彰夫，《神仏習合》，岩波新書，一九九六年。
吉田一彥，〈多度神宮寺と神仏習合——中国の神仏習合思想の受容をめぐって〉（梅村喬，《古代王権と交流四　伊勢湾と古代の東海》），名著出版，一九九六年。
吉田一彥，〈垂迹思想の受容と展開——本地垂迹思想の成立過程〉（速水侑編，《日本社会における仏と神》），吉川弘文館，二〇〇六年。
吉原浩人，〈神仏習合史上の大江匡房〉（《說話文学と漢文字》），汲古書院，一九九四年。
Mark Teeuwen & Fabio Rambelli, *Buddhas and Kami in Japan*: Honji Suijaku as a Combinatory Paradigm, RoutledgeCurzon, 2003.

【第六章】　三橋正

稲葉伸道，《中世寺院の権力構造》，岩波書店，一九九七年。
井上光貞，〈中古天台と末法灯明記〉（《井上光貞著作集　第九巻　古代仏教の展開》），岩波書店，一九八五年；初版為一九七三年。
上島享，〈院政期仏教の歴史的位置——〈日本仏教〉の形成〉（《仏教史学研究》四十三—二），二〇〇一年。
海老名尚，〈中世前期における国家的仏事の一考察——御願寺仏事を中心として〉（《寺院史研究》三号），一九九三年。
海老名尚，〈宮中仏事に関する覚書——中世前期を中心に〉（《学習院大学文学部研究年報》四十），一九九四年。
遠藤基郎，《中世王権と王権儀礼》，東京大学出版会，二〇〇八年。
岡田荘司，《両部神道の成立期》（安津素彦博士古稀祝賀会編，《神道思想史研究》），同祝賀會，一九八三年。
岡野浩二，《平安時代の国家と寺院》，塙書房，二〇〇九年。
小野一之，〈聖徳太子墓の展開と叡福寺の成立〉（《日本史研究》三四二），一九九一年。
鎌田茂雄，〈南都教学の思想史的意義〉（《日本思想大系十五　鎌倉旧仏教》），岩波書店，一九七一年。
衣川仁，《中世寺院勢力論——悪僧と大衆の時代》，吉川弘文館，二〇〇七年。

櫛田良洪，《覚鑁の研究》，吉川弘文館，一九七五年。
黑田俊雄，《日本中世の国家と宗教》，岩波書店，一九七五年。
黑田俊雄，《日本中世の社会と宗教》，岩波書店，一九九〇年。
近藤潤一，《行尊大僧正》，桜楓社，一九七八年。
斎藤英喜，《安倍晴明　陰陽の達者なり》），ミネルヴァ書房，二〇〇四年。
佐藤哲英，《念仏式の研究——中ノ川実範の生涯と淨土教》），百華苑，一九七二年。
佐藤弘夫，《偽書の精神史　神仏・異界と交感する中世》，講談社，二〇〇二年。
繁田信一，《安倍晴明　陰陽師たちの平安時代》，吉川弘文館，二〇〇六年。
清水擴，《平安時代仏教建築史の研究》，中央公論美術出版，一九九二年。
新城常三，《新稿社寺参詣の社会経済史的研究》，塙書房，一九八二年；初版為一九六四年。
末木文美士，《鎌倉仏教形成論　思想史の立場から》，法藏館，一九九八年。
高木豊，《平安時代法華仏教史研究》，平楽寺書店，一九七三年。
辻善之助，《日本仏教史一　上世篇》，岩波書店，一九四四年。
苫米地誠一，《平安期真言密教の研究》，ノンブル社，二〇〇六年。
中村璋八，《日本陰陽道書の研究》，汲古書院，一九八四年。

永村真，《中世東大寺の組織と経営》，塙書房，一九八九年。
西口順子，《平安時代の寺院と民衆》，法藏館，二〇〇四年。
西村冏紹、末木文美士，《觀心略要集の新研究》，百華苑，一九九二年。
服部法照，〈日本撰述偽經について〉（《仏教文化学会紀要》一），一九九二年。
林屋辰三郎，《古典文化の創造》，東京大学出版会，一九六四年。
速水侑，《観音信仰》，塙書房，一九七〇年。
速水侑，《平安貴族社会と仏教》，吉川弘文館，一九七五年。
速水侑，《平安仏教と末法思想》，吉川弘文館，二〇〇六年。
藤本孝一，《中世史料学論叢》，思文閣出版，二〇〇九年。
藤森馨，〈二神約諾神話淵源考〉（《金沢工業大学日本学研究所日本学研究》八號），二〇〇五年。
堀池春峰，《南都仏教史の研究　遺芳篇》，法藏館，二〇〇四年。
真鍋広済，《地蔵尊の研究》，磯部甲陽堂，一九四一年。
美川圭，〈鳥羽殿の成立〉（上横手政敬編，《中世公武権力の構造と展開》），吉川弘文館，二〇〇一年。
三﨑良周，《台密の研究》，創文社，一九八八年。

三﨑良周，《密教と神祇思想》，創文社，一九九二年。
水上文義，《台密思想形成の研究》，春秋社，二〇〇八年。
三橋正，《平安時代の信仰と宗教儀礼》，続群書類従完成会，二〇〇〇年。
三橋正，〈中世前期における神道論の形成——神道文献の構成と言説〉（大隅和雄編，《文化史の諸相》），吉川弘文館，二〇〇三年。
三橋正，《日本古代神祇制度の形成と展開》，法藏館，二〇一〇年。
三橋正，〈覚超と上東門院仮名願文〉（吉原浩人、王勇編，《海を渡る天台文化》），勉誠出版，二〇〇八年。
宮家準，《増補決定版　修験道思想の研究》，春秋社，一九九九年；初版為一九八五年。
宮家準，《熊野修験》，吉川弘文館，一九九二年。
宮地直一，《宮地直一論集第三巻　熊野三山の史的研究》，蒼洋社，一九八五年；初版為国民信仰研究所，一九五四年。
村山修一，《日本陰陽道史総説》，塙書房，一九八一年。
山陰加春夫，《中世寺院と悪党》，清文堂出版，二〇〇六年。
山岸常人，《中世寺院の僧団・法会・文書》，東京大学出版会，二〇〇四年。

山下克明，《平安時代の宗教文化と陰陽道》，岩田書院，一九九六年。
山本信吉，《摂関時代史論考》，吉川弘文館，二〇〇三年。
融通念仏宗教学研究所編，《良忍上人の研究》，大念仏寺，一九八一年。
横山和宏，〈法親王制成立過程試論——仁和寺御室覚行法親王をめぐって〉（《仁和寺研究》三号），二〇〇二年。
和田英松，〈未來記〉（《皇室御撰之研究》），明治書院，一九三三年；初版為一九二一年。
特別展，《妙法院と三十三間堂》図錄，京都国立博物館、名古屋市博物館，一九九九年。
特別展，《厳島神社国宝展》図錄，奈良国立博物館、東京藝術大学大学美術館，二〇〇五年。
特別展，《平泉　みちのくの淨土》，仙台市博物館、福岡市博物館、世田谷美術館，二〇〇八—二〇〇九年。

【特論】　勝浦令子

荒木良仙，《比丘尼史》（《仏教制度叢書》別巻），仏教芸術社，一九二九年，東洋書院，一九七七年復刻。
阿部泰郎，〈女人禁制と推参〉（大隅和雄、西口順子編，《シリーズ女性と仏教四　巫と女神》），平凡社，一九八九年。
石川力山，〈道元の《女人不成仏論》について〉（《駒澤大学禅研究所年報》一），一九九〇年。
石川力山，〈中世仏教における尼の位相について〉上、下（《駒澤大学禅研究所年報》三、四），一九九二年、一九九三年。
稲城正己，〈平安期における女人成仏の系譜——願文を中心として〉（《日本思想史学》三十七），二〇〇五年。
今堀太逸，〈法然の念仏と女性〉（西口順子編，《仏と女》），吉川弘文館，一九九七年。
岩本裕，《仏教と女性》，レグルス文庫，第三文明社，一九八〇年。
植木雅俊，《仏教のなかの男女観——原始仏教から法華経に至るジェンダー平等の思想》，岩波書店，二〇〇四年。
牛山佳幸，〈律令制展開期における尼と尼寺〉（《古代中世寺院組織の研究》），吉川弘文館，一九九〇年；初版為一九八二年。

牛山佳幸，〈中世の尼と尼寺〉（大隅和雄、西口順子編《シリーズ女性と仏教一 尼と尼寺》），平凡社，一九八九年。
牛山佳幸，〈古代における尼と尼寺の消長（原題：古代における尼と尼寺の問題）〉（《古代中世寺院組織の研究》），吉川弘文館，一九九〇年；初版為一九八四年。
牛山佳幸，〈寺院史の回顧と展望——中世の尼と尼寺に寄せて〉（《日本の仏教一，仏教史を見直す》），法蔵館，一九九四年。
牛山佳幸，〈《女人禁制》再論〉（《山岳修験》十七），一九九六年。
牛山佳幸，〈平安時代の「女人禁制文書」について〉（《上田女子短期大学紀要》二十五），二〇〇一年。
遠藤一，《仏教とジェンダー——真宗の成立と「坊守」の役割》，明石書店，二〇〇〇年。
遠藤一，《日本中世のジェンダーと仏教——真宗教団肉食夫帯の坊守史論》，明石書店，二〇〇七年。
遠藤元男，《日本女性の生活と文化》，四海書房，一九四一年，復刻日本女性史叢書十六巻，クレス出版，二〇〇八年。
大石雅章，〈尼の法華寺と僧の法華寺〉（《日本中世社会と寺院》），清文堂出版，二

○○四年；初版為一九九七年。

大石雅章，〈比丘尼御所と室町幕府〉（《日本中世社会と寺院》），清文堂出版，二○○四年；初版為一九九○年。

大隅和雄，〈女性と仏教——高僧とその母〉（《中世仏教の思想と社会》），名著刊行会，二○○五年；初版為一九八二年。

OSUMIKazuo Editor *Women in Japanese Buddhism Focusing on the Ancient and Medieval Periods* "ACTA ASITICA" 97 2009.

大隅和雄、西口順子編，《シリーズ女性と仏教一　尼と尼寺》，平凡社，一九八九年。

大隅和雄、西口順子編，《シリーズ女性と仏教二　救いと教え》，平凡社，一九八九年。

大隅和雄、西口順子編，《シリーズ女性と仏教三　信心と供養》，平凡社，一九八九年。

大隅和雄、西口順子編，《シリーズ女性と仏教四　巫と女神》，平凡社，一九八九年。

岡佳子，〈近世の比丘尼御所〉上、下（《仏教史学研究》四十二—二、四十四—二），二○○二年、二○○四年。

小原仁，〈転女成仏経の受容について〉（《中世貴族社会と仏教》），吉川弘文館，二〇〇七年；初版為一九九〇年。
小原仁，〈女人往生者の誕生——《中右記》の女性をめぐって〉（《中世貴族社会と仏教》），吉川弘文館，二〇〇七年；初版為一九八九年。
勝浦令子，〈尼削ぎ攷〉（《女の信心——妻が出家した時代》），平凡社，一九九五年；初版為一九八九年。
勝浦令子，〈古代における母性と仏教〉（《女の信心——妻が出家した時代》），平凡社，一九九五年a。
勝浦令子，〈妻の出家、老女の出家、寡婦の出家〉（《女の信心——妻が出家した時代》），平凡社，一九九五年b。
勝浦令子，〈女の死後とその救済〉（西口順子編，《仏と女》），吉川弘文館，一九九七年。
勝浦令子，《日本古代の僧尼と社会》，吉川弘文館，二〇〇〇年。
勝浦令子，〈古代の「家」と僧尼〉（《日本古代の僧尼と社会》），吉川弘文館，二〇〇〇年所收；初版為一九九七年a。
勝浦令子，〈称徳天皇の「仏教と王権」〉（《日本古代の僧尼と社会》），吉川弘文館，二〇〇〇年；初版為一九九七年b。

勝浦令子，〈八世紀における僧と尼——僧尼の公的把握の構造的差異〉（《日本古代の僧尼と社会》），吉川弘文館，二〇〇〇年a。

勝浦令子，〈東アジアの尼の成立事情と活動内容〉（《日本古代の僧尼と社会》，吉川弘文館，二〇〇〇年b。

勝浦令子，〈東アジアの尼の地位と役割〉（《日本古代の僧尼と社会》），吉川弘文館，二〇〇〇年c。

勝浦令子，〈法華滅罪之寺と洛陽安国寺法華道場〉（《日本古代の僧尼と社会》），吉川弘文館，二〇〇〇年d。

勝浦令子，〈称徳天皇による《宝星陀羅尼経》受容の特質——正倉院文書にみえる王権の間写経の一考察〉（《日本古代の僧尼と社会》），吉川弘文館，二〇〇〇年e。

勝浦令子，〈往來・遍歴する女性たち〉（《岩波講座七　天皇と王権を考える》，安丸良夫編，《ジェンダーと差別》），岩波書店，二〇〇二年。

勝浦令子，《古代・中世の女性と仏教》，山川出版社，二〇〇三年。

勝浦令子，〈仏教伝来と東アジアの尼僧たち〉（《国文学　解釈と鑑賞》八七七），二〇〇四年a。

勝浦令子，〈孝謙・称徳天皇と仏教〉（《国文学　解釈と鑑賞》八七七），二〇〇四年

b。
勝浦令子，〈行基集団と女性〉（速水侑編，《民衆の導者　行基》），吉川弘文館，二〇〇四年c。
勝浦令子，〈七、八世紀将来中国医書の道教系產穢認識とその影響——神祇令散斎条古記「生産婦女不見之類」の再検討〉（《史論》五十九），二〇〇六年。
勝浦令子，〈日本古代における外來信仰系產穢認識の影響——本草書と密教経典の検討を中心に〉（《史論》六十），二〇〇七年。
勝浦令子，〈女性と穢れ観〉（《仏教史学研究》九十一—二），二〇〇九年。
笠原一男，《女人往生論の系譜》，吉川弘文館，一九七五年。
金任仲，〈女性と仏教研究文献目録抄——平成三年以降〉（《国文学　解釈と鑑賞》八七七），二〇〇四年。
工藤美和子，《平安期の願文と仏教的世界観》，思文閣出版，二〇〇八年。
桜井徳太郎，《日本のシャマニズム》下巻，吉川弘文館，一九七七年。
末木文美士，《平安初期仏教思想の研究——安然の思想形成を中心として》，春秋社，一九九五年。
末木文美士，〈経典に見る女性〉（《国文学　解釈と鑑賞》八七七），二〇〇四年。

鈴木正崇，《女人禁制》，吉川弘文館，二〇〇二年。
須田春子，《律令制女性史研究》），千代田書房，一九七八年。
曽根正人，〈「法華滅罪之寺」と提婆品信仰〉（《古代仏教界と王朝社会》），吉川弘文館，二〇〇〇年；初版為一九八二年。
曽根正人，〈「法華滅罪之寺」の思想背景〉（笹山晴生編，《日本律令制の展開》），吉川弘文館，二〇〇三年。
曽根正人，《聖徳太子と飛鳥仏教》，吉川弘文館，二〇〇七年。
平雅行，〈中世仏教と女性〉（《日本女性生活史》中世），東京大学出版会，一九九〇年。
平雅行，〈顕密仏教と女性〉（《日本中世の社会と仏教》），塙書房，一九九二年。
高木豊，〈日蓮と女性檀越〉（宮崎英修先生古稀記念論文集刊行会編，《日蓮教団の諸問題》），平楽寺書店，一九八三年。
高木豊，《仏教史の中の女人》，平凡社，一九八八年。
田上太秀，〈変成男子思想の研究〉（《駒澤大学研究所年報》一），一九九〇年。
田上太秀，《仏教と女性——インド仏典が語る》，東京書籍，二〇〇四年。
東京女子大学古代史会編，《聖武天皇宸翰《雑集》〈釈霊実集〉研究》，汲古書院，二〇一〇年。
冨樫進，〈龍女成仏は「真言」となり得たか〉（《古代文学》四十五），二〇〇六年。
根井淨、山本殖生編，《熊野比丘尼を絵解く》，法藏館，二〇〇七年。
西岡虎之助，《日本女性史考》，新評論社，一九五六年；初版為一九二七年。第二版，新評論，二〇〇二年。
西口順子，《女の力——古代の女性と仏教》，平凡社，一九八七年。
西口順子編，《仏と女》，吉川弘文館，一九九七年。
西口順子，〈成仏説と女性〉（《中世の女性と仏教》），法藏館，二〇〇六年；初版為一九九三年。
西口順子，〈《転女身経》と《転女成仏経》〉（《尼寺文書調查の成果を基盤とした日本の女性と仏教の総合的研究》），平成十四年~十七年度科学研究費補助金，「基盤研究（B）研究成果報告書」，二〇〇六年。
西口順子，《中世の女性と仏教》），法藏館，二〇〇六年。
西口順子、勝浦令子、吉田一彥，《日本史の中の女性と仏教》，法藏館，一九九九年。
日本佛教學會編，《日本佛教學會年報——佛教と女性》五十六，一九九一年。
野村育世，〈鎌倉時代の女性たちの仏教認識〉（《仏教と女の精神史》），吉川弘文館，二〇〇四年；初版為一九九六年。
野村育世，〈室町後期に普及した女性差別観〉（《仏教と女の精神史》），吉川弘文館，二〇〇四年；初版為一九九八年。
野村育世，《仏教と女の精神史》，吉川弘文館，二〇〇四年。
萩原龍夫，《巫女と仏教史——熊野比丘尼の使命と展開》，吉川弘文館，一九八三年。
原田正俊，〈女人と禅宗〉（西口順子編，《仏と女》），吉川弘文館，一九九七年。
原田正俊，〈禅宗と女性〉（《国文学　解釈と鑑賞》八七七），二〇〇四年。
穂坂悠子，〈日蓮聖人の女性観——女人成仏論を中心に〉（《日蓮教学研究所紀要》三十五），二〇〇七年。
細川涼一，《中世の律宗寺院と民衆》，吉川弘文館，一九八七年。
細川涼一，《女の中世》，日本エディタースクール出版部，一九八九年。
細川涼一，《漂泊の日本中世》，ちくま学芸文庫，二〇〇二年。
本郷真紹，〈「国家仏教」と「宮廷仏教」——宮廷女性の役割〉（《律令国家仏教の研究》），法蔵館，二〇〇五年；初版為一九八九年。
松尾剛次，〈鎌倉新仏教と女人救済〉（《仏教史学研究》三十七—二），一九九四年。
村田紀子，〈女性と仏教文学研究参考文献目録抄〉（《国文学　解釈と鑑賞》七二〇），一九九一年。

山本大介，〈《日本霊異記》下巻第十九縁と「変成男子」の論理〉（《古代文学》四十七），二〇〇八年。

B. Ruch, *Engendering Faith: Women and Buddhism in Premodern Japan*, Michigan, 2002.

專欄一　新川登亀男

狩野久，《日本古代の国家と都城》，東京大学出版会，一九九〇年。

新川登亀男，〈平城遷都と法隆寺の道——天平十九年《法隆寺伽藍縁起幷流記資財帳を読む》〉（王勇、久保木秀夫編，《奈良・平安期の日中文化交流——ブックロードの視点から》），農村漁村文化協会，二〇〇一年。

專欄二　杉本一樹

奈良国立博物館編，《奈良朝写経》，東京美術，一九八三年。

栄原永遠男，《奈良時代の写経と内裏》，塙書房，二〇〇〇年。

栄原永遠男，《奈良時代写経史研究》，塙書房，二〇〇三年。

專欄五　布萊恩・魯伯特（Brian D. Ruppert）

Peter Brown, *The Cult of the Saints*, University of Chicago Press, 1982.

John S. Strong, *Relics of the Buddha*, Prrinceton University Press, 2004.

Gregory Schopen, *Bones, Stones, and Buddhist Monks*, University of Hawai'i Press, 1997.

專欄六　冨島義幸

吉野町史編集委員会，《吉野町史》下卷，一九七二年。

專欄七　石井公成

石井公成，〈曖昧好みの源流——《伊勢物語》と仏教〉（《文学》五卷五號），二〇〇四年。

石井公成，〈変化の人といふとも、女の身持ち給へり——《竹取物語》の基調となつた仏教要素〉（《駒沢大学仏教文学研究》九号），二〇〇六年。

石井公成，〈《遊仙窟》に始まり仏伝に終る——定家本《伊勢物語》の構成〉（《駒沢大学仏教文学研究》十一号），二〇〇八年。

索引

編錄重要相關人物、寺院、文獻等項目。

一畫

二畫

三畫

四畫

五畫

六畫

七畫

八畫

九畫

十畫

十一畫

十二畫

十三畫

十四畫

十五畫

十六畫

十七畫

十八畫

十九畫

二十畫

二十一畫

二十二畫

二十三畫

二十四畫

二十五畫

作者簡介

吉田一彥

一九五五年生於東京都，上智大學大學院文學研究科博士後期課程學分取得肄業。博士（文學，上智大學）。名古屋市立大學大學院人間文化研究科教授。專門領域為日本古代史、日本佛教史。著作有《日本古代社会と仏教》、《民衆の古代史》、《古代仏教をよみなおす》，共同著作有《日本史の中の女性と仏教》、《蓮如方便法身尊像の研究》等。

曽根正人

一九五五年生於埼玉縣，東京大學文學部國史學科畢業，同大學院人文科學研究科博士課程學分取得肄業。就實大學大學院人文科學研究科教授。專門領域為日本古代中世佛教思想史。著作有《古代仏教界と王朝社会》、《聖徳太子と飛鳥仏教》等，另有《榮花物語》相關論文及共同著作。

大久保良峻

一九五四年生於神奈川縣，早稻田大學第一文學部心理學專修畢業，同大學院文學研究科東洋哲學專攻博士課程肄業。博士（文學，早稻田大學）。早稻田大學文學學術院教授。專門領域為日本佛教教學史、天台學、密教學。著作有《天台教学と本覚思想》、《台密教学の研究》、《新・八宗綱要》（編著）等。

上島享

一九六四年生於京都府，京都大學文學部文學研究科國史學科畢業，同大學院文學研究科博士課程修畢。博士（文學，京都大學）。京都府立大學文學部副教授。專門領域為日本中世史。著作有《日本中世社会の形成と王権》，共同編著有《史料纂集 福智院家文書第一、第二》等。

門屋温

一九五六年生於愛知縣，早稻田大學第一文學部東洋哲學專攻畢業，同大學院文學研究科博士課程學分取得肄業。磐城明星大學、清泉女子大學兼任講師。專門領域為日本思想史。主要論文有〈神道史の解体〉、〈『神道』の成立をめぐって——《ジンドウ》

論への再検討〉等。

三橋正

一九六〇年生於千葉縣，大正大學大學院文學研究科博士課程學分修畢。博士（文學，大正大學）。明星大學副教授。專門領域為日本宗教文化史。著作有《平安時代の信仰と宗教儀礼》、《古代神祇制度の形成と展開》，共同著作有史料注釋《校註解說現代語訳　麗気記Ⅰ》、《小右記註釈　長元四年》等。

勝浦令子

一九五一年生於京都府，東京大學大學院人文科學研究科博士課程學分取得肄業。博士（文學，東京大學）。東京女子大學現代教養學部教授。專門領域為日本古代史。著作有《女の信心》、《日本古代の僧尼と社会》、《古代・中世の女性と仏教》，共同著作有《日本史の中の女性と仏教》等。

新川登龜男

一九四七年生於廣島縣，早稻田大學第一文學部日本史學專攻畢業，同大學院文學研究科博士課程肄業。博士（文學，早稻田大學）。早稻田大學文學學術院教授。專門領域為日本古代史。著作有《日本古代の儀礼と表現》、《日本古代の対外交渉と仏教》、《聖徳太子の歴史学》等。

杉本一樹

一九五七年生於東京都，東京大學文學部國史學科畢業，同大學院人文科學研究科博士課程肄業。博士（文學，東京大學）。宮內廳正倉院事務所長。專門領域為日本古代史。著作有《日本古代文書の研究》、《正倉院の古文書》、《正倉院　歴史と宝物》等。

藤井淳

一九七六年生於山形縣，東京大學文學部畢業，同大學院人文社會系研究科博士課程修畢。博士（文學，東京大學）。東京大學大學院醫學系研究科 Global COE 特任研究員。專門領域為日本佛教、佛教學。著作有《空海の思想的展開の研究》。

梯信暁

一九五八年生於大阪府，早稻田大學第一文學部東洋哲學專修畢業，同大學院文學研究科東洋哲學專攻博士後期課程肄業。博士（文學，早稻田大學）。大阪大谷大學文學部教授。專門領域為佛教學、日本佛教史。著作有《宇治大納言源隆国編安養集　本文と研究》、《奈良・平安期淨土教展開論》等。

布萊恩・魯伯特（Brian D. Ruppert）

一九六二年生於美國俄亥俄州，普林斯頓大學大學院博士課程修畢。伊利諾大學副教授。專門領域為日本宗教史。著作有 *Jewel in the Ashes*（哈佛大學出版）、近年出版的共同著作有 *A History of Japanese Buddhism*。

冨島義幸

一九六六年生於愛知縣，京都大學工學部畢業，同大學院工學研究科博士後期課程修畢。博士（工學，京都大學）。滋賀縣立大學教授。專門領域為中世佛教建築史。論文有〈法勝寺の伽藍と建築——その沿革再考〉、著作有《密教空間史論》、《平等院鳳凰堂——現世と淨土のあいだ》等。

石井公成

一九五〇年生於東京都，早稻田大學第一文學部東洋哲學專修畢業，同大學院人文科學研究科後期課程學分取得肄業。博士（文學，早稻田大學）。駒澤大學佛教學部教授。專門領域為研究與漢字文化圈各國佛教發展相關的文學及歷史、藝能等領域。著作有《華嚴思想の研究》。

國家圖書館出版品預行編目資料

日本佛教的基礎：日本. I / 末木文美士等編輯；
辛如意譯. -- 初版. -- 臺北市：法鼓文化,
2019. 1
面；　公分

ISBN 978-957-598-802-9（平裝）

1.佛教史 2.日本

220.931　　　107020233

新亞洲佛教史 11

日本佛教的基礎 —— 日本 I

日本仏教の礎 —— 日本 I

編輯委員	末木文美士
編輯協力	松尾剛次、佐藤弘夫、林淳、大久保良峻
譯者	辛如意
中文版總主編	釋果鏡
中文版編輯顧問	釋惠敏、于君方、林鎮國、木村清孝、末木文美士
中文版編輯委員	釋果鏡、釋果暉、藍吉富、蔡耀明、廖肇亨、陳繼東、陳英善、陳一標
出版	法鼓文化
封面設計	化外設計
內頁美編	小工
地址	臺北市北投區公館路186號5樓
電話	(02)2893-4646
傳真	(02)2896-0731
網址	http://www.ddc.com.tw
E-mail	market@ddc.com.tw
讀者服務專線	(02)2896-1600
初版一刷	2019年1月
建議售價	新臺幣650元
郵撥帳號	50013371
戶名	財團法人法鼓山文教基金會—法鼓文化
北美經銷處	紐約東初禪寺 Chan Meditation Center (New York, USA) Tel: (718)592-6593 Fax: (718)592-0717

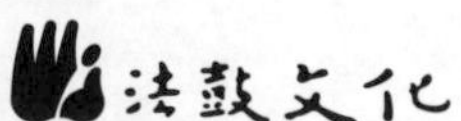